文艺的灯塔

纪念《在延安文艺座谈会上的讲话》发表七十周年馆藏文献展图录

国家图书馆 编

国家图书馆出版社

图书在版编目（CIP）数据

文艺的灯塔：纪念《在延安文艺座谈会上的讲话》发表七十周年馆藏
文献展图录 / 国家图书馆编.—北京：国家图书馆出版社，2012.5
　ISBN 978-7-5013-4798-8

Ⅰ.①文… Ⅱ.①国… Ⅲ.①毛泽东著作研究—图集 Ⅳ.①A841.63-64

中国版本图书馆CIP数据核字（2012）第098964号

书　　名　文艺的灯塔
　　　　　——纪念《在延安文艺座谈会上的讲话》发表七十周年馆藏文献展图录

编　　者　国家图书馆　编
责任编辑　王燕来　孙　彦
装帧设计　九雅工作室

出　　版　国家图书馆出版社（100034 北京市西城区文津街7号）
发　　行　（010）66139745,66175620,66126153
　　　　　66174391（传真），66126156（门市部）
E-mail　　cbs@nlc.gov.cn（投稿）
Website　www.nlcpress.com→投稿
经　　销　新华书店
印　　刷　北京嘉彩印刷有限公司
开　　本　889×1194毫米　1/16
印　　张　15.5
版　　次　2012年5月第1版　2012年5月第1次印刷

书　　号　ISBN 978-7-5013-4798-8
定　　价　300.00元

编纂委员会

鸣谢

中国作家出版集团
中共北京市海淀区委宣传部
中国美术馆
中国艺术研究院
中国延安文艺学会
中国红色文化研究会
载道文化发展（北京）有限公司

目　录

序

　　1942年5月2日至23日，中共中央在延安召开了文艺工作者座谈会。会上，毛泽东同志发表了重要讲话。《在延安文艺座谈会上的讲话》是中国共产党领导文艺事业的第一部经典文献，是马克思主义基本原理同中国革命和革命文艺实践相结合的产物。它创造性地发展了马克思主义文艺理论，科学系统地回答了文艺为谁服务、如何服务等中国革命文艺的一系列根本问题。在《讲话》精神的指导下，文艺工作者纷纷深入生活、深入群众，创作出了大量深受人民群众欢迎的优秀作品，成为团结人民、教育人民、打击敌人、消灭敌人的有力武器。《讲话》对于促进革命文艺的发展，对于党领导人民争取民族独立和人民解放的斗争，都发挥了重要作用。

　　新中国成立以后，《讲话》所代表的社会主义文艺思想继续发挥着指导作用，并在不同的历史条件下，得到不断的丰富和发展。1956年在社会主义建设探索时期，毛泽东同志提出了"百花齐放、百家争鸣"繁荣和发展社会主义文艺的"双百"方针；1979年，改革开放之初，邓小平同志在丰富、发展毛泽东文艺思想的基础上，提出了"文艺为人民服务，为社会主义服务"的"二为"方向，为中国特色的马克思主义文艺理论增添了鲜活的时代内容；党的十六大以来，党中央发出了坚持"贴近实际、贴近生活、贴近群众"的号召，对新时期社会主义文艺事业发展具有重大的指导意义。这些重要的论述，秉承《讲话》所确立的基本原则，是对马克思主义文艺理论的创新。可见，《讲话》这篇光辉的文献一直照耀着我国革命文艺和社会主义文艺事业前进的道路。

　　为纪念《讲话》发表七十周年，国家图书馆特举办"文艺的灯塔——纪念《在延安文艺座谈会上的讲话》发表七十周年馆藏文献展"。本次展览是国图首次以馆藏珍贵文献为主体举办的《讲话》纪念展，共展出珍贵历史文献300余件、珍贵照片100余幅，通过文献资源展示座谈会的背景、《讲话》的核心内容，以及在其精神指引下文艺创作所取得的成绩。配合展览，我们将所展出的珍贵文献资料整理并选编成图录，其中，有《讲话》的多种版本，包括1943年《解放日报》首次全文发表的讲话原文、解放社的第一个单行本、1945年国统区《新文化》中登载的版本、1953年经毛泽东亲自修改的定本，以及新中国成立后翻译印行的多种少数民族语言文字版本和国外译本；有解放区出版的原版《李有才板话》、《暴风骤雨》、《白毛女》、《小二黑结婚》等大量名家著作；有丁玲的《太阳照在桑干河上》、周立波的《暴风骤雨》等若干珍贵名家手稿。

《讲话》像灯塔，70年来，为我国革命文艺和社会主义文艺指明了方向。十七届六中全会的召开，是继延安文艺座谈会之后党领导文化工作的又一个里程碑。会议明确了建设社会主义文化强国的宏伟目标，提出了要坚持以人民为中心的创作导向。我们由衷地希望通过这样的馆藏历史文献展和这本图录，让社会公众重温《讲话》精神，感受《讲话》闪耀的永恒思想光芒，希望广大文艺工作者将其与贯彻党的十七届六中全会精神有机结合起来，深入到改革开放的大潮之中，深入到人民群众之中，创作出更多反映现实生活、表现群众真情实感、深受人民喜爱的优秀作品，为推动社会主义文化大发展大繁荣作出新的更大贡献。

国家图书馆馆长　周和平

2012年5月

前　言

　　今年是毛泽东同志《在延安文艺座谈会上的讲话》发表七十周年，为重温《讲话》精神，更加自觉、更加主动地推动社会主义文化大发展大繁荣，我们特举办了"文艺的灯塔——纪念《在延安文艺座谈会上的讲话》发表七十周年馆藏文献展"，精选国家图书馆所藏名家手稿、新善本、期刊、外文文献等珍贵文献300余种，分三个单元全面揭示《讲话》诞生的背景、过程、内容、传播以及深远影响。

第一单元：《讲话》诞生的背景

　　20世纪30年代，日本发动侵华战争。中华民族危亡之际，一大批热血青年和爱国志士，冲破重重阻挠，从祖国的四面八方，满怀希望地奔向革命圣地延安，其中包括作家丁玲、诗人艾青、小说家罗烽、画家华君武、作曲家冼星海、文坛名将茅盾、剧作家贺敬之、哲学家艾思奇、科普作家高士其等。他们一到延安，来不及拂去征尘，就投入到火热的战斗生活之中，为延安的文艺大军注入了新鲜的血液，共同促进了延安文艺运动的蓬勃发展。

（一）抗日救亡运动的兴起

　　1931年，日本发动蓄谋已久的"九一八"事变。民族危机关头，全国兴起了抗日救亡运动的高潮。中国共产党提出了关于建立抗日民族统一战线的建议，并为此进行了长期不懈的努力。1937年7月7日的卢沟桥事变，拉开了全面抗战的序幕。中华民族生死存亡的危难之际，国共两党结成了抗日民族统一战线。抗战期间的全国文艺界逐渐走向联合，兴起了以宣传民族救亡、抗击侵略为中心的抗战文艺运动。中华全国文艺界抗敌协会的成立，标志着全国文艺界抗日民族统一战线的最终形成。

毛泽东的《论持久战》初步总结了全国抗战的经验，批驳了当时盛行的"速胜论"和"亡国论"等种种错误观点，系统阐明了党的抗日持久战方针。该书封面伪装题名为"文史通义"，伪托"上海广益书局印行"，书口有"文史通义内篇之一"字样。周恩来的《国际形势与中国抗战》是1940年9月20日在重庆发表的演讲，文中着重分析了人民普遍关心的九个问题，强调只要全国人民和全世界人民团结起来，就一定能战胜各种困难，争取反法西斯战争的胜利。

（二）革命圣地——延安

1937年9月6日，根据国共两党关于国共合作的协议，中国共产党将陕甘苏区改名为陕甘宁边区，并成立了边区政府，首府定于延安。延安从此成为了全国的政治文化中心，被人们誉为"红色首都"、"革命圣地"。众多左翼知识分子和进步青年冲破重重阻隔，奔赴延安，至延安文艺座谈会前达到高潮。据统计，四十年代初期，延安形成了约4万人规模的知识分子群体，一时成为活跃的文化之都。

陈云1935年秋所作的《从东南到西北——红军长征时代的真实史料》讲述了当时鲜为人知的中国工农红军长征的情况，最早于1936年发表在中国共产党主办的巴黎《全民月刊》上，很快流传到国内，在国统区形成不同版本。1939年12月《共产党人》第3期刊载了《中央关于吸收知识分子的决定》一文，确定大量吸收知识分子的方针和原则。

（三）延安文艺运动的开展

1937年全面抗战爆发后，中国共产党在领导抗战的同时，十分重视各根据地的文化建设，以延安为中心的文艺运动呈现出活跃的景象。为了推动抗日文化的兴起，在延安文艺座谈会召开之前，先后成立了中国文艺协会、陕甘宁边区音乐界救亡协会、中华戏剧界抗敌协会边区分会等各类文艺团体。克服纸张和印刷设备匮乏的困难，自力更生，就地取材，创办了《前线画报》、《文艺突击》等文艺刊物。《红色中华》、《新中华报》和《解放日报》上则辟有文艺副刊，刊登了大量文艺作品。《八路军军政杂志》、《解放》等刊物设有"文艺创作"专栏，共同促进了延安文艺运动的兴起和发展。

第二单元：《讲话》的诞生与传播

　　1942年5月，毛泽东发表了《在延安文艺座谈会上的讲话》。《讲话》联系了五四以来革命文艺运动的经验，从马克思主义理论的高度，明确地提出了文艺工作的方向问题、道路问题。《讲话》规定了一系列完整的革命文艺路线、方针、政策，提出了文艺与政治的关系、文艺的源与流的关系、普及与提高的关系以及文艺批评的标准、文艺界的统一战线等重大问题。《讲话》公开发表以后，很快在国内外引起了巨大反响。它像一座明亮的灯塔，为中国的无产阶级文艺指引了方向。

（一）延安文艺座谈会与《讲话》的诞生

　　为了推进延安文艺界的整风学习，解决文艺界的诸多问题，1942年5月2日至23日，党中央在延安杨家岭召开了延安文艺工作者座谈会。会议由毛泽东、凯丰主持，100多名延安文艺工作者受邀参加。在此期间，先后召开三次大会，其余为小组讨论。5月2日召开第一次会议，毛泽东发表讲话，说明开会的目的，随后萧军、丁玲、欧阳山、艾青、周扬等相继发表意见；5月16日召开第二次会议，主要内容为讨论发言；5月23日召开第三次会议，毛泽东作了总结。这两次讲话就是后来发表的《在延安文艺座谈会上的讲话》。

（二）《讲话》的出版

　　延安文艺座谈会后，毛泽东的讲话并没有马上发表，直至1943年3月13日，才在《解放日报》上报道部分内容。1943年10月19日，鲁迅逝世七周年之际，《讲话》经修改润色，在《解放日报》上正式全文发表。1943年10月20日，中央总学委发出《关于学习毛泽东〈在延安文艺座谈会上的讲话〉的通知》，要求广大党员干部进行深入学习。同年11月7日，中共中央宣传部发出《关于执行党的文艺政策的决定》，进一步强调《讲话》"不仅是解决文艺观、文化观的材料，也是解决人生观、方法论的材料，要普遍宣传"。

（三）《讲话》在解放区的传播

　　早在《讲话》全文发表之前，延安文艺界已经掀起了学习《讲话》的热潮。1943年3月10日，中央文委和中央组织部召开了党的文艺工作者会议，贯彻《讲话》精神。会后，舒群、周立波、何其芳等一批著名作家均撰写文章，阐述学习《讲话》的心得。《讲话》发表后，迅速在解放区广泛传播，解放区内的各大报刊纷纷予以转载，各种翻印的单行本也大量出现。抗战胜利后，东北等原沦陷区也相继印行《讲话》。随着《讲话》的广泛传播，对《讲话》的学习与宣传也进一步走向深入。

（四）《讲话》在国统区、沦陷区的传播

《讲话》不仅在解放区广泛传播，在沦陷区和国统区也冲破层层封锁，以各种形式出版发行。1944年春季，地下党员将《讲话》带到上海，秘密刻印散发。重庆、香港等地的进步文艺工作者，或将《讲话》的内容摘要刊载，或出版《讲话》的单行本。同时，对《讲话》的学习活动也在国统区进步文艺界全面开展。周恩来组织和领导重庆文艺界对《讲话》进行学习，大力弘扬马列主义文艺理论，反击国民党的腐朽的文艺观。受其影响，郭沫若、茅盾、邵荃麟、穆文等先后撰文，检讨国统区文艺作品的问题，赞美解放区文学。《讲话》由此成为国统区进步文艺界在思想战线上的锐利武器。

（五）1953年版《讲话》

《讲话》自其诞生至1953年11年间，产生了三个不同版本：速记稿版本、1943年版本和1953年版本。1943年10月解放社出版第一个单行本之后，大众日报社随即也出版了单行本。此后，各解放区大都出版过《讲话》，如新四军第三师苏北军区政治部、太岳新华书店、大众文化书店、东北书店等。在国统区迫于反动检查制度，《讲话》不得不另拟题名出版，如上海《新文化》创刊号上以《革命文艺的正确发展》为题分散登载。新中国成立后，《讲话》在国内得到更为广泛的传播，据不完全统计，共有93种版本。1953年，《讲话》经毛泽东亲自修订，收入《毛泽东选集》第三卷，并出版了单行本，通称"1953年版"。

（六）民族语言文字版《讲话》

1953年，人民出版社出版统一的《讲话》版本后，《讲话》的单行本、选读本、汇编本等在全国大量发行，其中包括蒙古文、藏文、维吾尔文、哈萨克文、朝文等多种民族文字译本。民族语言文字译本的《讲话》，为各民族深入学习这一重要历史文献提供了便利，有助于《讲话》在民族文艺的发展过程中更好地发挥其指导作用。

（七）《讲话》在国外的译介

随着《讲话》在国内的影响不断扩大，在国际社会新闻、出版、文艺、学术界也引起广泛关注，先后被译成多种文字，对国际文学艺术事业的发展产生了深远的影响。1945年，首个外文译本由朝鲜咸镜南道出版。次年，又有汉城大学译本出版。1946年，新日本文学会出版了《讲话》日文版。1949年，法国出版了《讲话》的法文译本，一些拉美国家据此译本转译为西班牙文和葡萄牙文。同年，英国《现代季刊》刊载了英译文，民主德国又据此发表了德文节译本。二十世纪五六十年代，美国、波兰、匈牙利、意大利、古巴、巴西、苏联、保加利亚、罗马尼亚等国家出版了多个语种的译本。

第三单元：解放区的文艺成就

《讲话》发表之时，抗日战争正处于相持阶段。此后，中国人民战胜了日本帝国主义，并在中国共产党的领导下，取得了解放战争的伟大胜利。在这一波澜壮阔的年代里，《讲话》的精神发挥了巨大的指导作用，它激励了大批的文艺工作者深入生活、贴近群众，创作出大量脍炙人口、耳熟能详的优秀作品。这些作品不仅极大地繁荣了解放区乃至国统区、沦陷区的文化建设，更对现实的斗争生活起到了巨大的鼓舞和推动作用。大批的艺术家们在革命战争的洗礼中得到了锻炼，他们不仅成为当时文艺战线的生力军，也为新中国文艺事业的发展奠定了基础。本次展览遴选了《讲话》诞生至1949年间出版的130余种文献以及茅盾《团的儿子》、阮章竞《漳河水》、丁玲《太阳照在桑干河上》、周立波《暴风骤雨》等珍贵手稿，整体展示在《讲话》精神指导下，解放区在文艺理论、小说、戏剧、诗歌、报告文学、散文、民间文艺、儿童文艺、音乐、美术等方面出现的新面貌以及取得的巨大成就。

（一）文艺理论

在《讲话》关于群众性文艺实践的推动下，延安和各个根据地的文艺理论建设出现了欣欣向荣的局面。毛泽东、张闻天、陈毅、刘少奇、陈云、凯丰等许多老一辈无产阶级革命家相继发表了许多关于文艺问题的讲话和论文。周扬、郭沫若、茅盾、张庚、陈荒煤等文艺工作者们纷纷撰文立说，产生了一批理论价值较高的著述。

（二）小说

延安文艺座谈会后，解放区的小说大多以农村新生活为题材，以新一代觉醒的农民为主要人物，出现了一批格调高昂、清新朴素的优秀作品。其中成就较大、具有广泛影响的作品有赵树理的《小二黑结婚》和《李有才板话》、孙犁的《荷花淀》、丁玲的《太阳照在桑干河上》、周立波的《暴风骤雨》等。

（三）戏剧

戏剧向来是艺术与广大群众直接结合的最主要方式。歌剧方面，解放区出现了大型的新歌剧创作，既融汇了西洋歌剧和传统戏曲的有益成分，又吸收了秧歌和其他地方戏曲的表现手法，先后产生了《白毛女》、《赤叶河》等代表剧作。秧歌剧方面，戏剧工作者注入新的思想内容，创造了新秧歌剧。鲁艺创作的《兄妹开荒》是秧歌剧中比较成功的尝试。以此为先声，陕甘宁边区迅速掀起了热火朝天的新秧歌运动。据不完全统计，1943年春节至1944年上半年，创作演出了300多个秧歌剧，观众达800万人次。话剧艺术方面也创作和演出了一批优秀作品，如《同志，你走错了路！》、《前线》等。地方剧方面，延安时期的地方戏曲秦腔、郿鄠、道情、榆林小曲和小调戏、秧歌戏等从思想内容到艺术形式发生了深刻变革，《血泪仇》、《大家喜欢》和《官逼民反》等为现代题材戏中的代表作，而《逼上梁山》、《三打祝家庄》则是新编历史剧的保留剧目。

（四）诗歌

《讲话》发表之后，解放区的诗人们在诗歌的表现形式和语言的运用上，也力求民族化、群众化，为工农兵所喜闻乐见。艾青的《向太阳》和《黎明的通知》、田间的叙事诗《戎冠秀》、《赶车传》，李季的长篇叙事诗《王贵与李香香》和阮章竞的《漳河水》等，都是影响很大、具有代表性的作品。

（五）报告文学

报告文学以其文学性和新闻性相结合的特点，对火热的革命战争年代进行了迅速直接的反映和表现。这个时期，报告文学创作一直保持着持续繁荣的局面，代表作有周而复《诺尔曼·白求恩断片》、刘白羽《环行东北》、周立波《南下记》等。

（六）散文

这一时期的散文不仅是革命根据地生活的一面镜子，而且是战斗的号音、明亮的火把。这些作品，或叙述自己的战斗经历，或抒发革命激情，具有强烈的时代感。马烽的《张初元的故事》、吴伯箫的《黑红点》等较为著名。

（七）民间文艺

在《讲话》的精神指导下，文艺工作者广泛收集整理民歌、民间故事、民谣、剪纸等作品，并从中吸取精华，剔除糟粕，创作了许多反映时代特色的鼓词、秧歌小调、墙头诗、谜语等形式的民间文艺作品，对配合生产建设和革命斗争起到了很好的宣传教育作用。周扬、冼星海、吕骥、艾青等人还发表了评述民间艺术或民间艺人的文章，体现了新的民间文学理论初步建设的成果。

（八）儿童文艺

解放区的儿童文艺创作呈现出活泼向上的精神风采。其中以反映抗日战争、解放战争为题材的儿童小说、儿童诗歌最具特色，代表作有华山《鸡毛信》、峻青《小侦察员》、管桦《雨来没有死》、方冰《歌唱二小放牛郎》等。

（九）音乐

群众歌曲是音乐艺术领域中最广泛、最直接地反映群众情绪、鼓舞群众斗志的一种形式。在统一思想和提高认识的基础上，音乐工作者自觉深入社会，学习工农兵，学习民族民间艺术。由此，群众歌曲、大合唱、组歌、歌剧、歌舞、器乐曲等创作呈现了空前的繁荣景象。代表作品有《东方红》、《南泥湾》。这一时期大批深受人民群众喜爱的音乐人才成长起来，为新中国的音乐事业奠定了丰厚而坚实的基础。

（十）美术

延安的美术工作者积极与工农兵相结合，广泛开展多种形式的美术普及活动。他们还积极创作反映新内容、新思想的年画、剪纸、连环画等美术作品，并采用慰问赠送、巡回展出等方式将这些作品送到工农兵群众中去，使延安及敌后根据地的群众美术得到了蓬勃发展。这一时期，延安木刻艺术取得了举世瞩目的成就，以古元、彦涵、力群、马达、胡一川、石鲁等为代表的木刻创作家群体，为推动木刻艺术的发展作出了重要贡献。此外，漫画家们开始自觉地从群众生活中提炼新鲜活泼的漫画艺术语言和表现形式，漫画在民族化和通俗化方面有了一定的发展。

此外，展览还选取了国统区作家的代表作，如郭沫若《虎符》手稿、黄炎培《延安归来》、陈白尘《升官图》等，以展示中国共产党领导下的进步文艺界团结广大作家，发挥了重大战斗作用。

七十年来，党的文艺理论和指导方针在不断地丰富和发展，但是始终没有背离过《讲话》的基本原则。这篇光辉的文献一直照耀着我国革命文艺和社会主义文艺事业前进的道路。在《讲话》发表七十年之际，我们举办此次展览，希望藉此回顾历史，发扬文艺为人民大众服务的《讲话》精神，为推动社会主义文化大发展大繁荣尽绵薄之力。

《讲话》诞生的背景

20世纪30年代，日本发动侵华战争。中华民族危亡之际，一大批热血青年和爱国志士，冲破重重阻挠，从祖国的四面八方，满怀希望地奔向革命圣地延安。作家丁玲、诗人艾青、小说家罗烽、画家华君武、作曲家冼星海、文坛名将茅盾、剧作家贺敬之、哲学家艾思奇、科普作家高士其等众多的爱国志士、文艺青年、专家学者从大城市的楼房、课堂住进延安的窑洞、战壕。他们一到延安，来不及拂去征尘，就投入到火热的战斗生活之中，为延安的文艺大军注入了新鲜的血液，共同促进了延安文艺运动的蓬勃发展。

抗日救亡运动的兴起

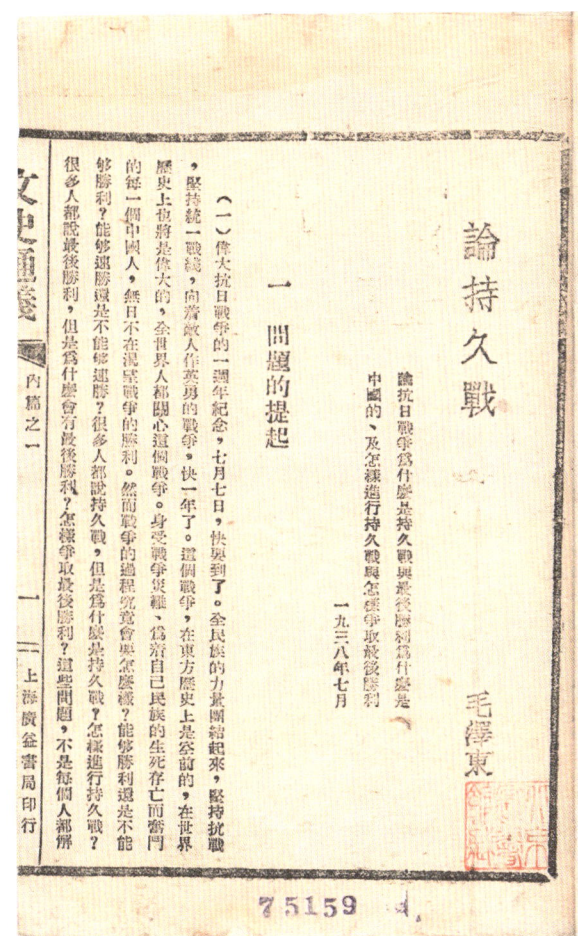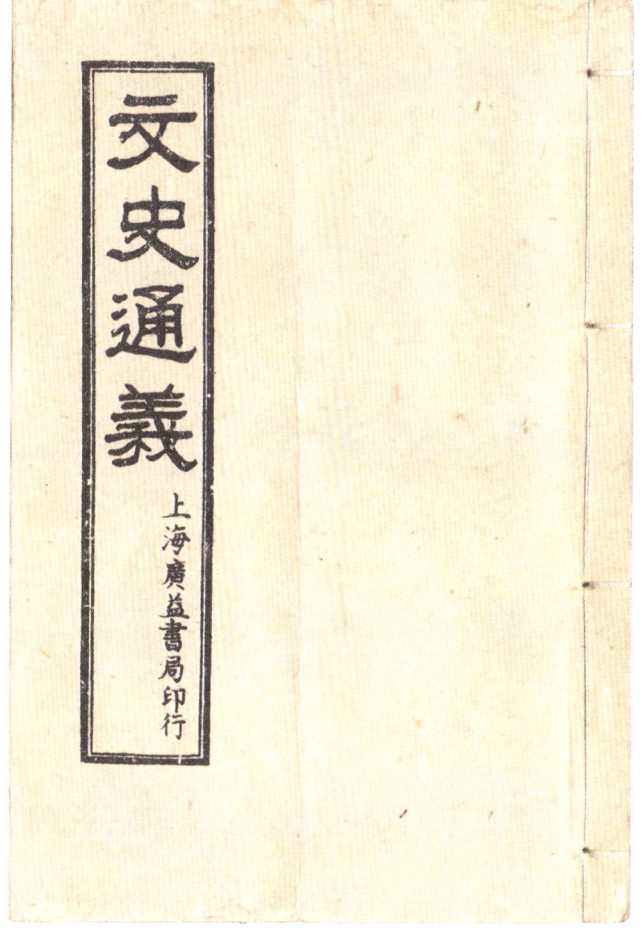

论持久战

毛泽东著

　　1938年5月写作的《论持久战》初步总结了全国抗战的经验，批驳了当时盛行的"速胜论"和"亡国论"等种种错误观点，系统阐明了党的抗日持久战方针。该书封面伪装题名为"文史通义"，伪托"上海广益书局印行"，书口有"文史通义内篇之一"字样。

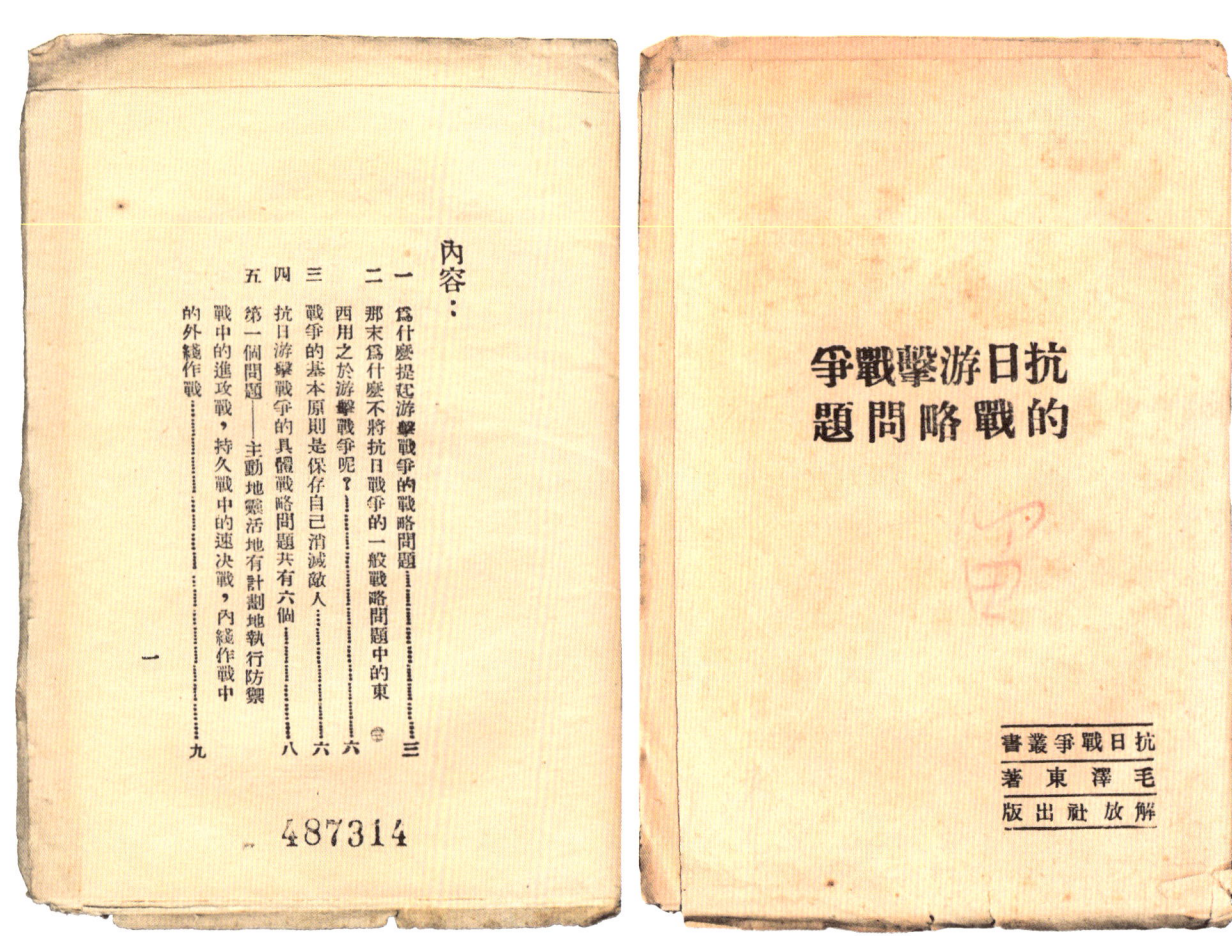

抗日游击战争的战略问题

毛泽东著　解放社　1938年6月

　　该文最早发表于1938年5月30日出版的《解放》第40期，批驳了轻视抗日游击战争的错误观点，系统地阐述了游击战争在抗日战争中的战略地位和重大作用。

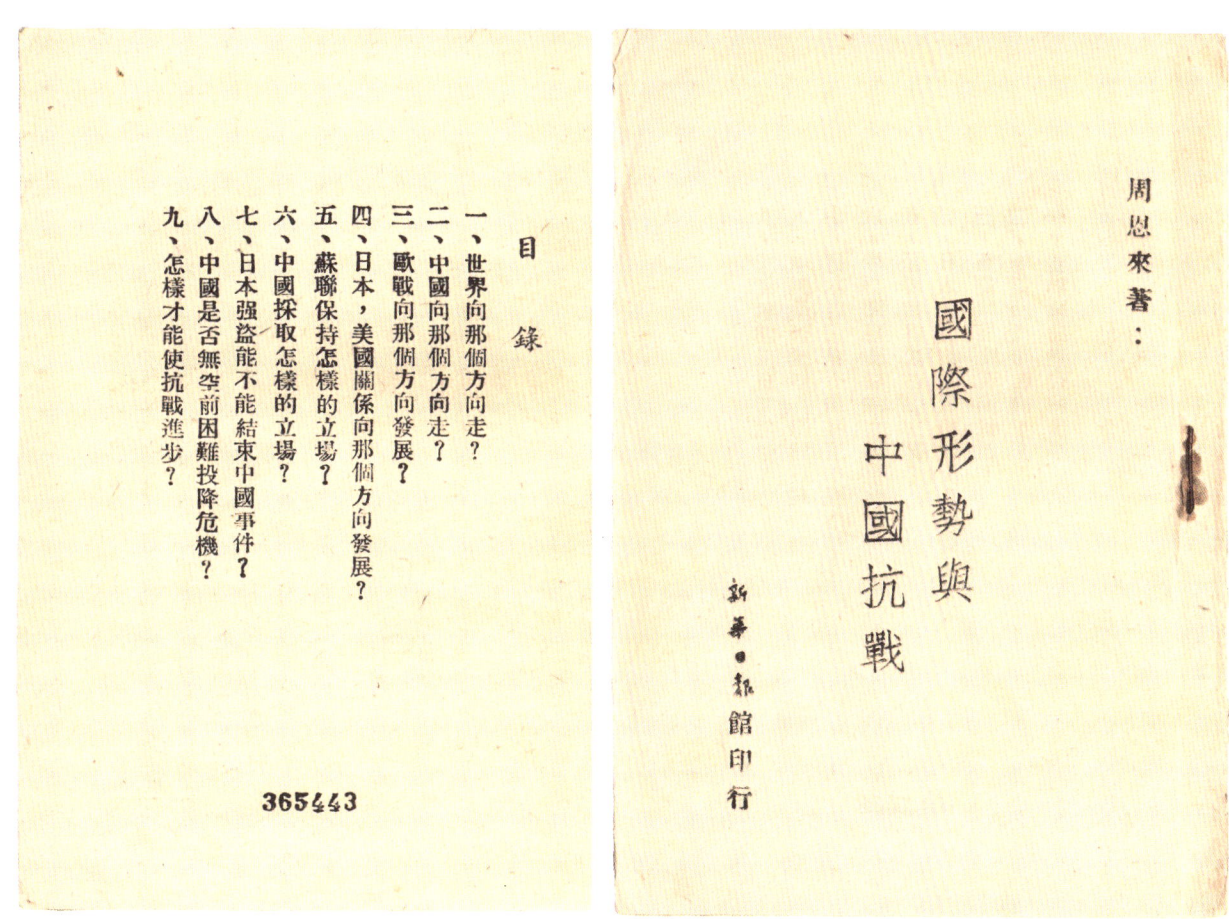

周恩來著：

國際形勢與中國抗戰

新華日報館印行

国际形势与中国抗战

周恩来著　重庆　新华日报馆　1940年10月

　　1940年9月20日，周恩来在重庆发表的演讲，着重分析了人民普遍关心的九个问题，强调只要全国人民和全世界人民团结起来，就一定能战胜各种困难，争取反法西斯战争的胜利。

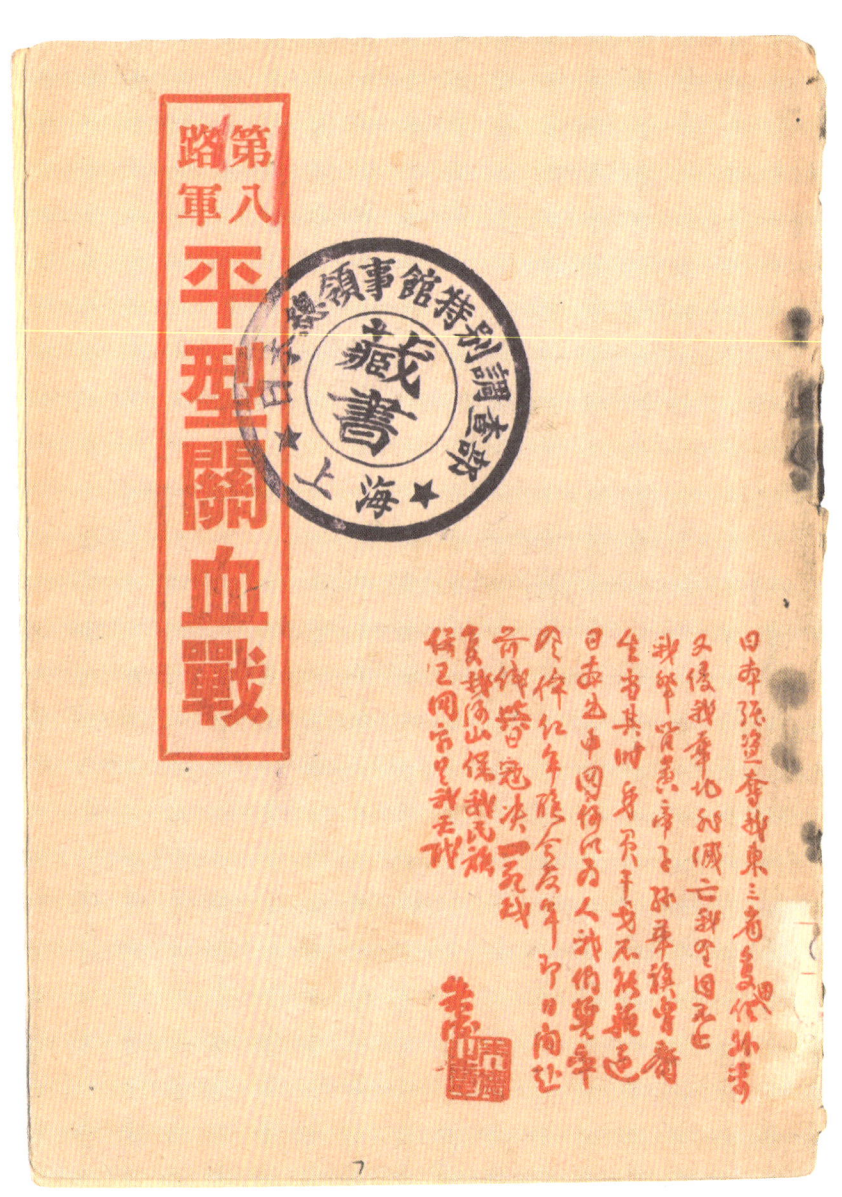

第八路军平型关血战

朱德等著　上海　抗战丛书出版社　1937年10月

　　1937年9月，八路军一一五师伏击日军，取得了平型关大捷，鼓舞了全国人民的士气。该书封面有朱德题字，收录目次：1. 实行对日抗战；2. 八路军在陕北誓师出发；3. 平型关展开血战；4. 朱德、毛泽东谈平型关歼敌经过。

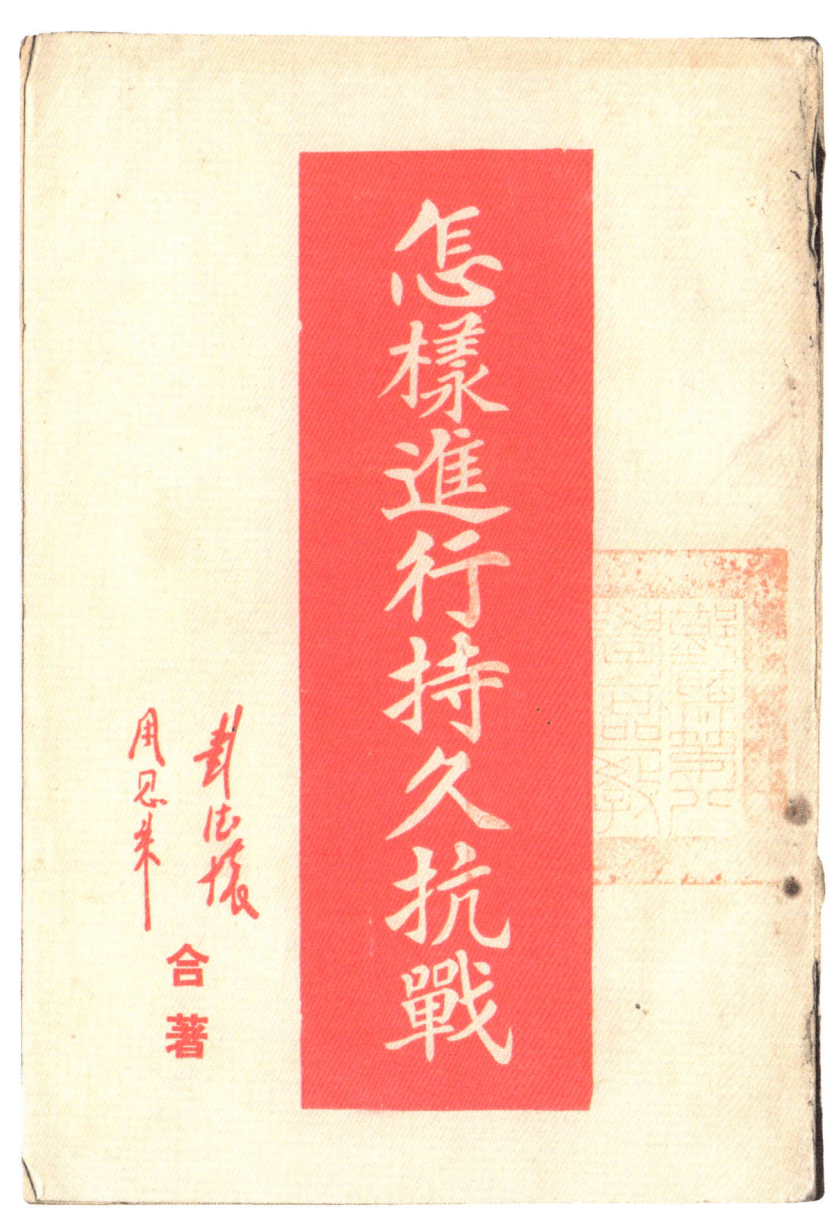

怎样进行持久抗战

周恩来 彭德怀合著　上海建社　1938年12月

　　收录了《怎样进行持久抗战》（周恩来）、《目前抗战形势与今后任务》（彭德怀）、《目前战局与保卫武汉》（叶剑英）等论述抗战局势的文章7篇。附录收有《关于准备召集党第七次全国代表大会的决议》、《中国共产党对时局宣言》2篇文章。

三年抗战与八路军

彭德怀著　新华日报华北分馆　1940年8月

　　彭德怀在该文中总结了八路军三年来在华北地区抗日的成就：建立了14个敌后抗日根据地；收复和占领了150多个县城；牵制敌人15个师，占敌在华总兵力38.4%。

抗战文艺

中华全国文艺界抗敌协会　抗战文艺编辑委员会　汉口　中华全国文艺界抗敌协会出版部

　　1938年5月4日创办，1946年5月终刊。该刊为中华全国文艺界抗敌协会会刊，是贯通抗日战争时期的唯一的文艺刊物，为抗战文艺的发展作出了重大贡献。

大众文艺

中华全国文艺界抗敌协会延安分会编　延安　中华全国文艺界抗敌协会延安分会

　　1939年5月14日，以边区文艺界抗敌协会为基础的中华全国文艺界抗敌协会延安分会正式成立。艾思奇为主任，丁玲、柯仲平为副主任。《大众文艺》隶属中华全国文艺界抗敌协会延安分会。

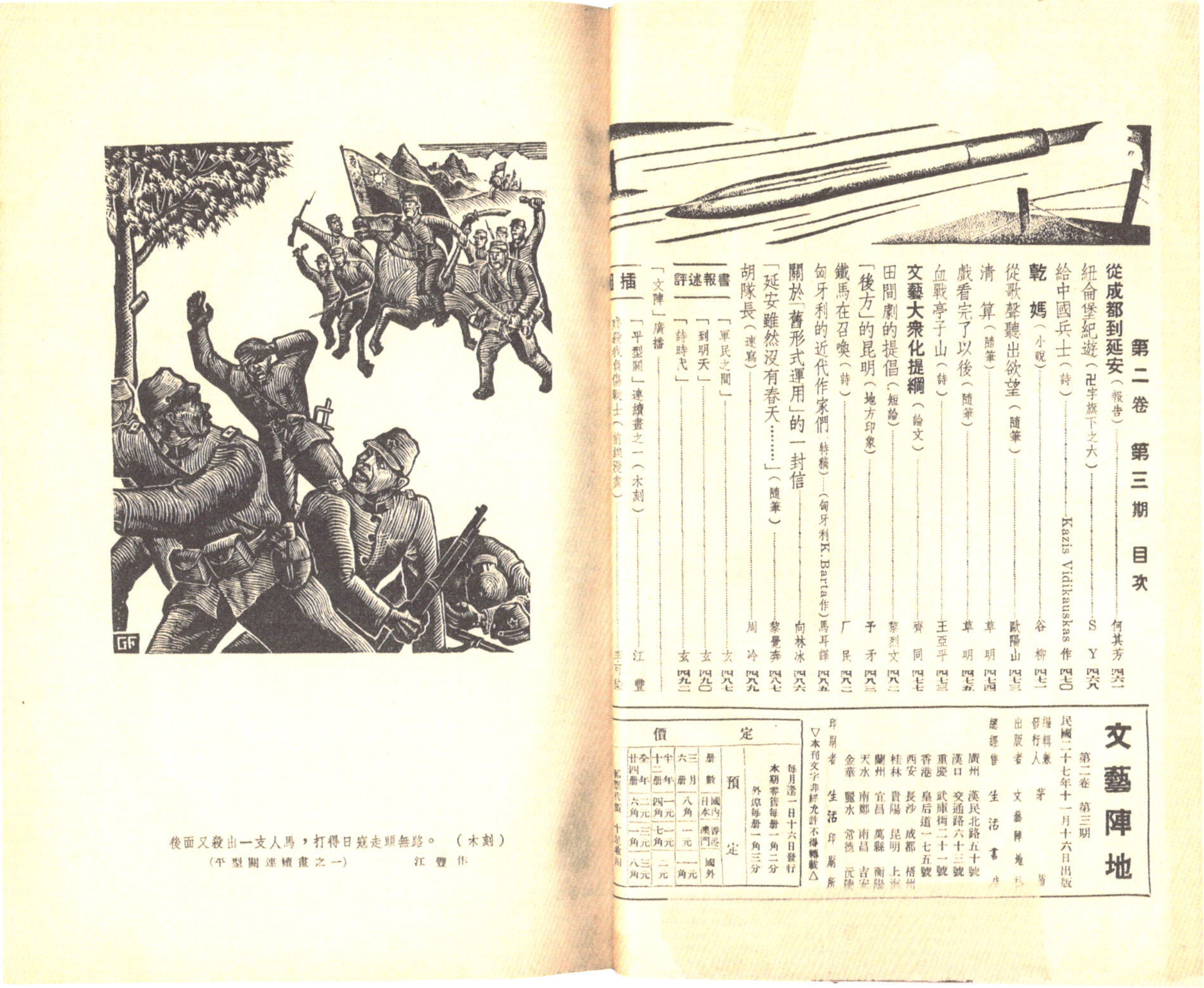

後面又殺出一支人馬，打得日寇走頭無路。（木刻）
（平型關連續畫之一）　江豐 作

文艺阵地

茅盾主编　重庆　生活书店

　　1938年4月16日创刊，茅盾主编了前18期，是抗战时期普及最广、影响最深远的全国性文艺刊物之一。

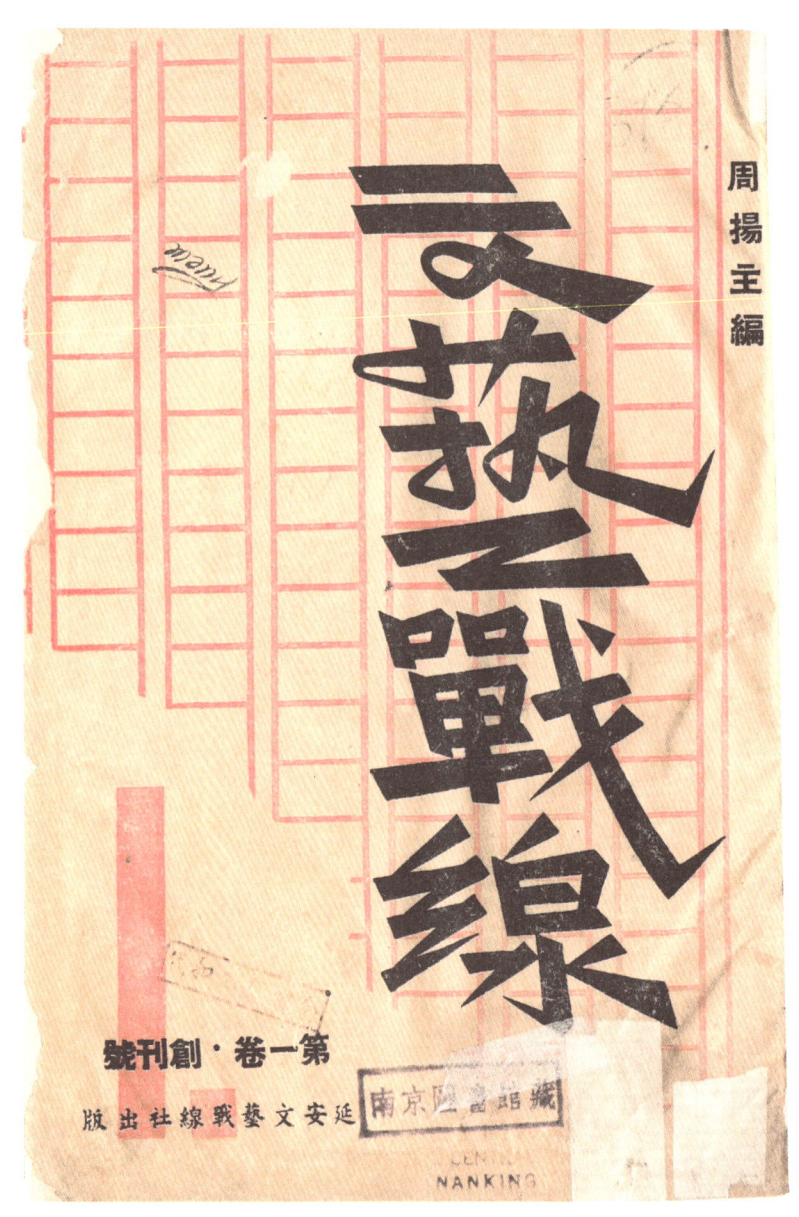

文艺战线

周扬主编　延安文艺战线社

　　1939年 2月16日创刊，1940年2月16日停刊，共出版6期。该刊最初为陕甘宁边区文艺界抗战联合会的机关刊物，后来成为中华全国文艺界抗敌协会延安分会机关刊物。编委会成员有周扬、丁玲、成仿吾、艾思奇、沙可等16人。刊物在延安编辑，国民党统治区印刷，面向全国发行。

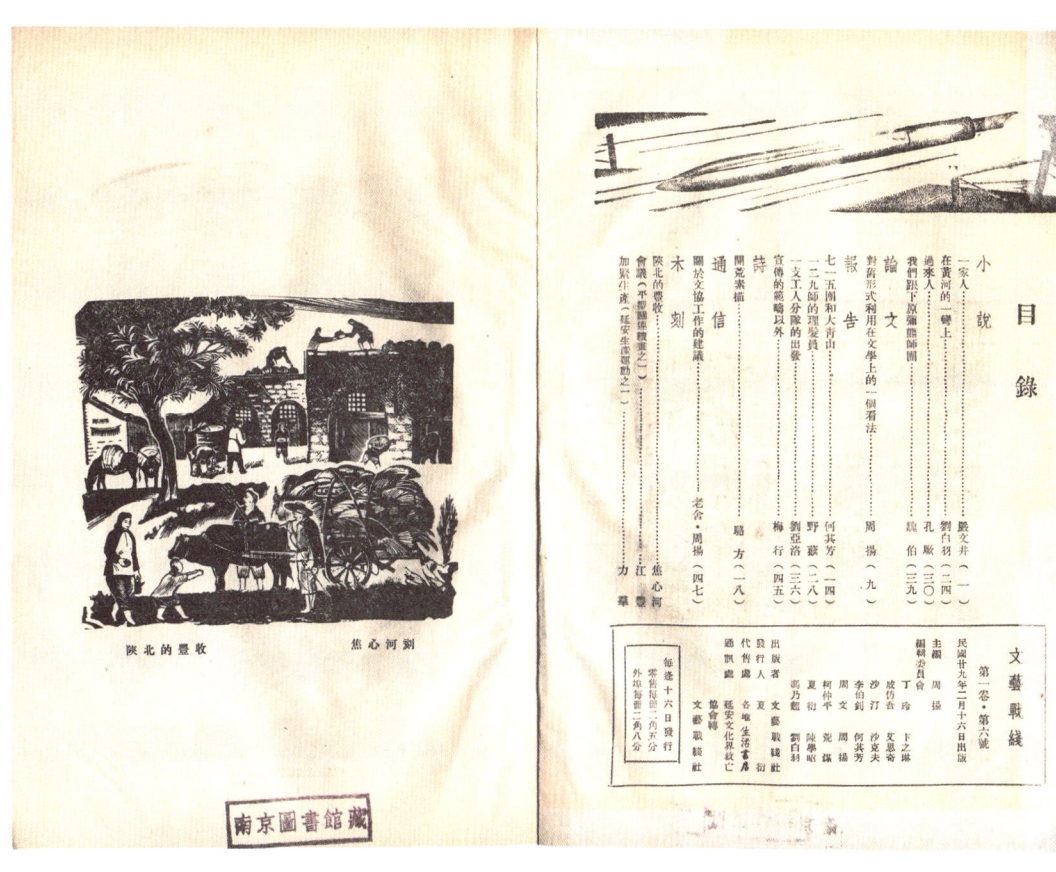

陝北的豐收　　劉焦心河

目錄

文藝戰線
第一卷·第六號
民國廿九年二月十六日出版
主編　周揚
編輯委員　丁玲　卞之琳
　　　成仿吾　艾思奇
　　　沙汀　周文　李伯釗
　　　周揚　何其芳
　　　柯仲平　荒煤
　　　夏衍　陸學似
　　　馮乃超　劉白羽
出版者　文藝戰線社
發行人　生活書店
代售處　各地生活書店
通訊處　延安文化界救亡協會轉
　　　　文藝戰線社
每逢十六日發行
外埠每部需郵費二角五分
　　零售每部二角八分

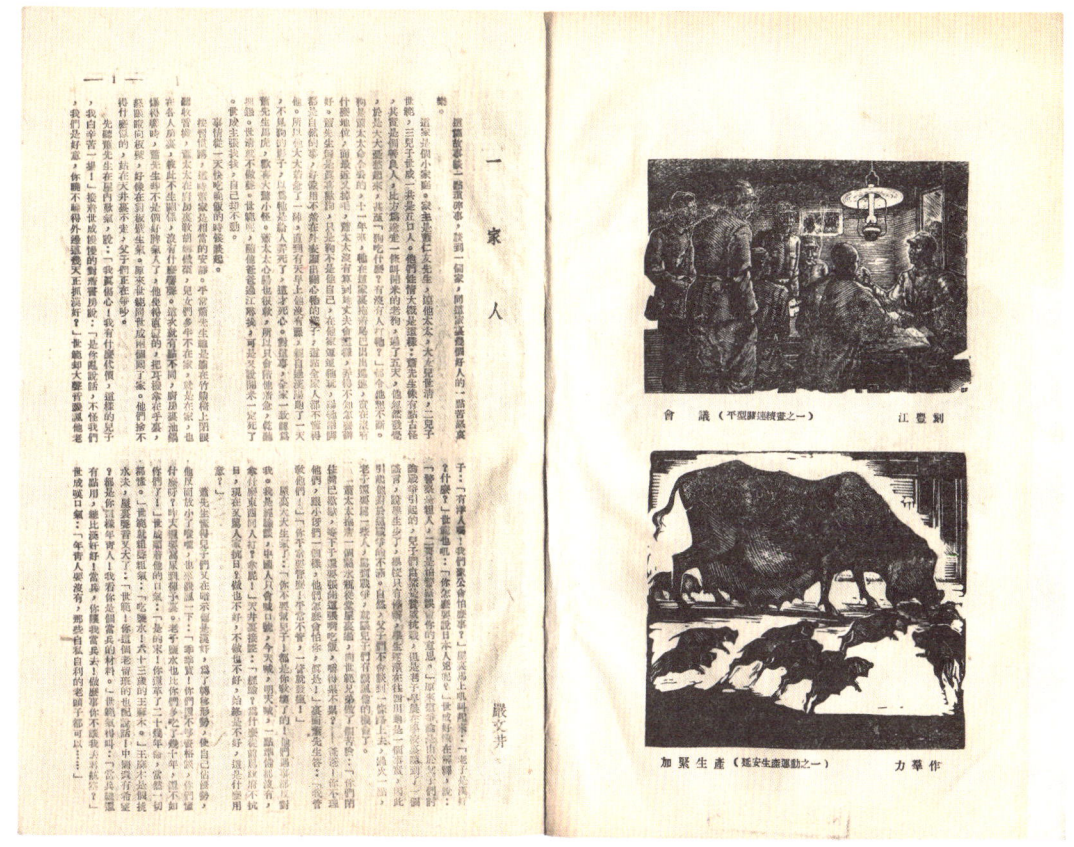

一家人

嚴文井

會議（平型關連續畫之一）　　劉江豐

加緊生產（延安生產運動之一）　　力華作

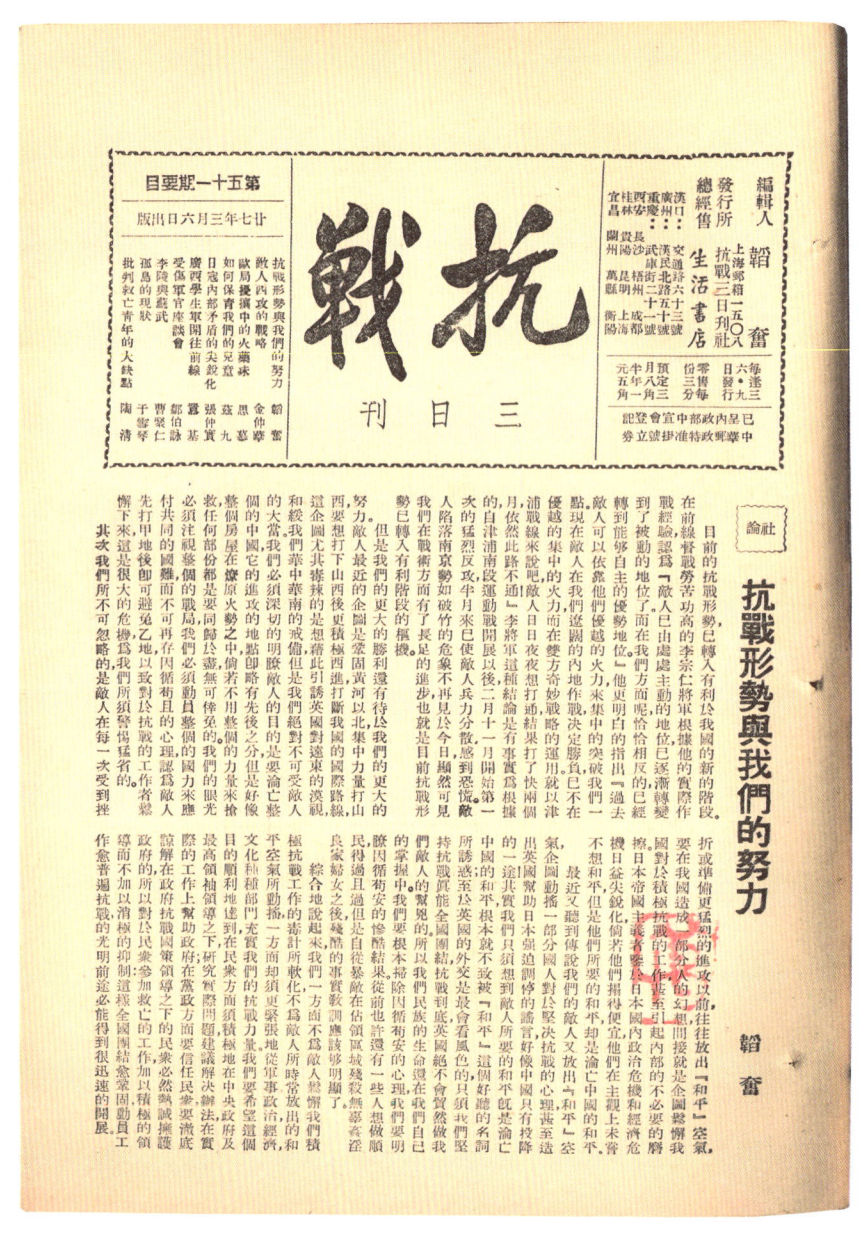

抗战

邹韬奋主编　上海　抗战三日刊社　汉口　生活书店

　　1937年8月19日在上海创刊，三日刊。受上海租界当局的干扰，曾一度改名《抵抗》。第30期起迁汉口出版，出至1938年7月3日止，共出86期。

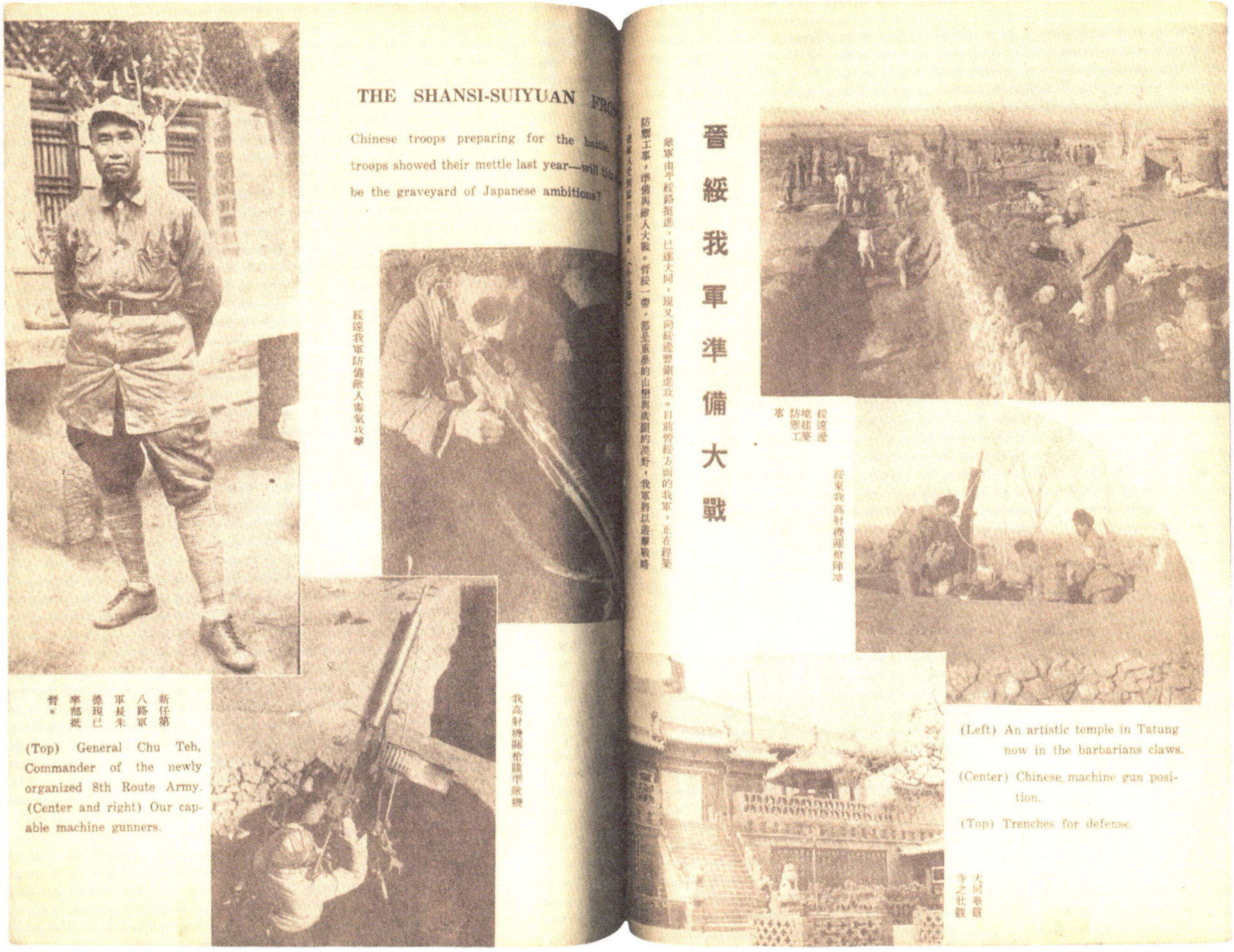

THE SHANSI-SUIYUAN FRO

Chinese troops preparing for the battle.
troops showed their mettle last year—will th
be the graveyard of Japanese ambitions?

绥远我军防备敌人空气攻擊

新任第八路军军长朱德现已摩绥都誓督师晋绥

(Top) General Chu Teh,
Commander of the newly
organized 8th Route Army.
(Center and right) Our cap-
able machine gunners.

我高射砲關控鍵晋綏機

晉綏我軍準備大戰

敵軍由平綏路挺進，已達大同，現又向綏塞進迫，目前晉綏方面的我軍，都是最善於爬山涉野的勇士。我軍將以遊擊戰略

綏遠邊境我軍防禦工事
綏軍我高射砲鐵砲陣墙

(Left) An artistic temple in Tatung
now in the barbarians claws.
(Center) Chinese machine gun posi-
tion.
(Top) Trenches for defense.

大同奉誌李之壯戰

抗战画报

上海抗战三日刊社编辑　上海　抗战三日刊社

1937年8月29日在上海创刊，为《抗战》三日刊增出的画报，每周六出版，后改为五日刊。说明文字有中英、中法两种版本。在上海出10余期后迁往汉口。1937年10月停刊，共出29期。

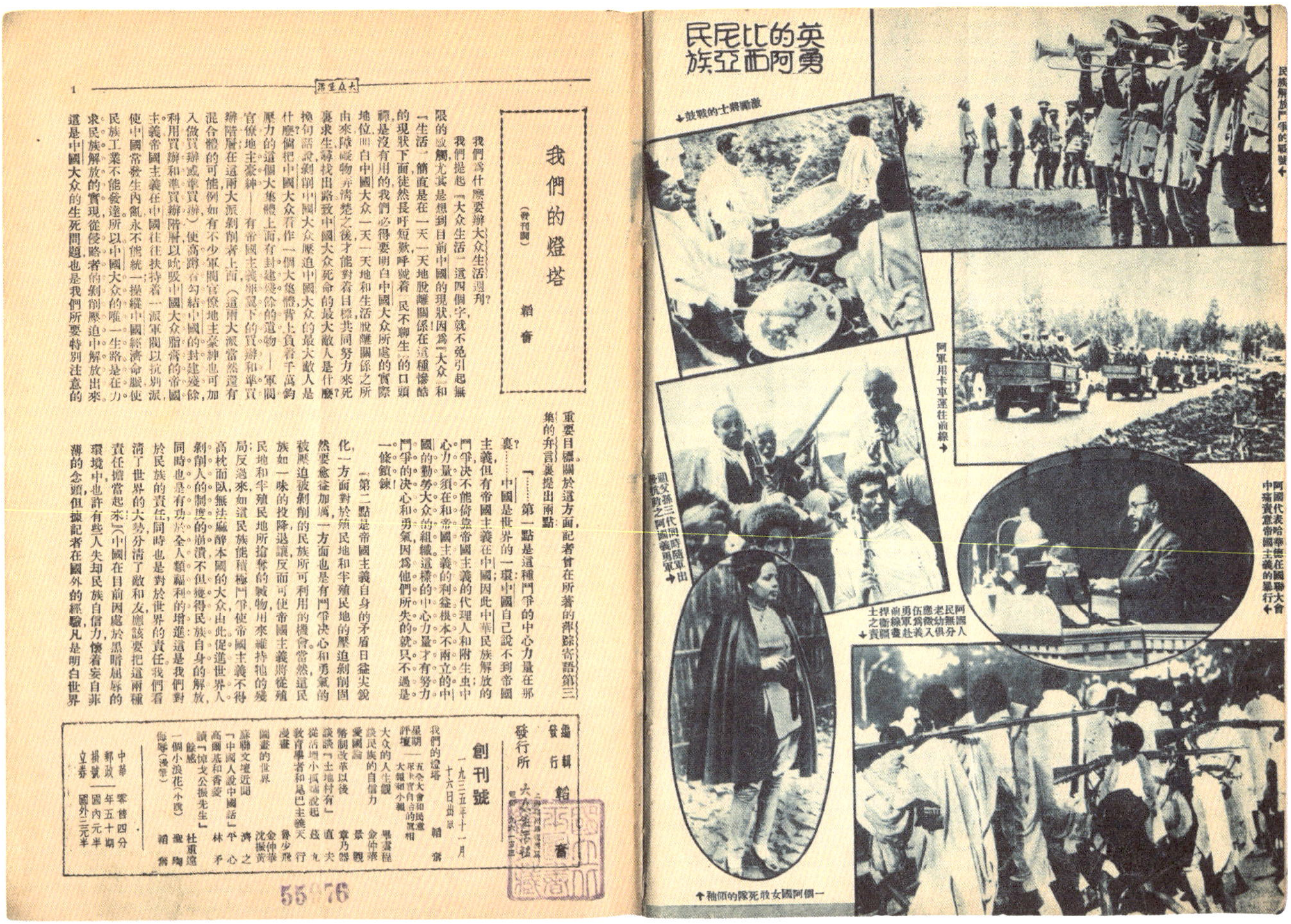
1 大众生活

我們的燈塔

（發刊詞） 韜奮

我們爲什麼要辦大众生活週刊？

我們提起「大众生活」這四個字，就不免引起無限的感觸，尤其是想到目前中國的現狀因爲「大众」和「生活」簡直是在一天一天地脫離關係！在這種慘酷的現狀下面，徒然長吁短歎，呼號着「民不聊生」的口頭禪，是沒有用的，我們必得要明白中國大众所處的實際地位，明白中國大众一天一天地和生活脫離關係之所由來，障礙物弄清楚之後，才能對着目標共同努力來死裏求生，尋找出路。致中國大众死命的最大敵人是什麼？換句話說，剝削中國大众壓迫中國大众的最大敵人是什麼？倘把中國大众看作一個大集體，背上負着千萬鈞壓力的這個大集體上面有封建殘餘的遺物——軍閥官僚地主豪紳——有帝國主義卵翼下的買辦和準買辦階層在這兩大派剝削者上面，（這兩大派當然還有混合體的可能，例如有不少軍閥官僚地主豪紳也可加入做買辦或準買辦）使高踞着勾結中國的封建殘餘，利用買辦和準買辦階層以吮吸中國大众脂膏的帝國主義。帝國主義在中國往往扶持着一派軍閥以抗別派，使中國常發生內亂，永不能統一；操縱中國經濟命脈，使民族工業不能發達。所以中國大众的唯一生路是在力求民族解放的實現，從侵略者的剝削壓迫中解放出來。這是中國大众的生死問題，也是我們所要特別注意的重要目標。關於這方面，記者曾在所著的萍踪寄語第三集的弁言裏提出兩點：

「……第一點是這種鬥爭的中心力量在那裏？……中國是世界的一環，中國自己說不到帝國主義，但有帝國主義在中國；因此中華民族解放的鬥爭，決不能倚靠帝國主義的代理人和附生虫，中心力量須在和帝國主義的利益根本不兩立的中國的勤勞大众的組織。這樣的中心力量才有努力鬥爭的決心和勇氣，因爲他們所失的就只不過是一條鎖鍊！

「第二點是帝國主義自身的矛盾日益尖銳化，一方面對於殖民地和半殖民地的壓迫剝削固然要愈益加厲，一方面也是有鬥爭決心和勇氣的被壓迫被剝削的民族所可利用的機會。當然，這民族如一味的投降退讓，反而可使帝國主義將從殖民地和半殖民地所掠奪的贓物用來維持牠的殘局；反過來，如這民族能積極鬥爭，使帝國主義不得高枕而臥，無法麻醉本國的大众，由此促進世界人剝削人的制度的崩潰，不但獲得民族自身的解放，同時也是有功於全人類福利的增進：這是我們對於民族的責任，同時也是對於世界的責任。我們看清了世界的大勢，分清了敵和友，應該要把這兩種責任擔當起來。」（中國在目前因處於黑暗屈辱的環境中，也許有些人失却民族自信力，懷着妄自菲薄的念頭，但據記者在國外的經驗，凡是明白世界

創刊號

一九三五年十一月十六日出版

編輯 韜奮

發行

發行所 大众生活社

我們的燈塔 韜奮

星期評壇——五全大會和民意 華北實自治的眞相 大報和小報 畢雲程

大众的人生觀 金仲華

談民族的自信力

愛國論

幣制改革以後

談談「土地村有」

從活埋小孤孀說起

教育學者和尾巴主義

漫畫

圖畫的世界

蘇聯文壇近聞

「中國人說中國話」

高爾基和香妻

讀「悼戈公振先生」餘感

一個小浪花（小說）

侮辱（漫筆）

中華郵政掛號立券

零售四分 年五十期 國內一元半 國外三元半

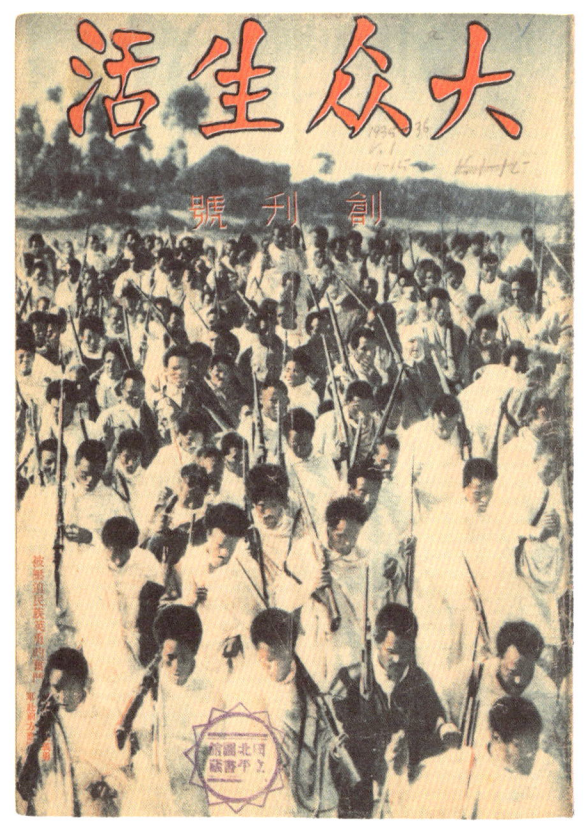

大众生活

邹韬奋编　上海　时代书店

1935年11月上海创刊，1941年12月终刊，中间遭国民党当局查封，一度停刊。该刊为宣传抗日救亡的时事政治性周刊。设有“星期评坛”、“时事论文”、“国内外通讯”、“社会漫画”、“随笔小品”、“大众信箱”等栏目，是当时国内销数最大的刊物。

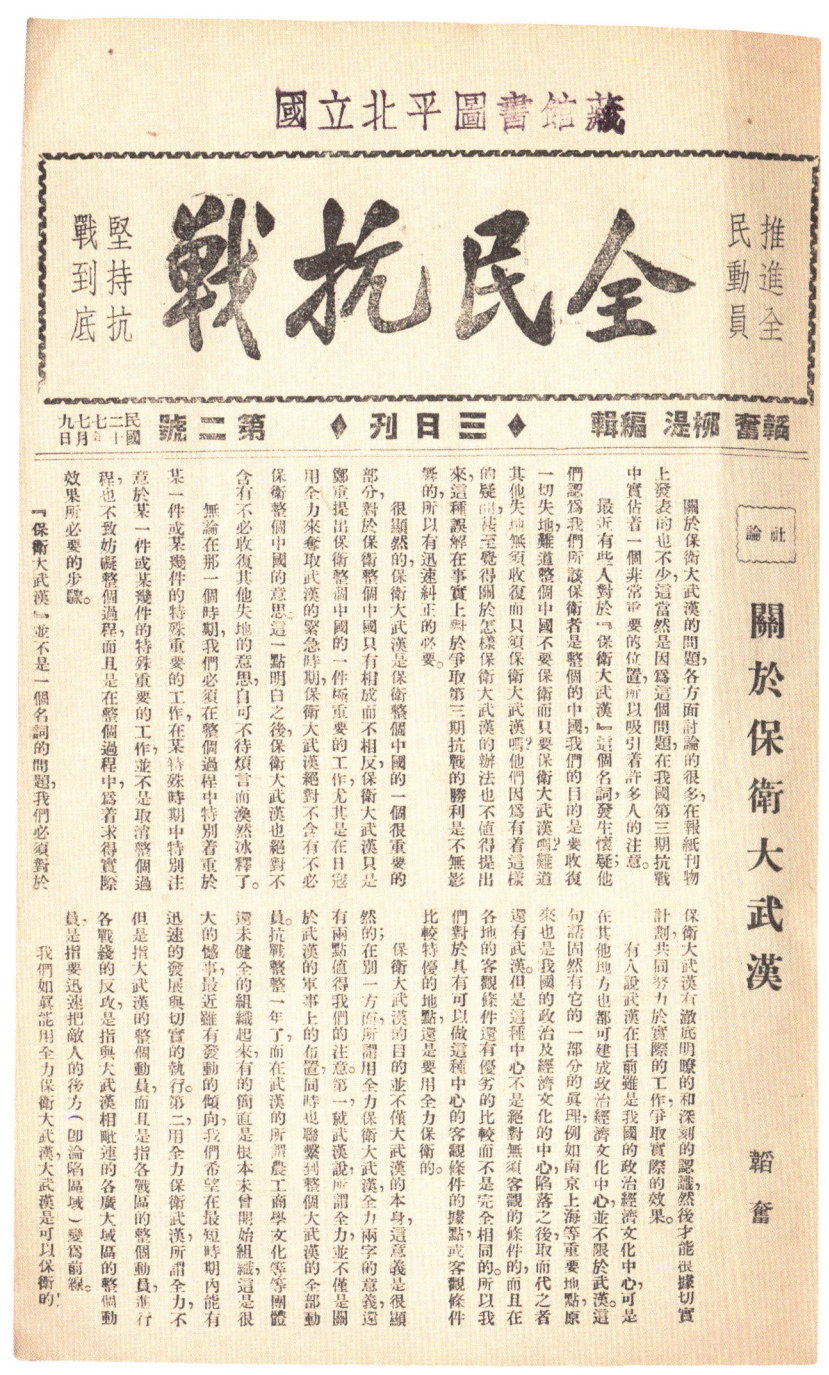

全民抗战

邹韬奋　柳湜编辑　重庆　全民抗战社

　　抗日战争时期进步的综合性政论刊物。1938年7月7日由《全面抗战》三日刊和《全民》月刊合并，定名为《全民抗战》，同年10月由汉口迁重庆后改为周刊。1941年2月22日在重庆被国民党政府查封。

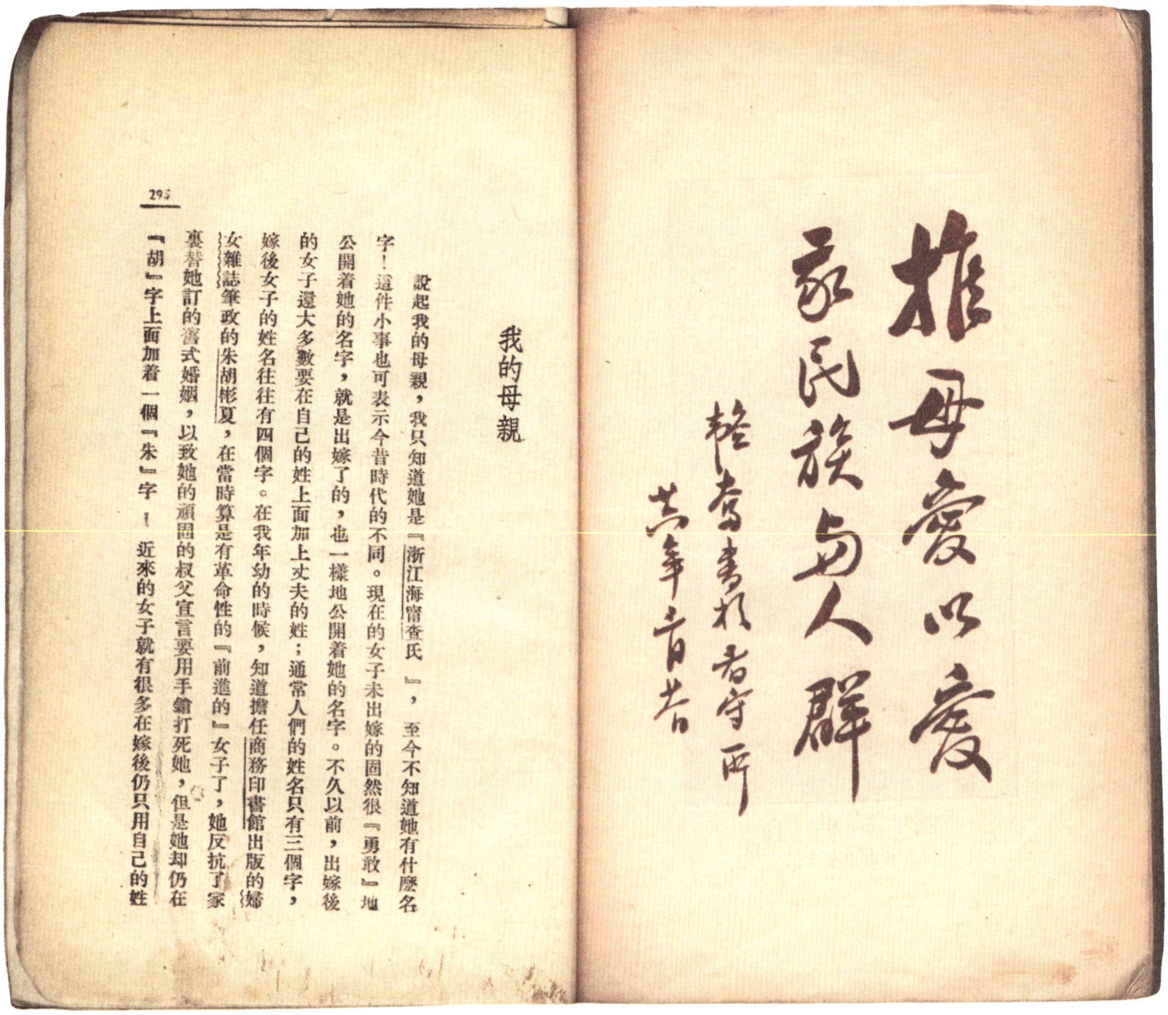

推母爱以爱亿民族与人群

韬奋书於看守所

其年音若

295

我的母亲

说起我的母亲，我只知道她是「浙江海甯查氏」，至今不知道她有什麼名字！這件小事也可表示今昔時代的不同。現在的女子未出嫁的固然很「勇敢」地公開著她的名字，就是出嫁了的，也一樣地公開著她的名字。不久以前，出嫁後的女子還大多數要在自己的姓上面加上丈夫的姓；通常人們的姓名只有三個字，嫁後女子的姓名往往有四個字。在我年幼的時候，知道擔任商務印書館出版的婦女雜誌筆政的朱胡彬夏，在當時算是有革命性的「前進的」女子了，她反抗了家裏替她訂的舊式婚姻，以致她的頑固的叔父宣言要用手鎗打死她，但是她卻仍在「胡」字上面加著一個「朱」字！——近來的女子就有很多在嫁後仍只用自己的姓

二十年来的经历

邹韬奋著

1936年11月，南京国民政府逮捕全国各界救国联合会的沈钧儒、邹韬奋等七人，制造了震惊中外的"七君子"事件。该书是作者在狱中所写的一部重要著作。

革命圣地——延安

从东南到西北：红军长征时代的真实史料

廉臣著　明月出版社　1938年1月

　　陈云作于1935年秋，1936年发表在中国共产党主办的巴黎《全民月刊》上。为了便于在国统区流传，署名廉臣。文章讲述了当时鲜为人知的中国工农红军长征的情况，一经发表便引起了人们的极大兴趣，并很快流传到国内，在国统区形成不同版本。

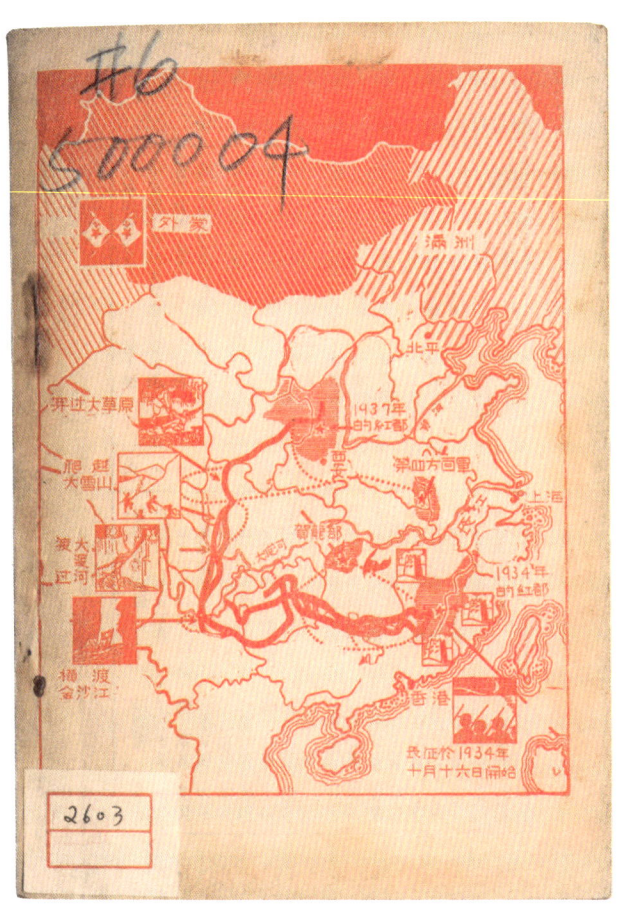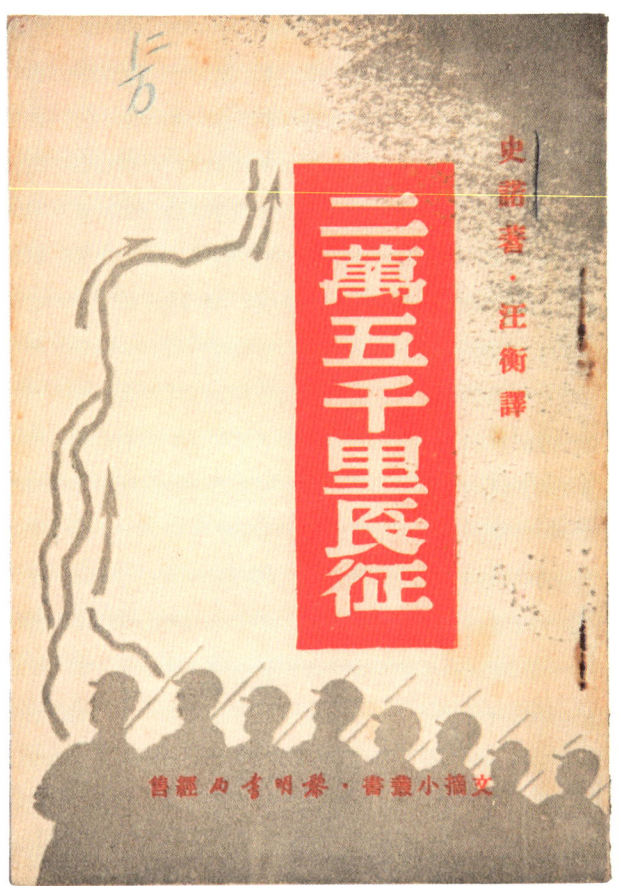

二万五千里长征

（美）斯诺著　汪衡译　上海文摘社　1938年1月

　　该书内容译自斯诺（原题史诺）发表于英文《亚细亚》杂志上的系列报道，包括《写在前面》、《在长征以前》、《长征的第一阶段——从江西到贵州边境》等8个部分。

陕北集影

李蘅编　播种社　1938年5月

全书共63页，每页印一幅照片及中外文对照的简短说明。内收毛泽东、周恩来、朱德等人肖像，以及抗日人民剧社文艺演出、乡村中的小孩跳红色机械舞和西安学联会抗日士兵慰问团慰问演出的照片。

毛澤東，特區政府主席．

Mao Tzetung, eksprezidanto
de c̆ na soveta registaro.

毛澤東之又一影．

Mao Tzetung.

活報——

抗日人民劇社

扮演"殺死日本鬼子和漢奸."

"Viva Jurnalo," speco da agitdramo furoranta
en soveta regiono. Ci sceno prezentas mortigon al
japanaco k naciperfidulo.

紅色機械舞

——鄉村中孩子們跳舞，各種動作，象微
大機械的橫桿，活塞和機輪等．

Danco de Rugaj Masinoj; vilagaj ge-
knaboj dancas per movoj simbole al levi-
loj, pisoj k radoj en granda masino.

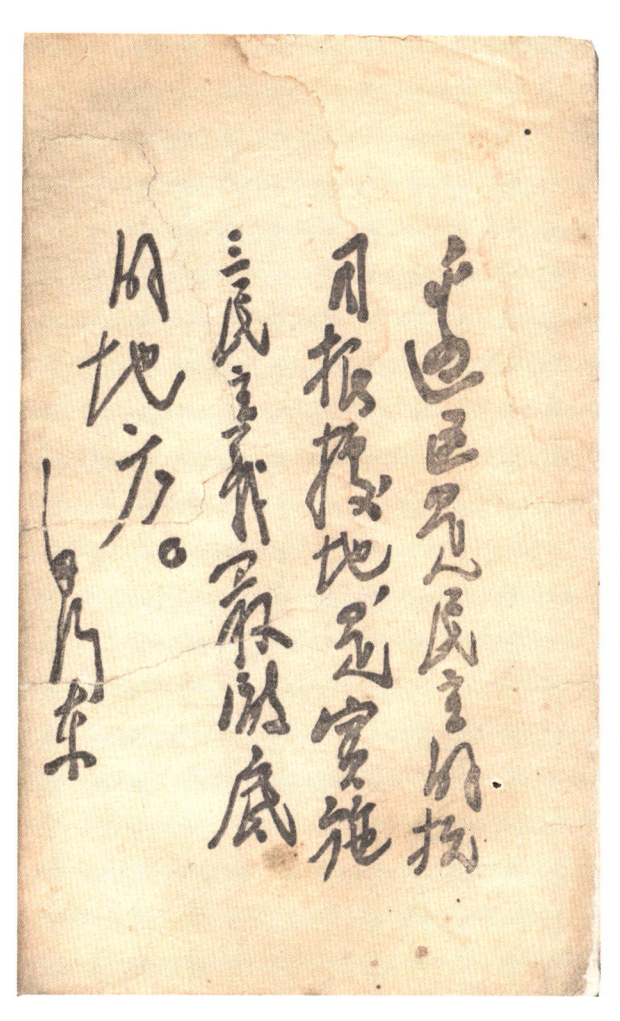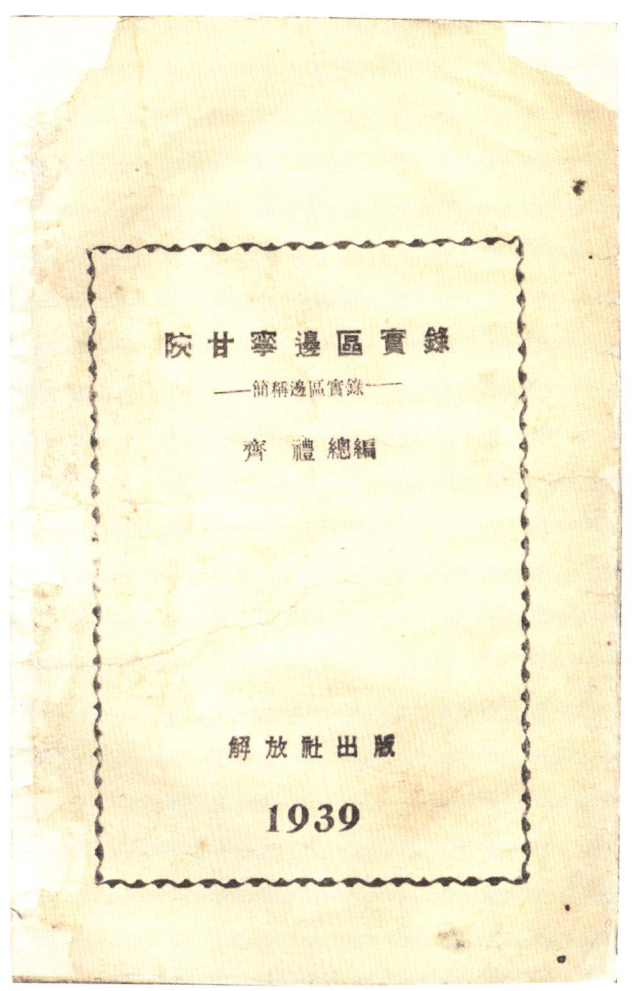

陕甘宁边区实录

齐礼总编　解放社　1939年12月

　　该书初稿由毛泽东办公室秘书长李六如和秘书和培元共同撰写，目的在于向全国特别是国统区人民介绍陕甘宁边区的情况。毛泽东委托陕甘宁边区政府教育厅厅长周扬对初稿进行修订，出版时题写了书名并题词："边区是民主的抗日根据地，是实施三民主义最彻底的地方。"

活跃的肤施

任天马著　上海杂志公司　1938年1月

　　赵荣声（1915—1995），笔名任天马。1937年春，他与一些同学到达中共中央所在地延安，受到毛泽东等领导的接见。他把延安见闻写成《活跃的肤施》。

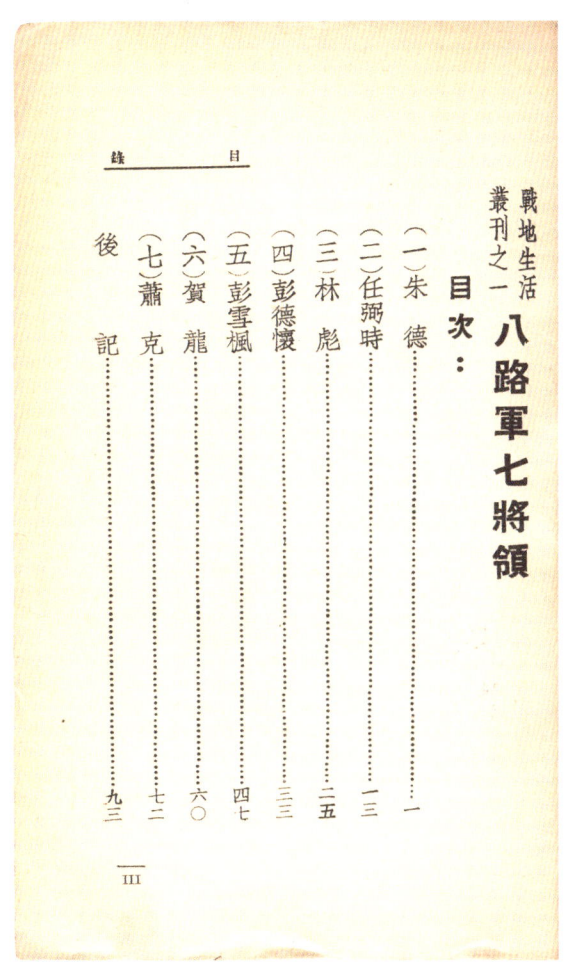

八路军七将领

刘白羽 王余杞合著　上海杂志公司　1938年3月

　　作者率救亡流动演剧第一队在八路军总部等地演剧过程中，谒见了朱德、任弼时、彭德怀、贺龙等八路军将领，写下了这部反映抗战生活、歌颂抗日军民的作品，这也是在国统区第一部介绍八路军的著作。

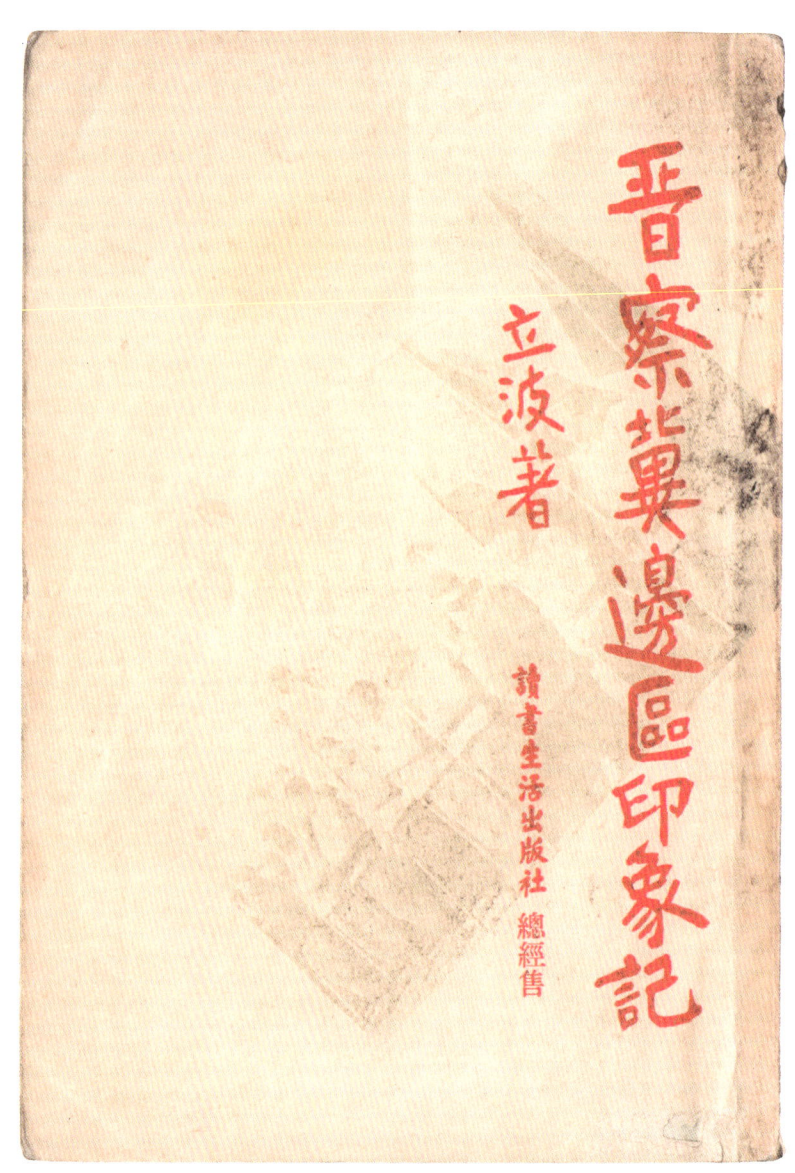

晋察冀边区印象记

周立波著　汉口　读书生活出版社　1938年6月

　　该书是作者1937年冬到1938年春在华北抗日前线从事翻译和采访工作后写下的报告文学作品，主要篇目有"从河北归来"、"娘子关前"、"徐海东将军"、"聂荣臻先生"，书中还附录了4篇英、美、苏关于中国华北抗战形势与八路军战绩报道的译文。

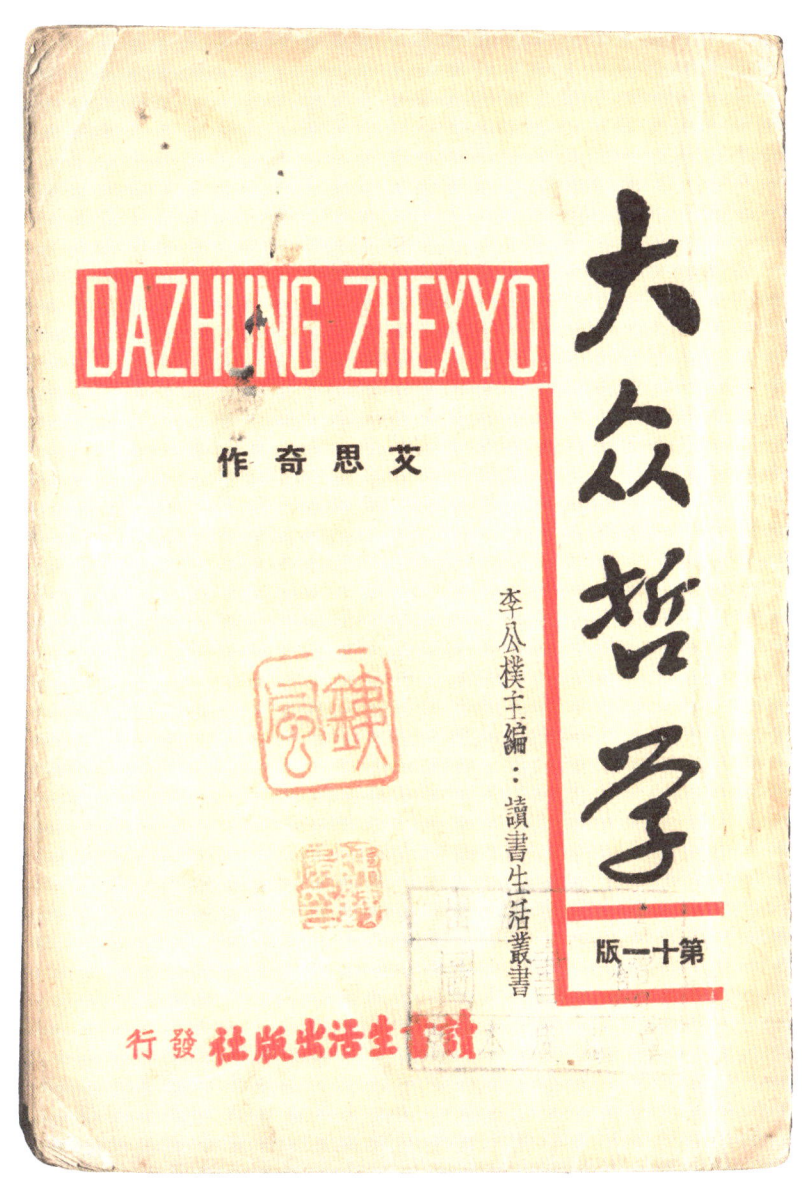

大众哲学

艾思奇著　李公朴主编　广州　读书生活出版社　1938年8月

　　该书用生动通俗的语言阐述马克思主义哲学原理，是宣传马克思主义哲学的通俗读物，在当时引起很大反响。

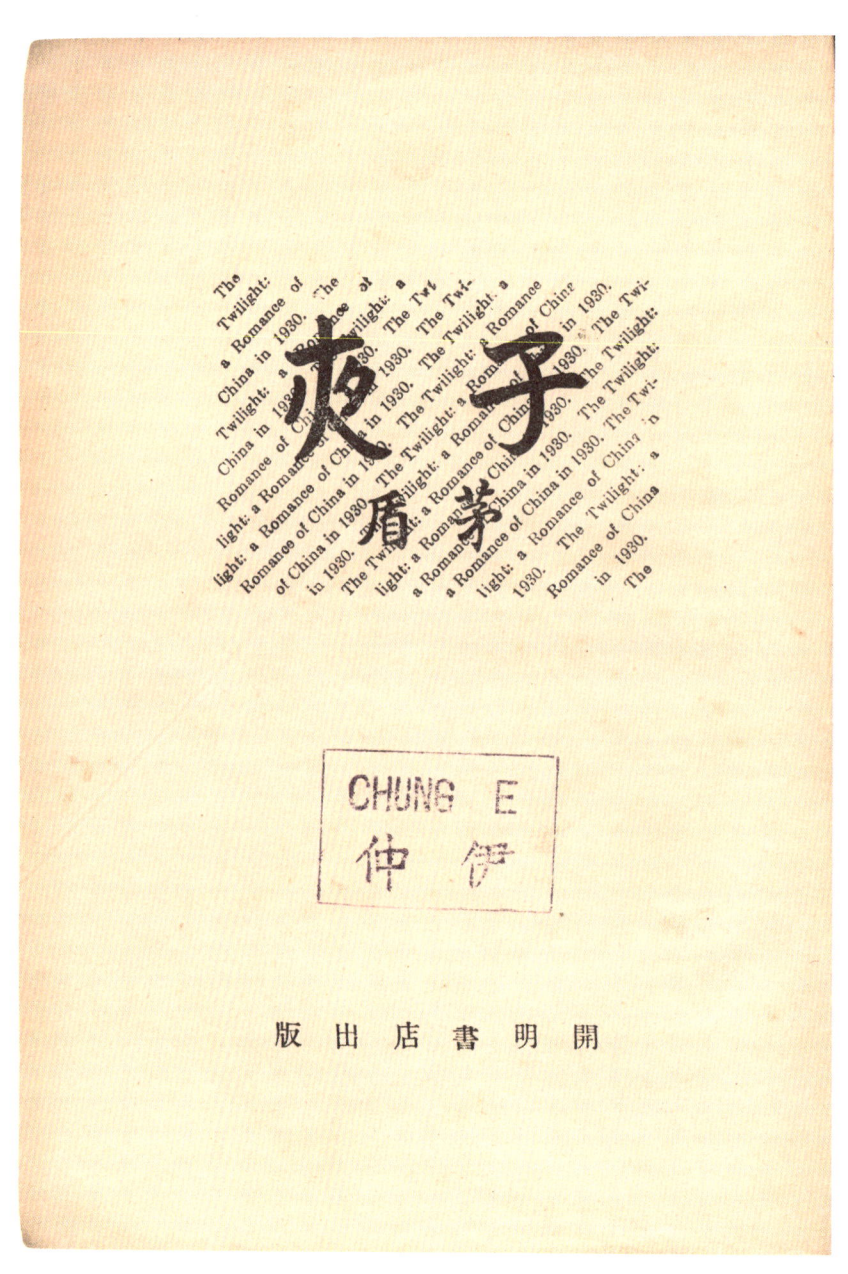

子夜

茅盾著　上海　开明书店　1933年4月

　　茅盾创作的长篇小说《子夜》是五四以来无产阶级革命文学运动中最早出现的一部长篇小说。1940年5月，茅盾举家奔赴延安，为革命文艺建设作出了重要贡献。

共产党宣言

（德）马克思 （德）恩格斯合著 成仿吾 徐冰译 解放社 1938年8月

　　该版本是中国共产党公开组织翻译的第一个《共产党宣言》全译本，也是首次根据德文原文译出的新本子。抗战期间，该译本不仅在各抗日根据地和国统区广为传播，甚至还传到敌占区。

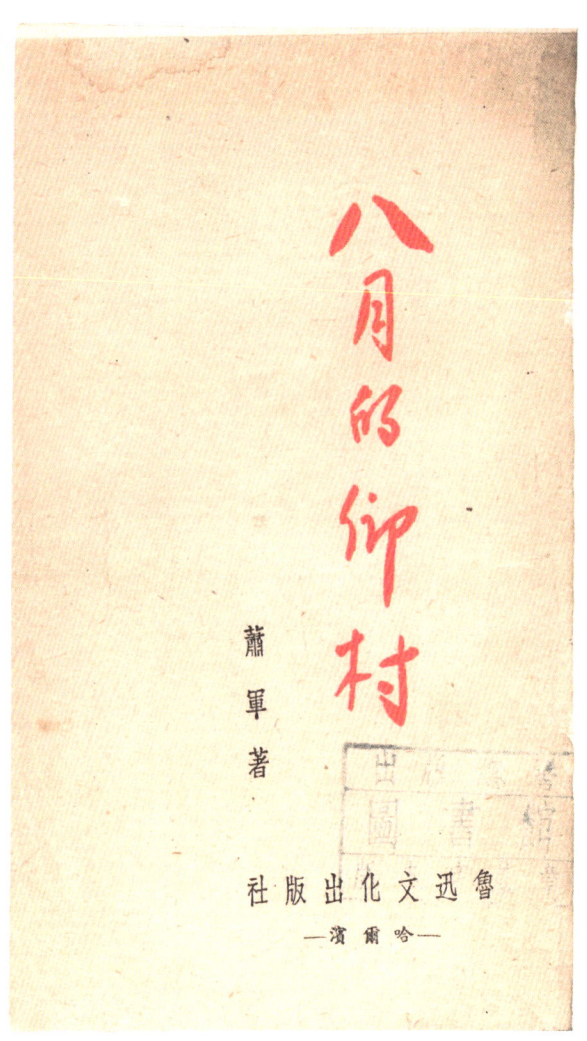

八月的乡村

萧军著　哈尔滨　鲁迅文化出版社　1947年4月

　　萧军（原题肖军）早期代表作品。小说描写战斗在东北的一支由中国共产党领导的抗日游击队的活动，在文学领域较早地突出表现了反抗日本帝国主义的主题，在读者中引起强烈反响。该书于1935年8月出版。

我们的抗敌英雄

高士其等著　读书生活社　1937年3月

　　高士其是第一个投奔延安参加革命的留美科学家。他以科普文艺作为参加战斗的武器，激发了人民的爱国激情。

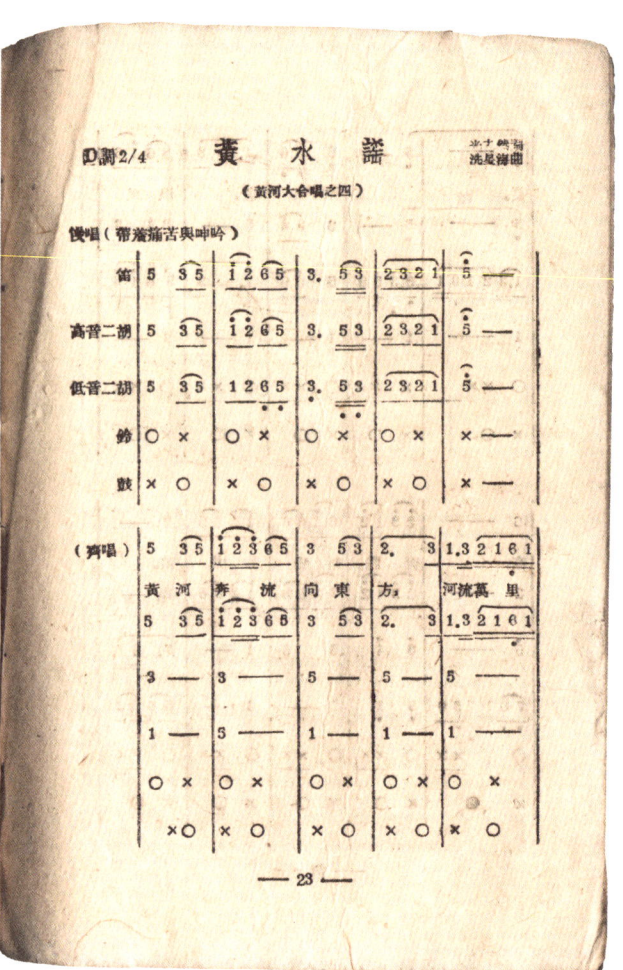

黄水谣（黄河大合唱四）

冼星海作曲 选自《新音乐》 新音乐编辑部编辑 读书生活出版社 1940年

　　《黄河大合唱》作于1939年3月，是冼星海最重要的和影响最大的一部交响乐代表作。

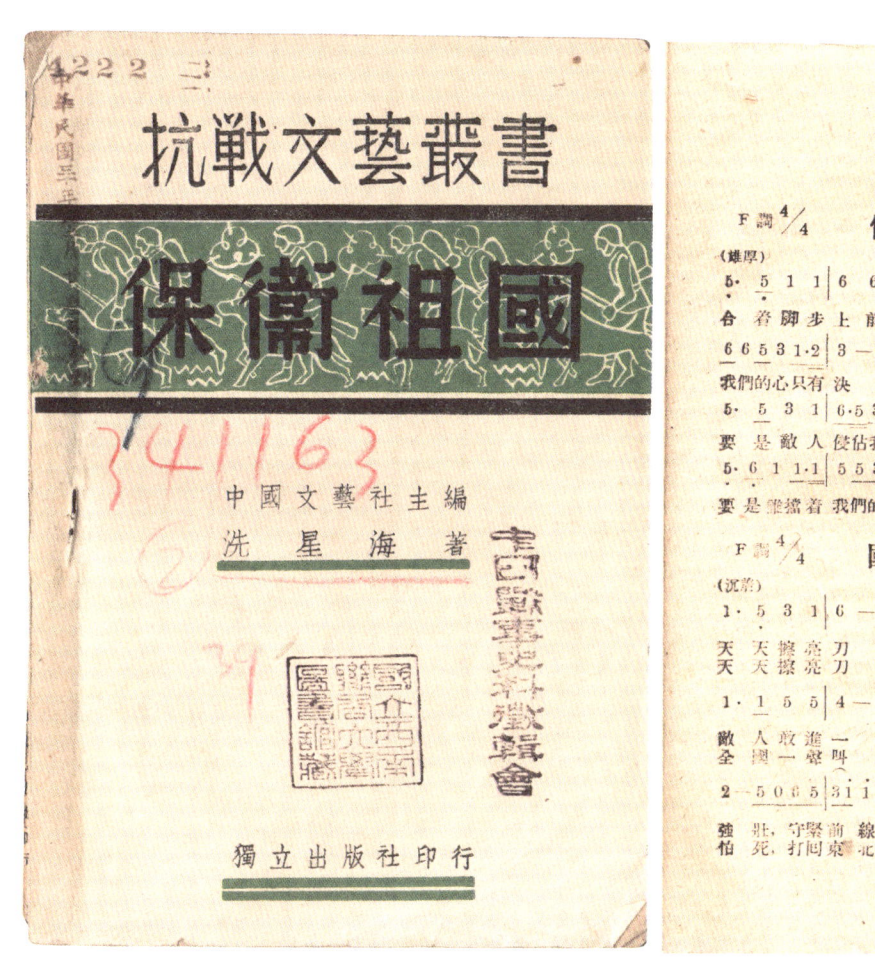

保卫祖国

冼星海著　中国文艺社主编　独立出版社　1939年8月

　　收录了《保卫祖国》、《国防军歌》、《救国军歌》、《救国进行曲》、《战歌》
等55首由冼星海作曲的抗战进步歌曲。

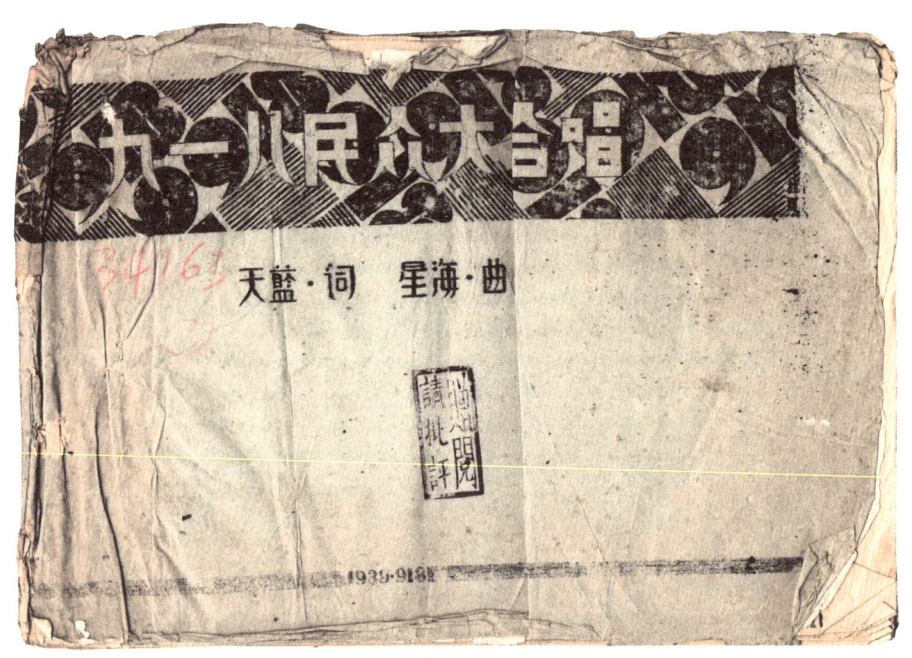

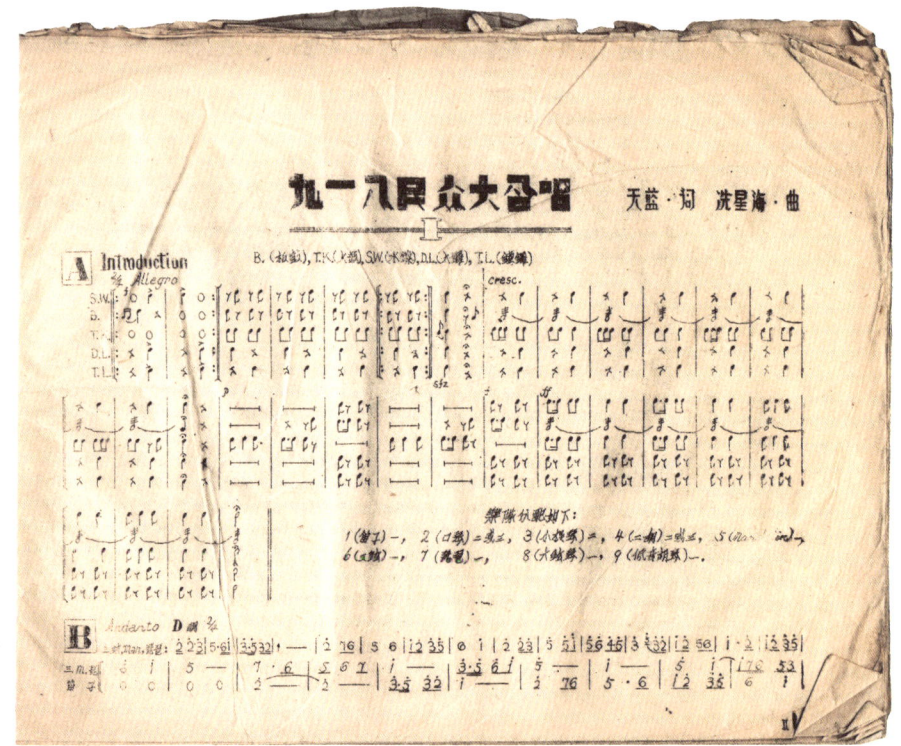

九一八民众大合唱

星海曲　天兰词　鲁艺出版社　1939年9月

　　这部大合唱完成于1939年9月，为纪念九一八事变八周年而作，在延安首演时获得很大的成功。

延安文艺运动的开展

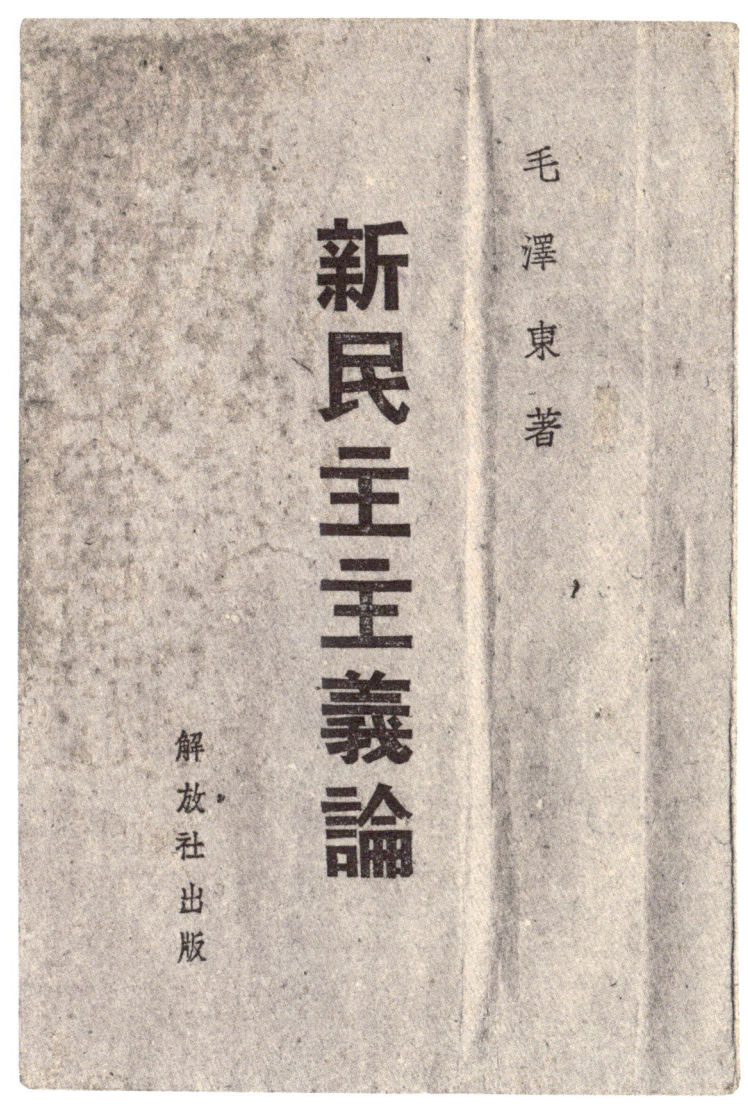

新民主主义论

毛泽东著　解放社　1940年3月

　　毛泽东1940年1月9日在陕甘宁边区文化协会第一次代表大会上的讲演，原题为《新民主主义的政治与新民主主义的文化》。这篇讲演完整地阐述了新民主主义的文化纲领，指出"民族的科学的大众的文化，就是人民大众反帝反封建的文化，就是新民主主义的文化，就是中华民族的新文化"。

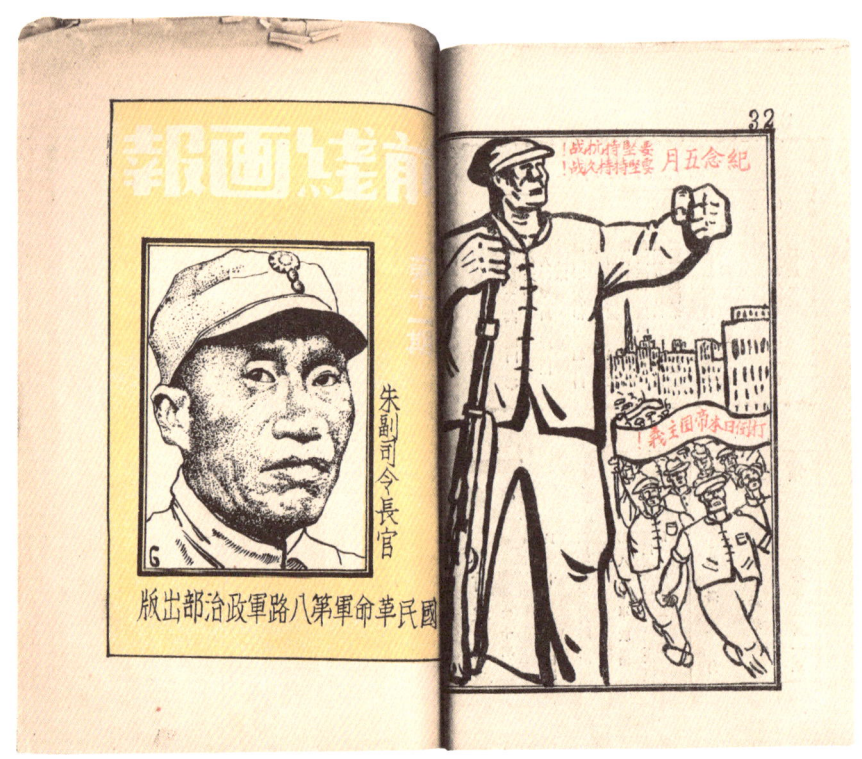

前线画报

前线画报社编辑　国民革命军第八路军政治部

　　1938年8月1日在延安创刊，1942年4月出至32期后停刊。该刊以画为主，配以文字说明，间有诗、歌曲、短文。内容多反映八路军的战斗、生产和学习活动，同时揭露日本帝国主义的侵略罪行和国民党的反动本质。

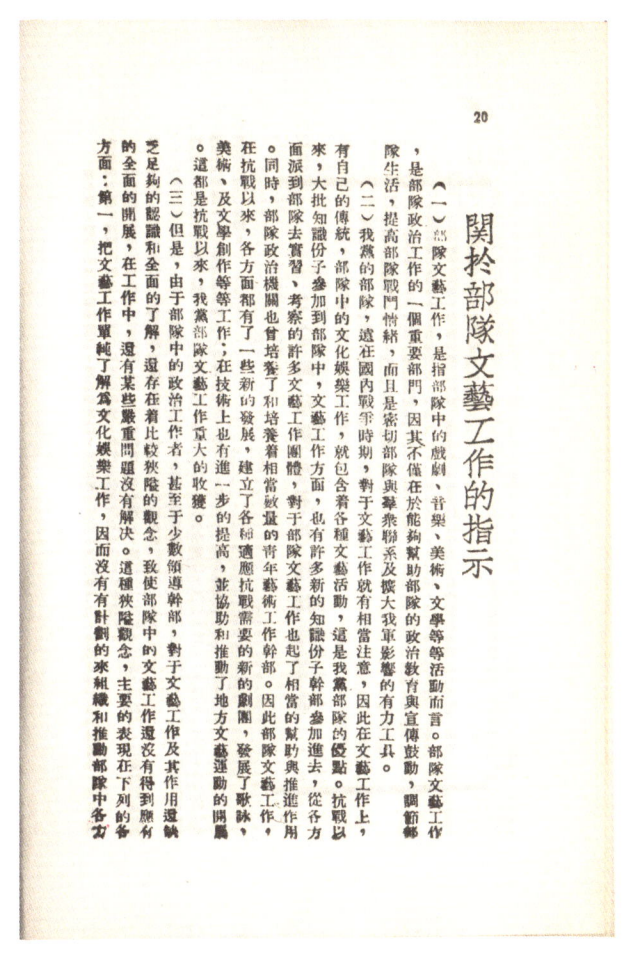

关于部队文艺工作的指示

《八路军军政杂志》第3卷第2期（1941年2月15日）

1941年1月18日，总政治部、中央文委联合发出《关于部队文艺工作的指示》，要求军队各级宣传部门通过歌曲、戏剧等各种文艺形式，大力宣传抗日战争的意义，宣传生产自救、抗日救亡运动中涌现出来的好人好事，有力地推动了军队文艺工作的开展。

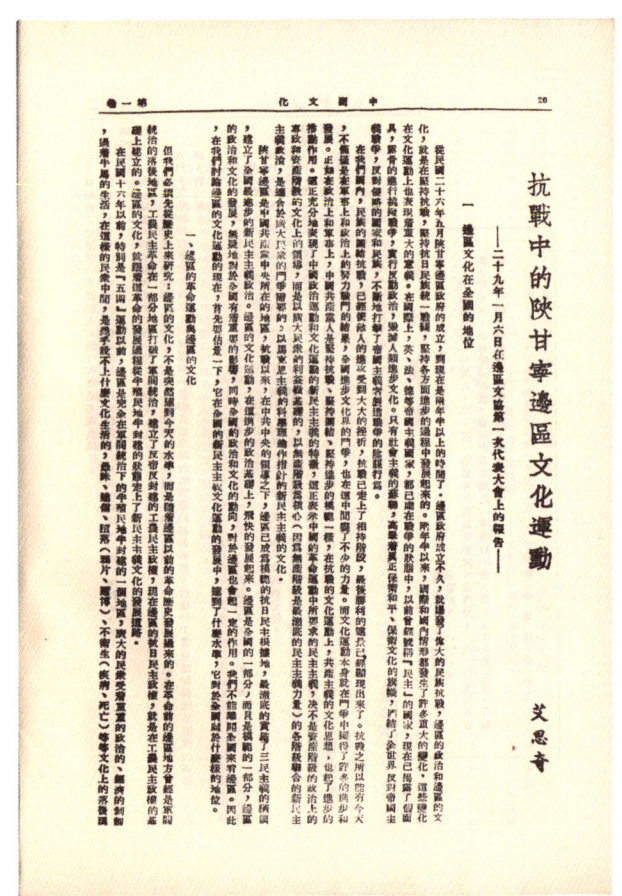

抗战中的陕甘宁边区文化运动

艾思奇著　《中国文化》第1卷第2期（1940年4月15日）

　　1940年元月，边区第一次文代会在延安召开，边区文协主席艾思奇作了题为"抗战中的陕甘宁边区文化运动"的报告，对两年来边区文协工作做了全面总结。

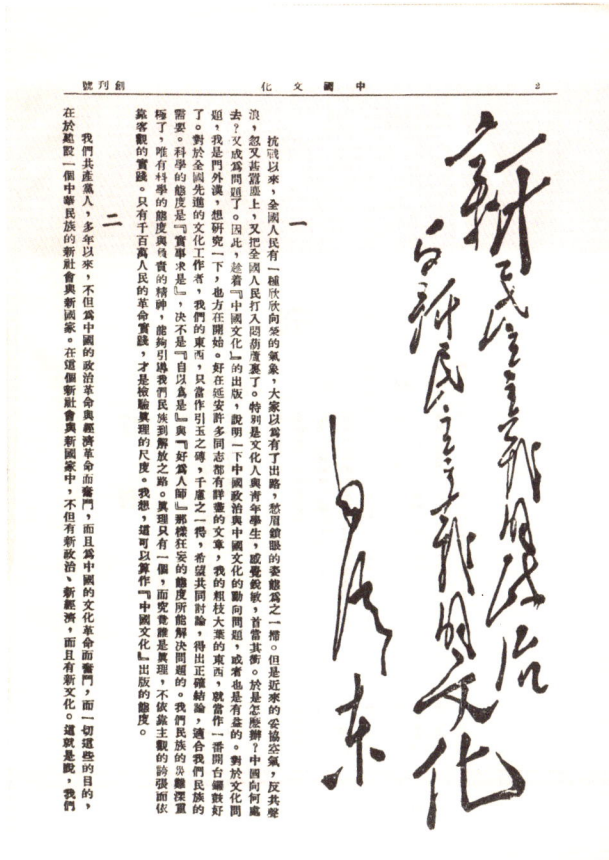

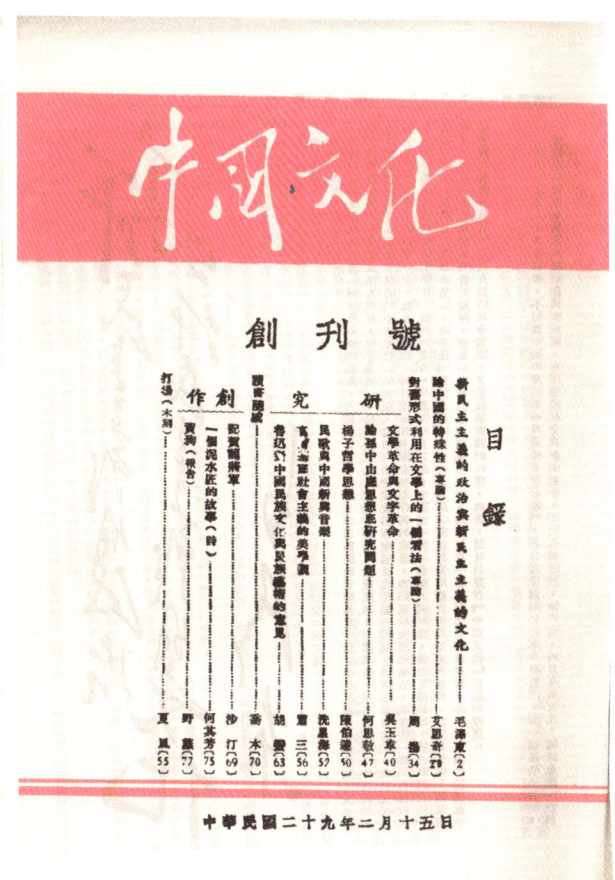

中国文化

陕甘宁边区文化协会　延安中国文化社编辑　1966年5月北京人民出版社影印本

　　陕甘宁边区文化协会机关刊物。1940年2月15日创刊，1941年8月20日停刊，共出3卷15期。艾思奇任主编，编委会成员包括周扬、丁玲、张仲实、范文澜、萧三等人。创刊号发表了毛泽东经典著作《新民主主义论》。

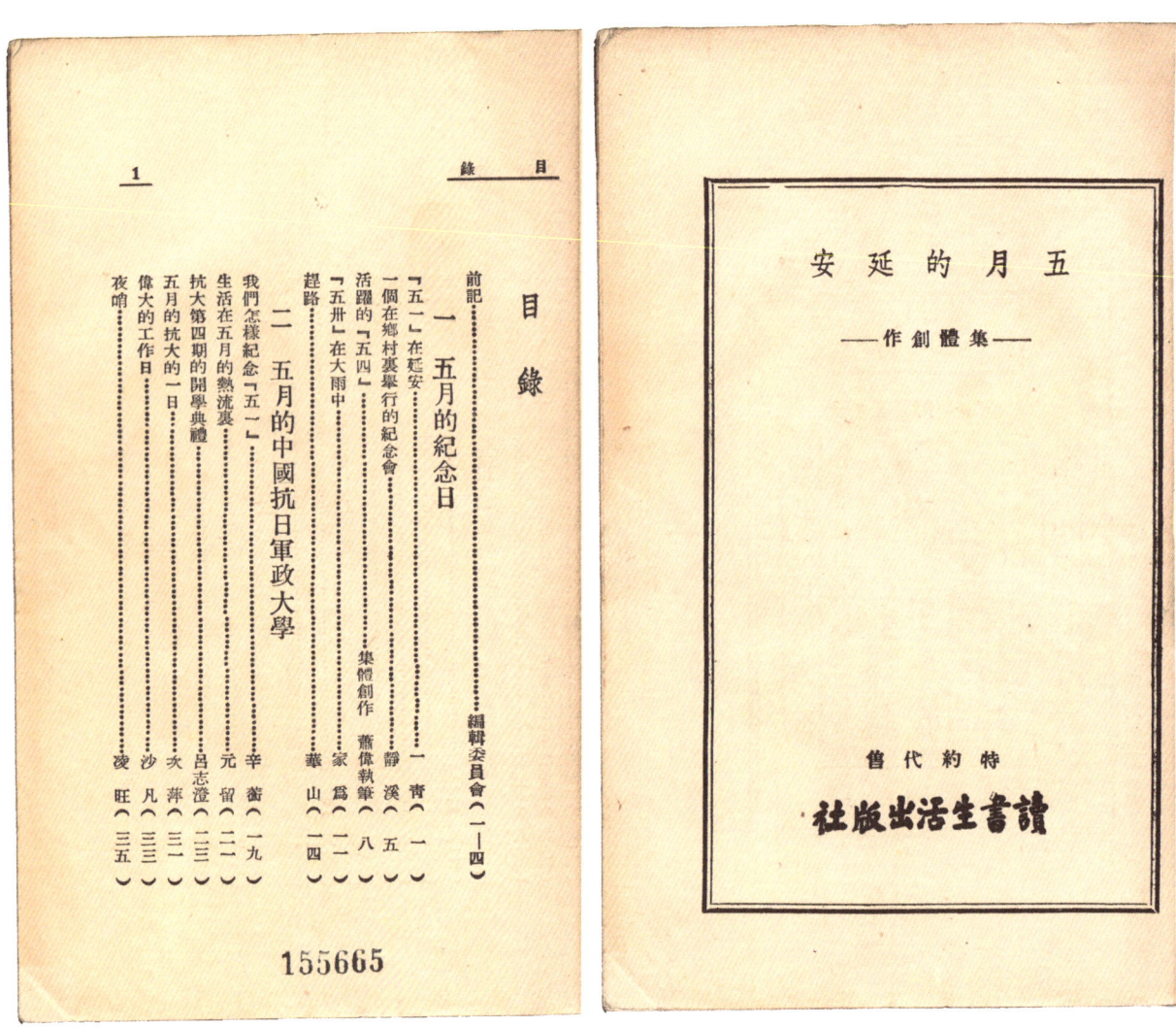

五　月　的　延　安

——集體創作——

特約代魯

讀書生活出版社

五月的延安

艾思奇　柯仲平等主编　陕甘宁边区文化界救亡协会编辑　读书生活出版社　1939年5月

　　陕甘宁边区救亡协会组织出版的群众创作的大型报告文学结集。1939年，陕甘宁边区文化界救亡协会发动工、农、兵、商、学等进行写作，两个多月征稿350多篇，选出50多篇出版，集中反映了延安地区丰富多彩、朝气蓬勃的战斗生活。

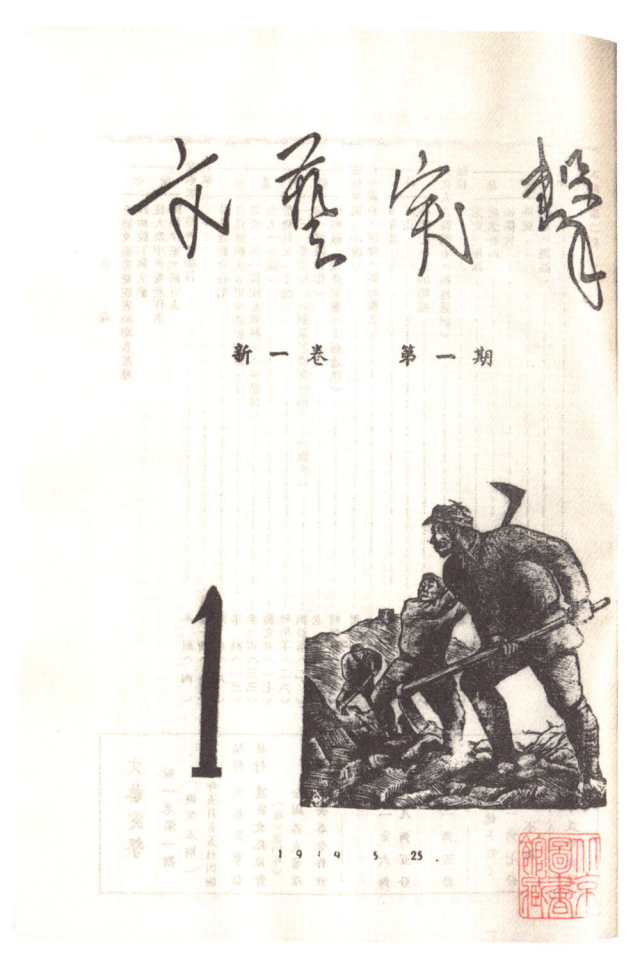
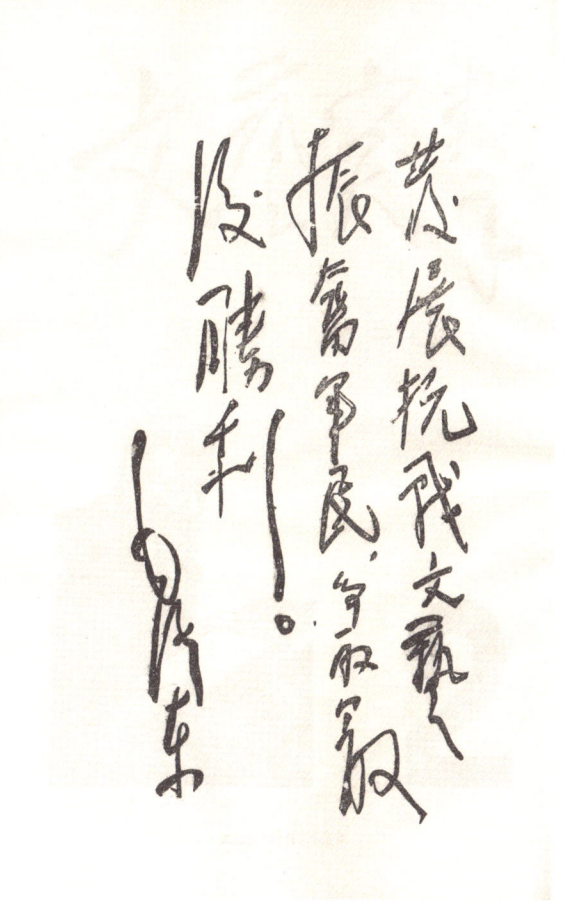

文艺突击

边区文化界救亡协会文艺突击社编辑出版

　　延安最早的文艺刊物。1938年10月16日创刊，1939年6月后停刊，共出8期。负责人奚原、柯仲平、刘白羽。从不同的角度广泛而生动地反映了人民群众，特别是根据地人民的生活。

游擊隊（木刻）　　　古元作

上式剃頭　　　　開荒

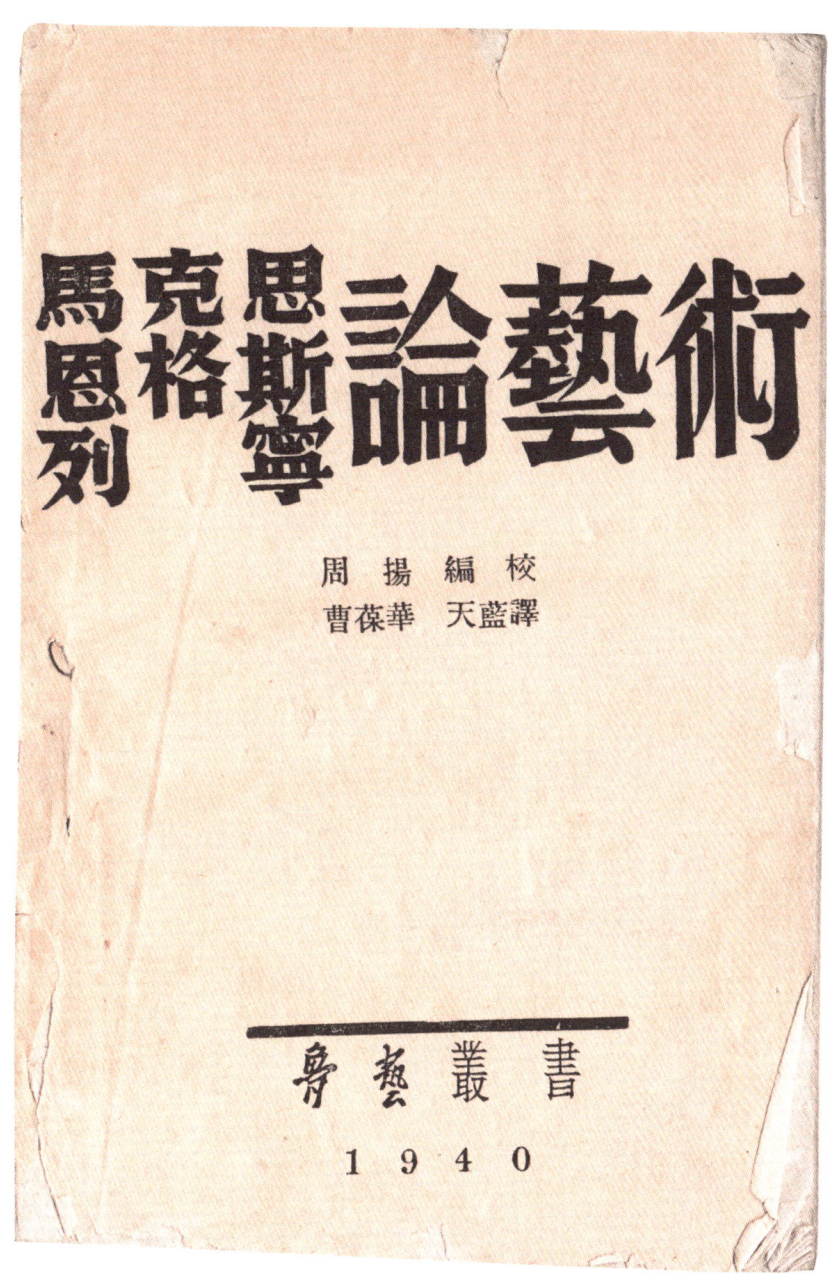

马克思恩格斯列宁论艺术

（德）马克思 （德）恩格斯 （苏）列宁著 曹葆华 天蓝译 周扬编校 鲁迅艺术文学

院 1940年6月

　　该书为鲁艺翻译处翻译的第一本书，也是延安出版的第一本马列文论译著，具有开创

和奠基的重大意义。

歌剧集

冼星海 李伯钊等集体创作　鲁艺编辑部辑　上海　辰光书店　1940年3月

　　李伯钊（1911—1985），重庆人。戏剧家。冼星海和李伯钊都是鲁艺老师。

工人的旗帜

穆青等著　太岳新华书店　1948年

　　穆青（1921—2003），原名穆亚才。著名新闻记者。鲁艺学员。

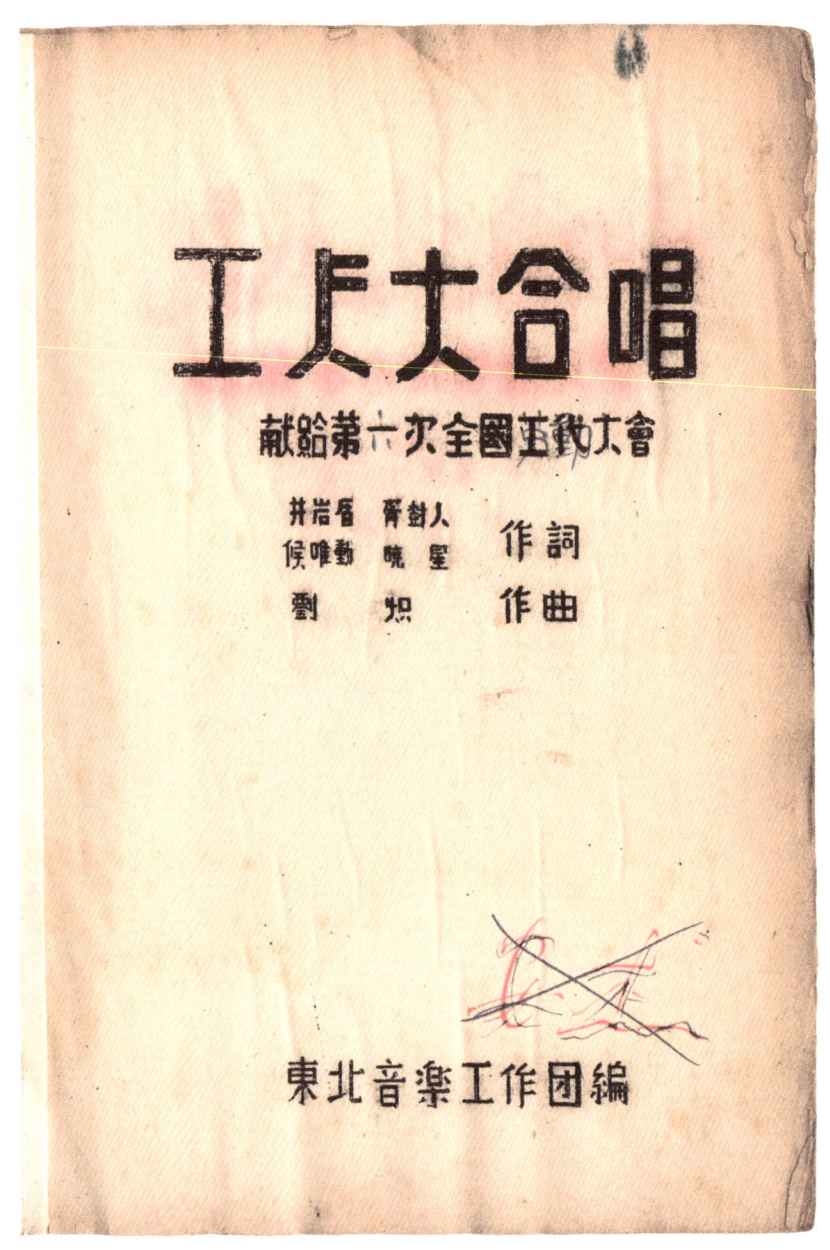

工人大合唱

井岩盾等作词　刘炽作曲　东北音乐工作团编　1948年8月

　　井岩盾（1920—1964），原名井延盾，山东东平人。鲁迅艺术文学院学员。刘炽（1921—1998），原名刘德荫，陕西西安人。鲁艺音乐系教员。

一个农民的真实故事

严文井著　佳木斯　东北书店　1948年1月

　　严文井（1915—2005），原名严文锦，湖北武昌人。现代作家、散文家、著名儿童文学家。鲁艺文学系教师。

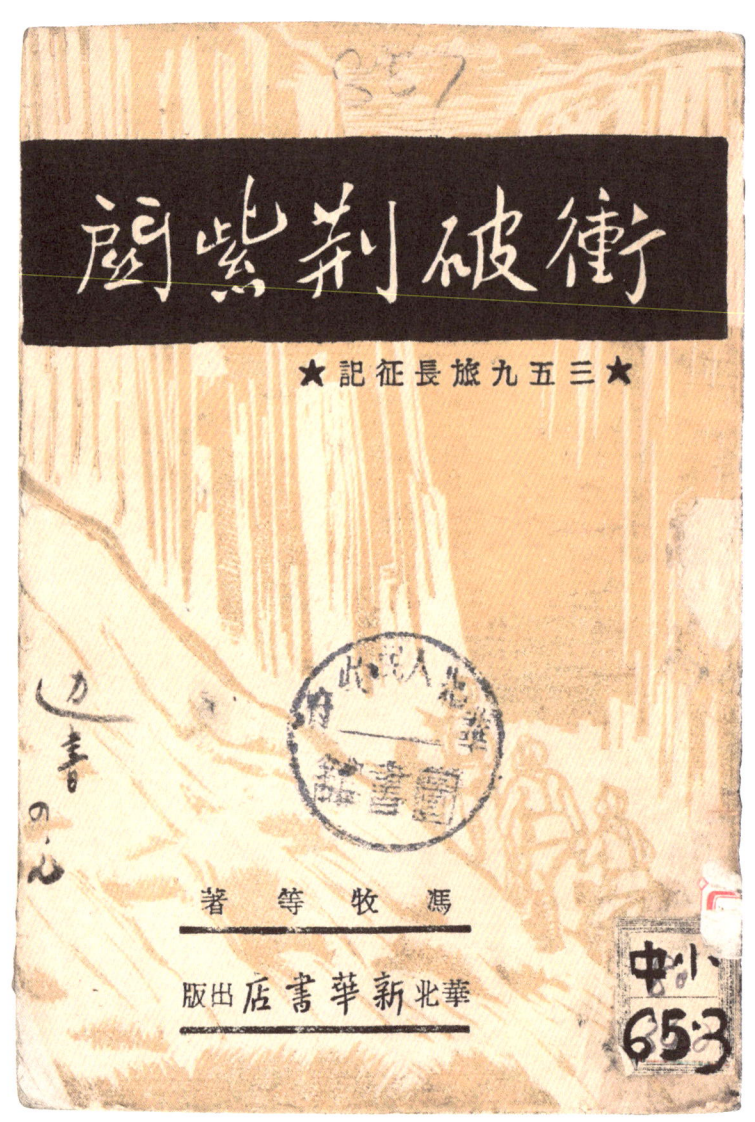

冲破荆紫关：三五九旅长征记

冯牧等著　华北新华书店　1947年3月

冯牧（1919—1995），原名先植。文学评论家，鲁艺学员。

解放区短篇创作选

秦兆阳等著　南中出版社　1947年6月

　　秦兆阳（1916—1994），湖北黄冈人。作家。鲁艺学员。

《讲话》的诞生与传播

　　1942年5月，毛泽东发表了《在延安文艺座谈会上的讲话》。《讲话》联系了五四以来革命文艺运动的经验，从马克思主义理论的高度，明确地提出了文艺工作的方向问题、道路问题。《讲话》指出："我们的问题基本上是一个为群众的问题和一个如何为群众的问题。"《讲话》规定了一系列完整的革命文艺路线、方针、政策，提出了文艺与政治的关系、文艺的源与流的关系、普及与提高的关系以及文艺批评的标准、文艺界的统一战线等重大问题。《讲话》公开发表以后，很快在国内外引起了巨大反响。它像一座明亮的灯塔，为中国的无产阶级文艺指引了方向。

延安文艺座谈会与《讲话》的诞生

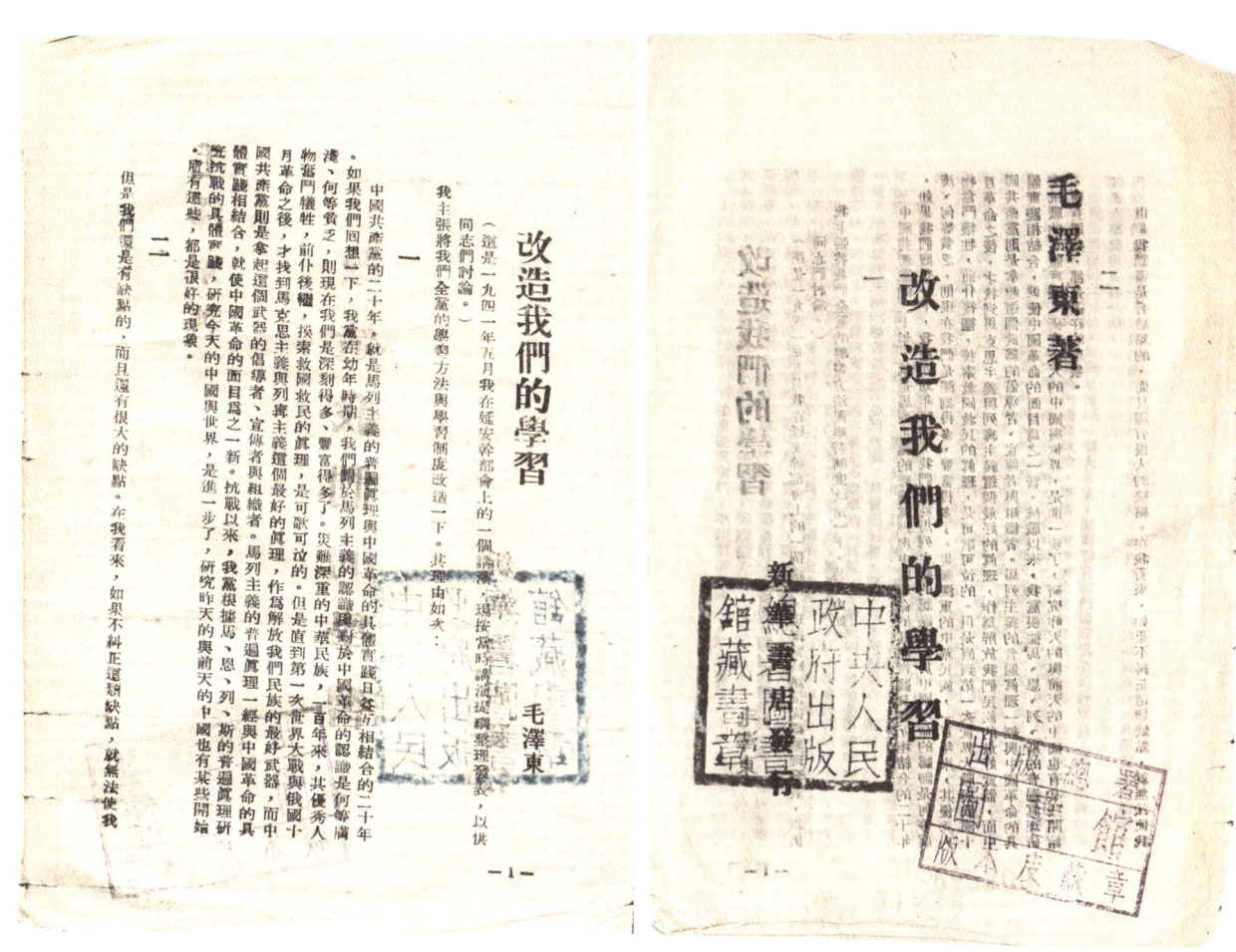

改造我们的学习

毛泽东著　新华书店　1942年

　　1941年5月19日，毛泽东在延安高级干部会议上作《改造我们的学习》报告，提出改造全党的学习方法和学习制度的任务，批判了理论和实际脱离的主观主义。后发表于1942年3月27日《解放日报》，是整风学习必读文件之一。

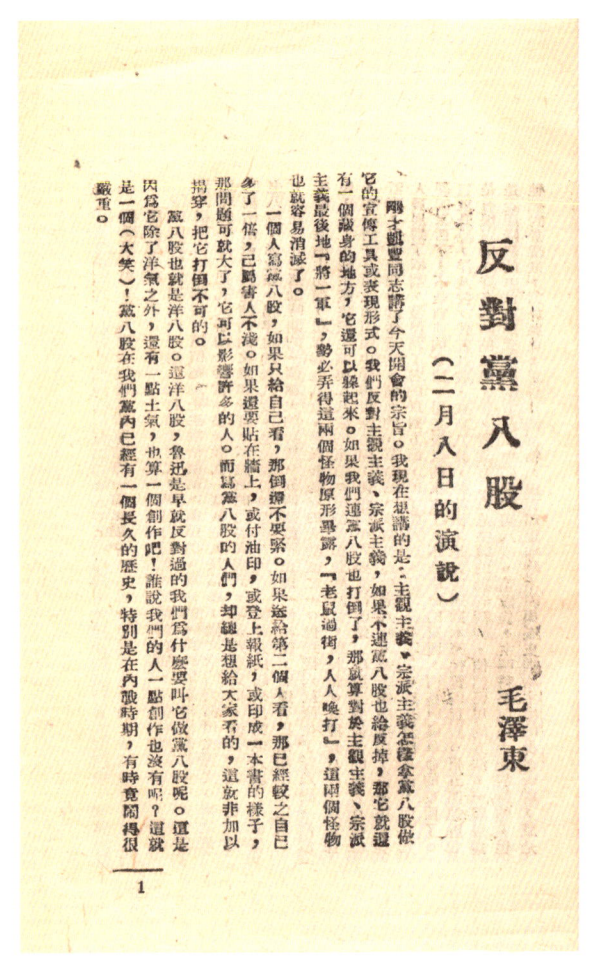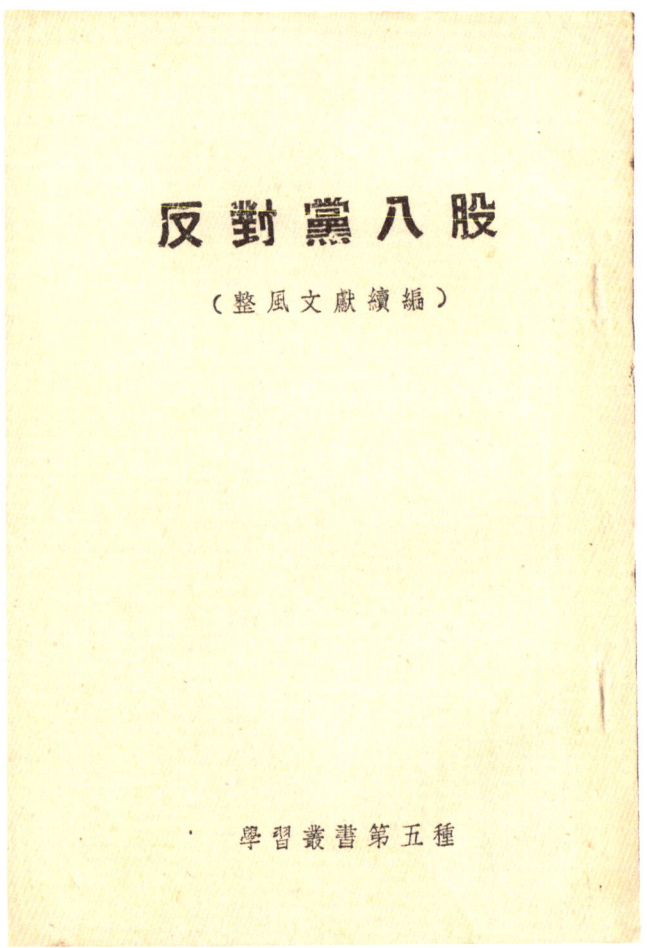

反对党八股

毛泽东著　延安　解放社　1942年7月

　　文章着重揭露和批判了当时党内严重存在的八股文风。毛泽东列举了党八股的表现和罪状，指出党八股的实质是主观主义和宗派主义的宣传工具和表现形式，深刻阐明了马克思主义的文风，即理论联系实际、实事求是、正确地提出问题和解决问题。

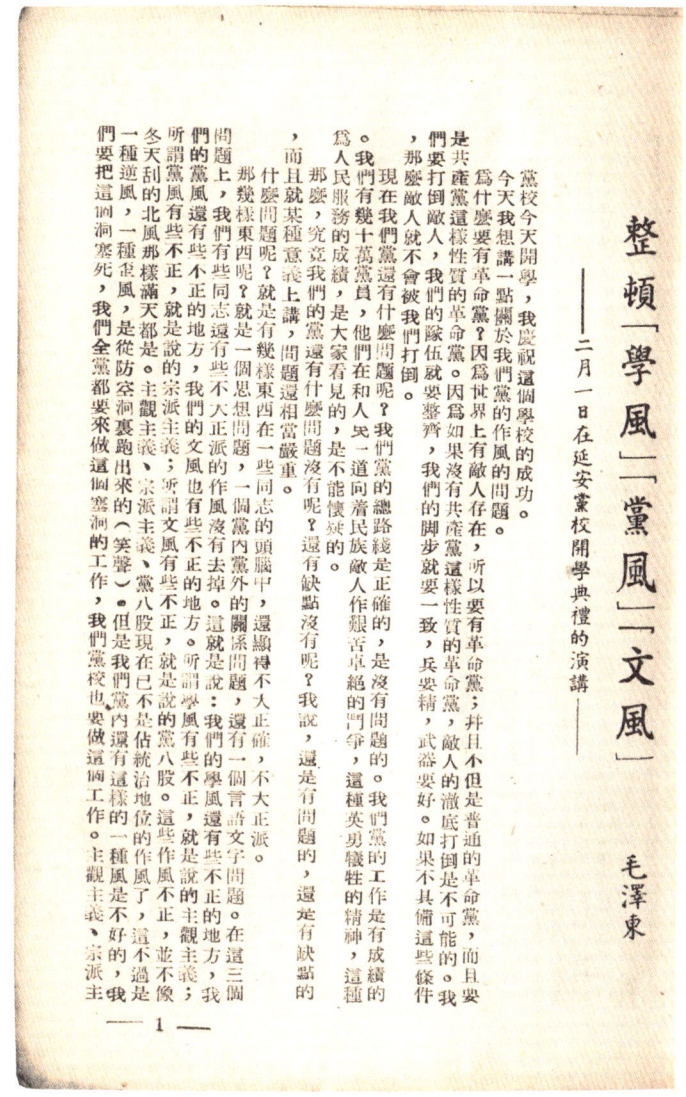

整顿党的作风

毛泽东著　选自《整顿三风学习参考材料汇编》　苏中区党委编　1944年陆续出版

　　1942年2月1日毛泽东在中共中央党校开学典礼上的演说，原题为《整顿"学风"、"党风"、"文风"》。毛泽东指出：整风的内容和任务是反对主观主义以整顿学风，反对宗派主义以整顿党风，反对党八股以整顿文风。报告提出以"惩前毖后"、"治病救人"的方针作为整风运动的宗旨。

《讲话》的出版

在延安文艺座谈会上的讲话

毛泽东著　　《解放日报》　　1943年10月19日

　　《讲话》最早正式发表的版本，在会议速记稿的基础上整理修改而成。

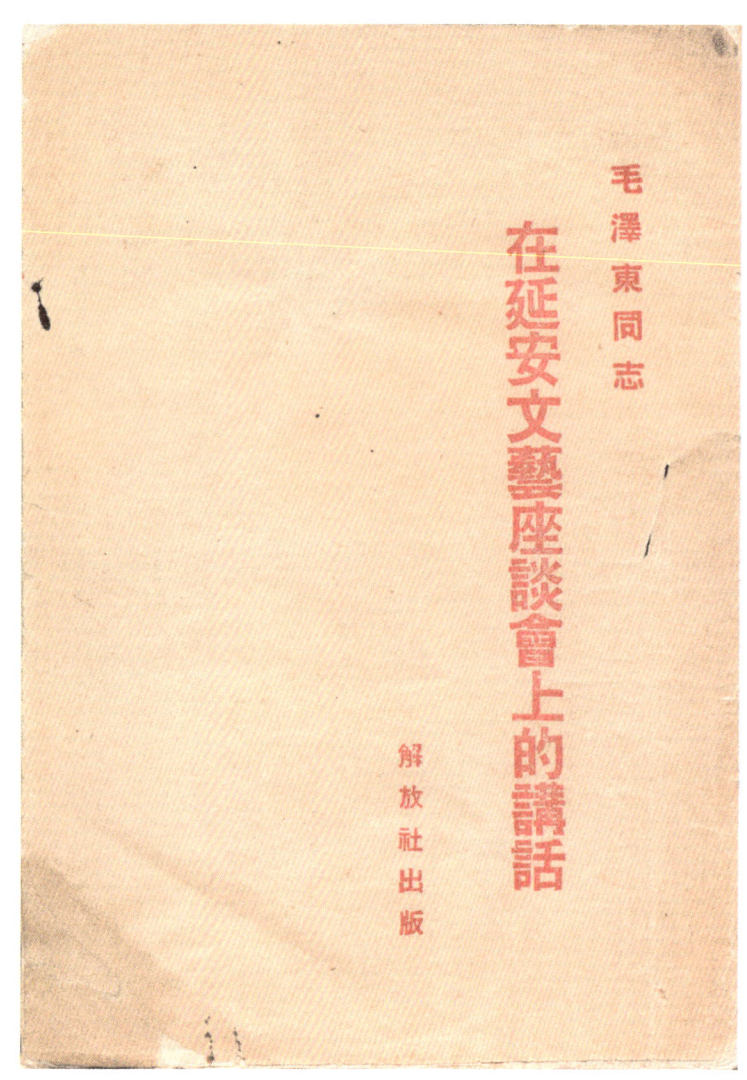

在延安文艺座谈会上的讲话

毛泽东著　解放社　1943年

　　扉页有尹达钢笔题字，初版样书。1943年10月，解放社采用通改报版的方法，首先出版了《讲话》的第一个单行本，人们习惯称之"解放社本"或"43年本"。

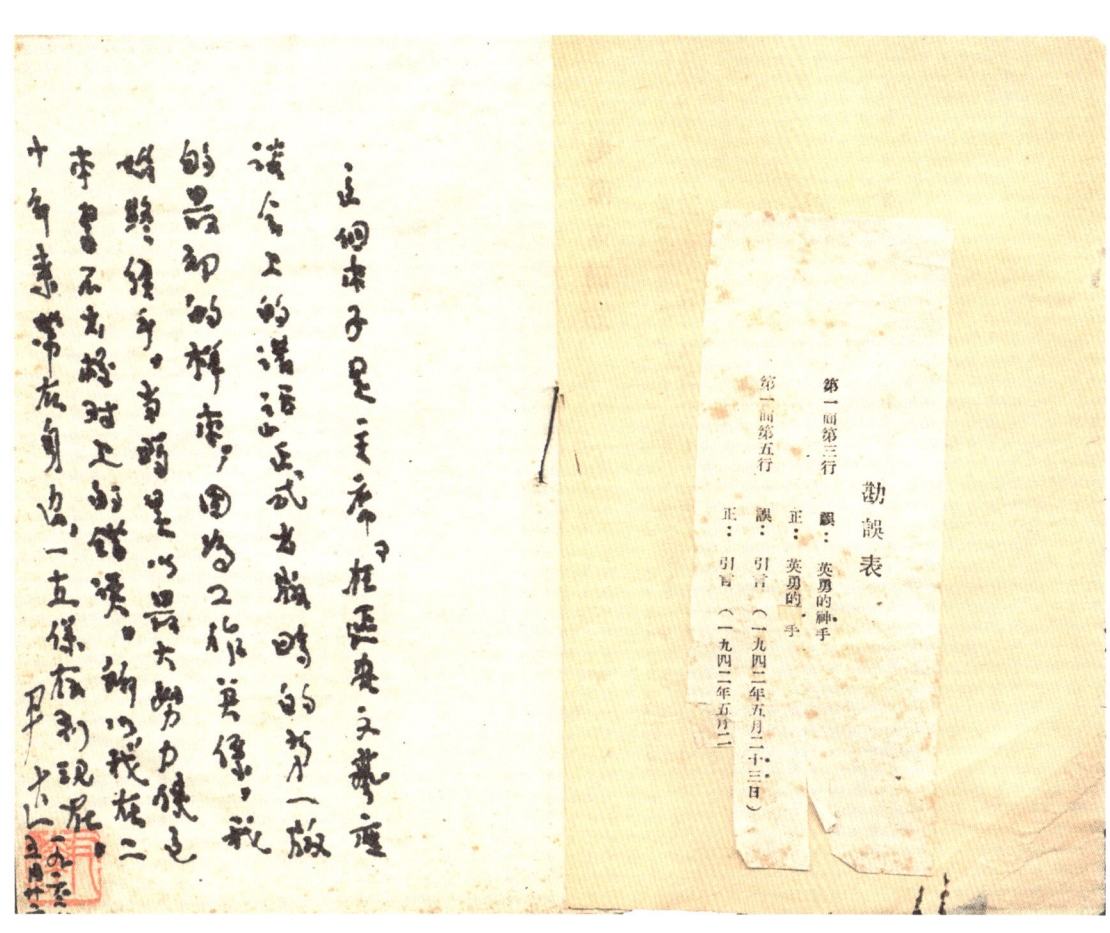

勘誤表

第一面第三行　誤：英勇的腫手
　　　　　　　正：英勇的旗手

第一面第五行　誤：引言（一九四二年五月二十三日）
　　　　　　　正：引言（一九四二年五月二日）

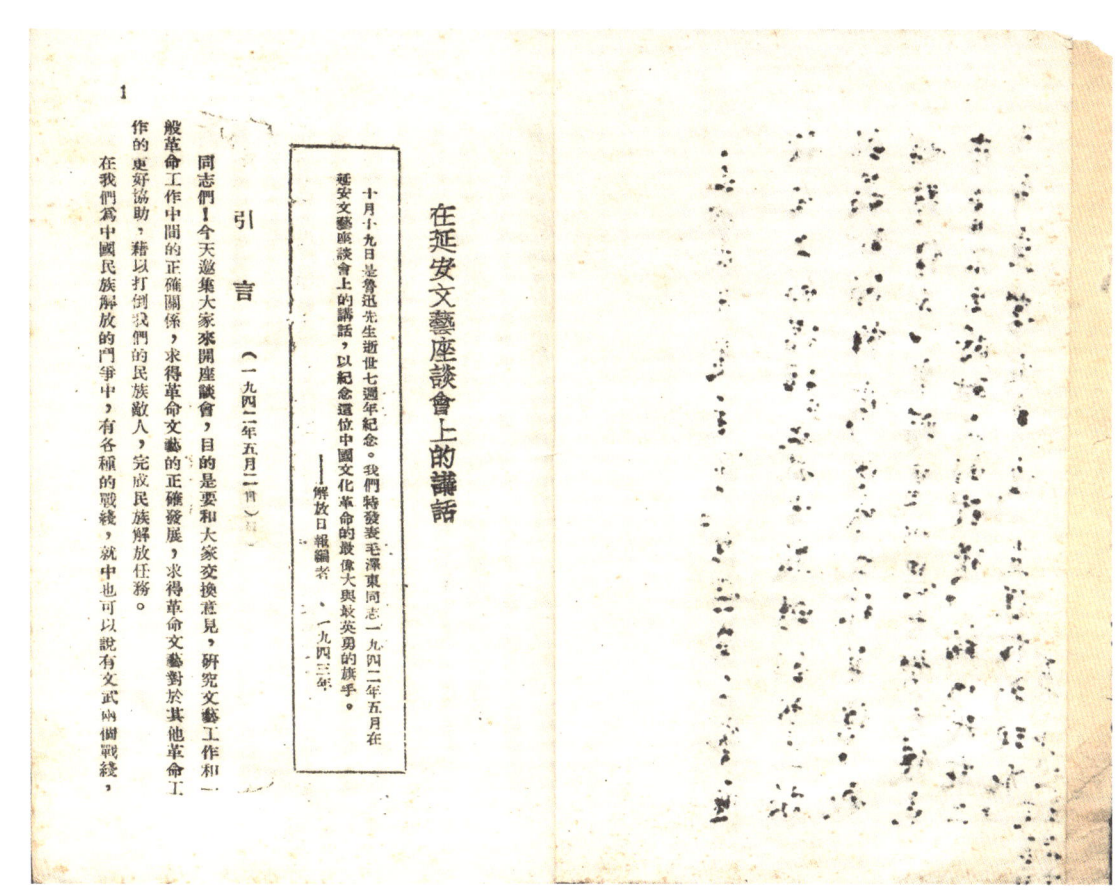

在延安文藝座談會上的講話

十月十九日是魯迅先生逝世七週年紀念。我們特發表毛澤東同志一九四二年五月在延安文藝座談會上的講話，以紀念這位中國文化革命的最偉大與最英勇的旗手。

——解放日報編者　一九四三年

引　言　（一九四二年五月二日）

同志們！今天邀集大家來開座談會，目的是要和大家交換意見，研究文藝工作和一般革命工作中間的正確關係，求得革命文藝的正確發展，求得革命文藝對於其他革命工作的更好協助，藉以打倒我們的民族敵人，完成民族解放任務。

在我們寫中國民族解放的鬥爭中，有各種的戰綫，就中也可以說有文武兩個戰綫，

《讲话》在解放区的传播

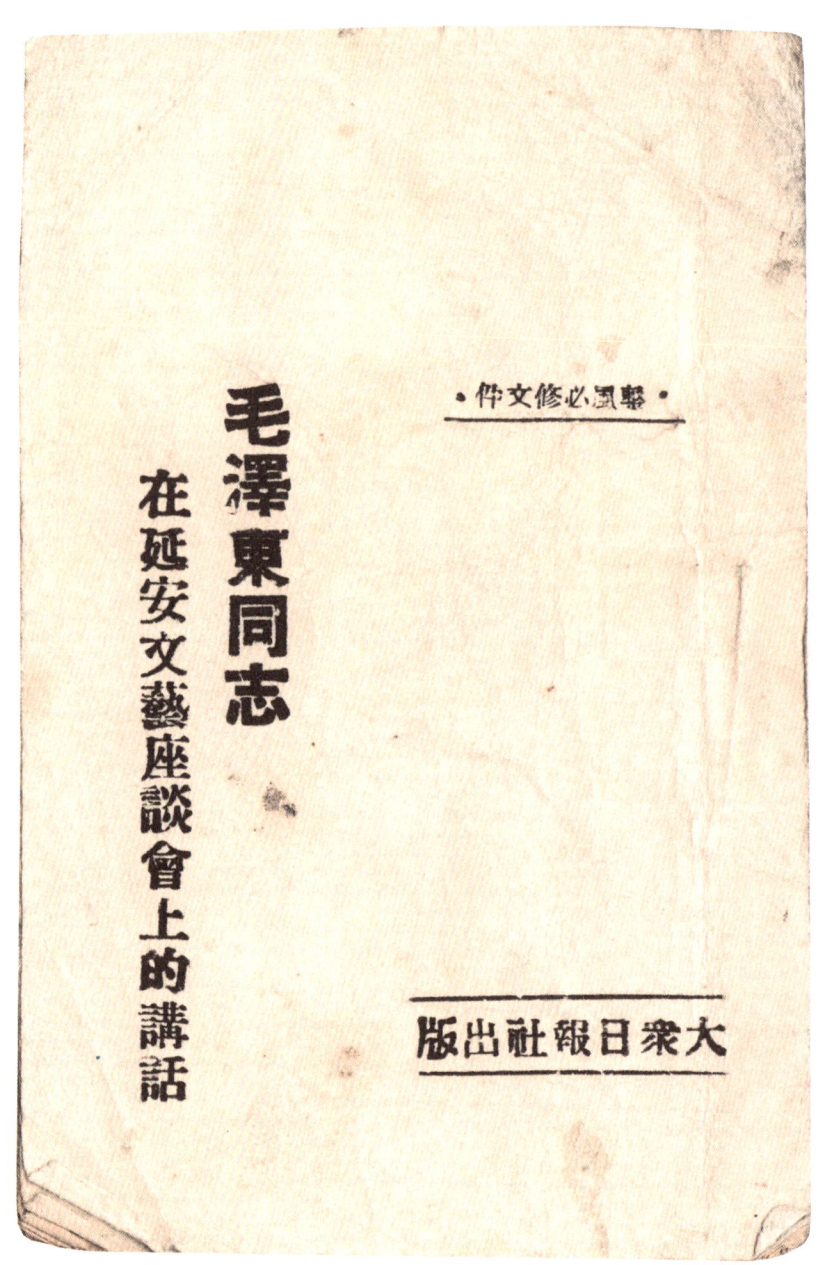

毛泽东同志在延安文艺座谈会上的讲话

毛泽东著　大众日报社　1943年10月

　　《讲话》的早期版本之一。共52页，为64开单面印、合页装订的光纸本。

通知

毛澤東同志于一九四二年五月在延安文藝座談會上的講話，是毛澤東同志用通俗語言所寫成的馬列主義中國化的文獻之一，是中國共產黨在思想建設理論建設上最重要的文獻之一。這一文件決不是單純的文藝理論問題，而是馬列主義中國化的教科書。這爾什維克化，是每個共產黨員對任何事物應具有的階級立場，與布解決問題應具有之辯證唯物主義歷史唯物主義思想的典型模範。與中央總學委會已通知各地黨委，把這一文章當作整風的必讀文件，組織幹部和黨員進行深刻的研究，並規定爲今後幹部學校與在職幹部必修的課程，因此各地黨委應很好的軍閱與組織這一文件的學習。

· 分局宣傳部

中共中央宣傳部關於執行黨的文藝政策的決定

講話規定了黨對于現階段中國文藝運動的基本方針。全黨都應該研究這

（一）十月十九日解放日報發表的毛澤東同志的個文件，以便對于文藝的理論與實際問題接得一致的正確的認識，糾正過去各種錯誤的認識。全黨的文藝工作者都應該研究和實行這個文件的指示，克服過去思想中工作中作品中存在的各種偏向，以便把黨的方針實激到一切文藝部門中去，使文藝更好的服務于民族與人民的解放事業，並使文藝事業本身得到更好的發展。

（二）小資產階級出身並在地主資產階級教養下長成的脫離群眾並妨害群眾鬥爭的偏向是有歷史必然性的，這些偏向，不經過深刻的檢討反省，在其走向與人民群眾結合的過程中，發生各種程度的延誤相結合...

1

116726

毛澤東同志在延安文藝座談會上的講話

（一九四二年五月二日）

（新華社延安十九日電）今天是魯迅先生逝世七週年紀念，此間解放日報特發表毛澤東同志一九四二年五月在延安文藝界座談會上的講話，以紀念這位中國文化革命的最偉大與最英勇的旗手。茲將其全文廣播如次：

引言（一九四二年五月二日）

同志們！今天邀集大家來開座談會，目的是要和大家交換意見，研究文藝工作和一般革命工作的正確關係，求得革命文藝的正確發展，求得革命文藝對于其他革命工作的更好協助，藉以打倒我們的民族敵...

6

在我們爲中國民族解放的鬥爭中，有各種的戰線，就中也可以說有文武兩個戰線，這就是文化戰線和軍事戰線。我們要戰勝敵人，首先要依靠手裏拿槍的軍隊，但是僅有這種軍隊是不夠的，我們還要有文化的軍隊，這是團結自己戰勝敵人必不可少的一支軍隊。「五四」以來，這支文化軍隊就在中國形成，幫助了中國的革命，使中國的封建文化和適應帝國主義侵略的奴隸文化的電臺逐漸縮小，其力量逐漸削弱，以至現在反動派只能提出所謂「以量勝質」的辦法來和新文化對抗，就是說，反動派有的是錢，雖然出不出好東西，但是可以辦命出得多。在「五四」以來的文化戰線上，文藝是一個重要的有成績的部隊。革命的文藝運動，在內戰時期有了大的發展，這個運動和當時的紅軍戰爭在總的方向上是一致的，但在實際工作上卻沒有互相結合起來。彼此都是抓革命作戰，這是因爲當時的反動派把這兩個兄弟軍隊從中間隔了的原故。抗戰以後，革命的文藝工作者來到延安及各個抗日根據地的多起來了，這是一件很好的事。但是到了根據地，並不等于與根據地人民的延誤相結合...

7

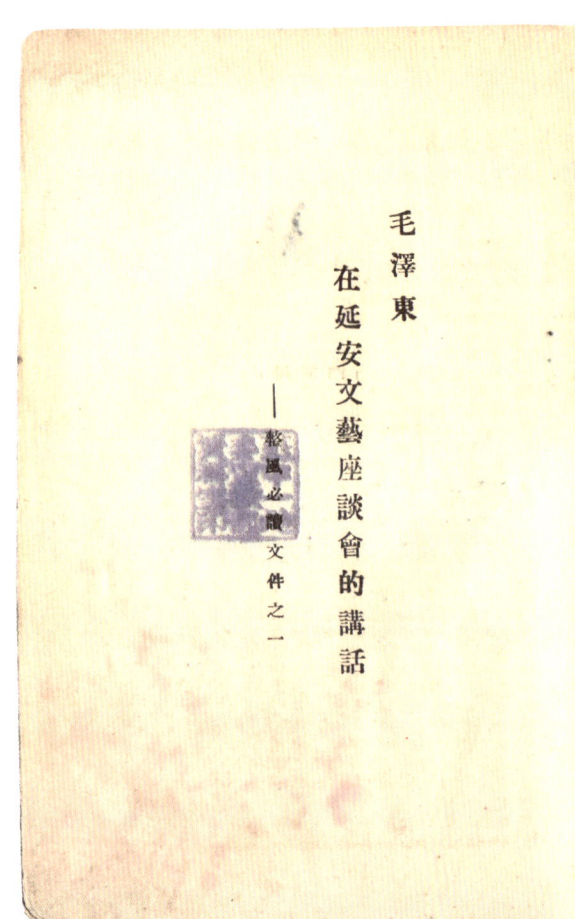

党的文艺政策

新四军第三师苏北军区政治部编辑并印行

　　以另一题名印行的《讲话》版本，整风必读文件之一。附有《中央总学委通知》。

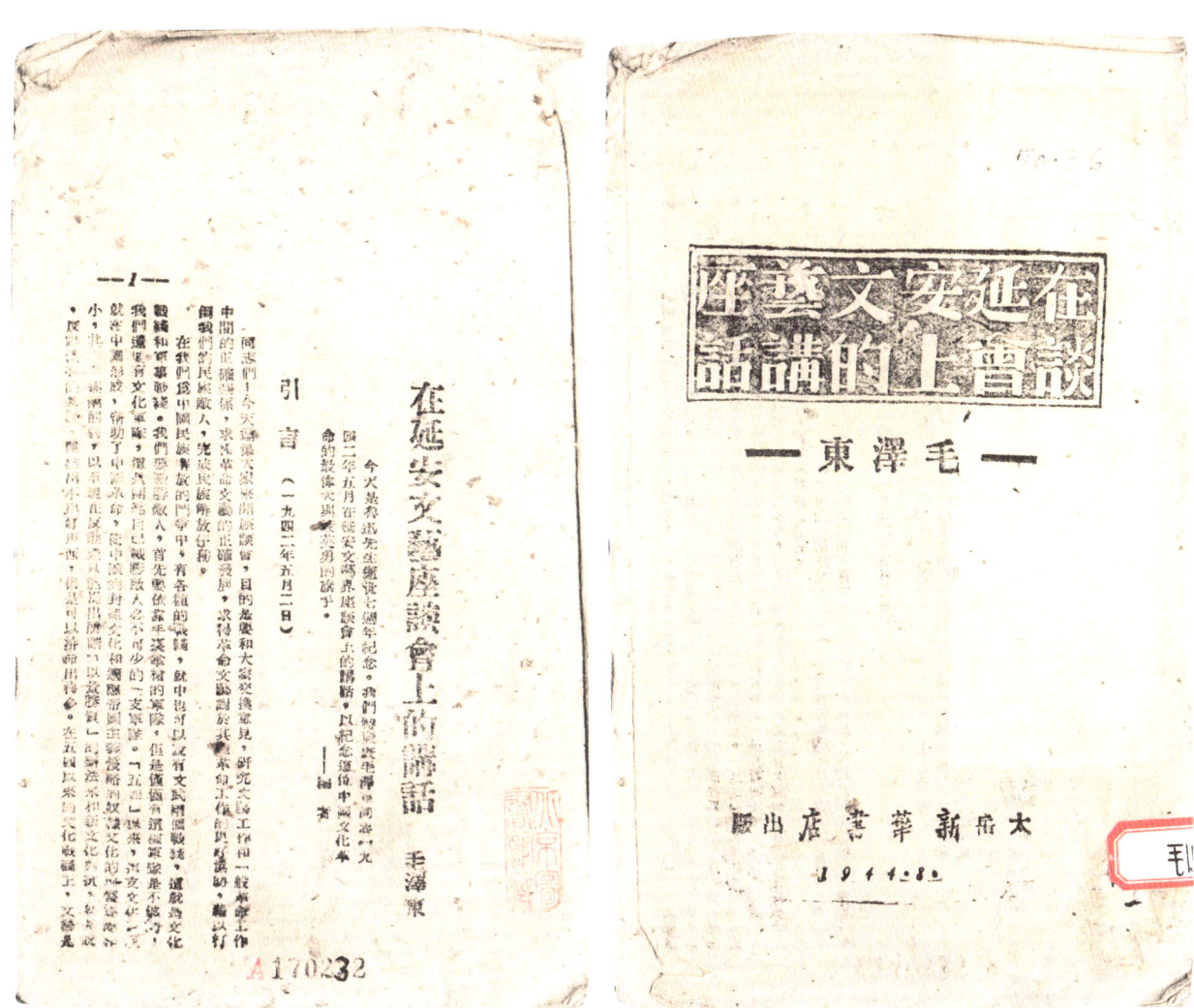

在延安文艺座谈会上的讲话

毛泽东著　太岳新华书店　1944年8月

　　《讲话》在太岳解放区的重要翻印本。太岳新华书店为太岳区党委宣传部直接领导的出版机构，以宣传马列主义、毛泽东思想为根本任务。

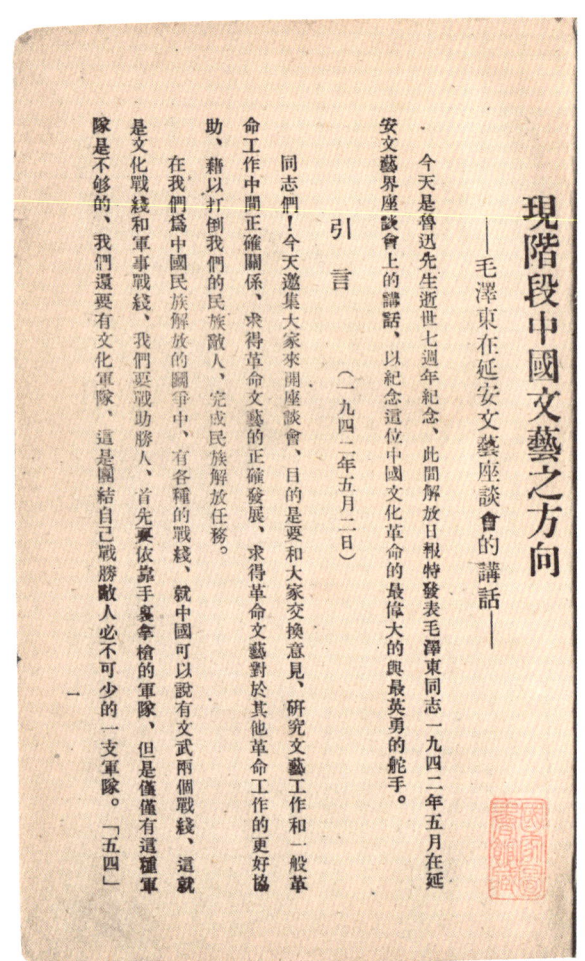

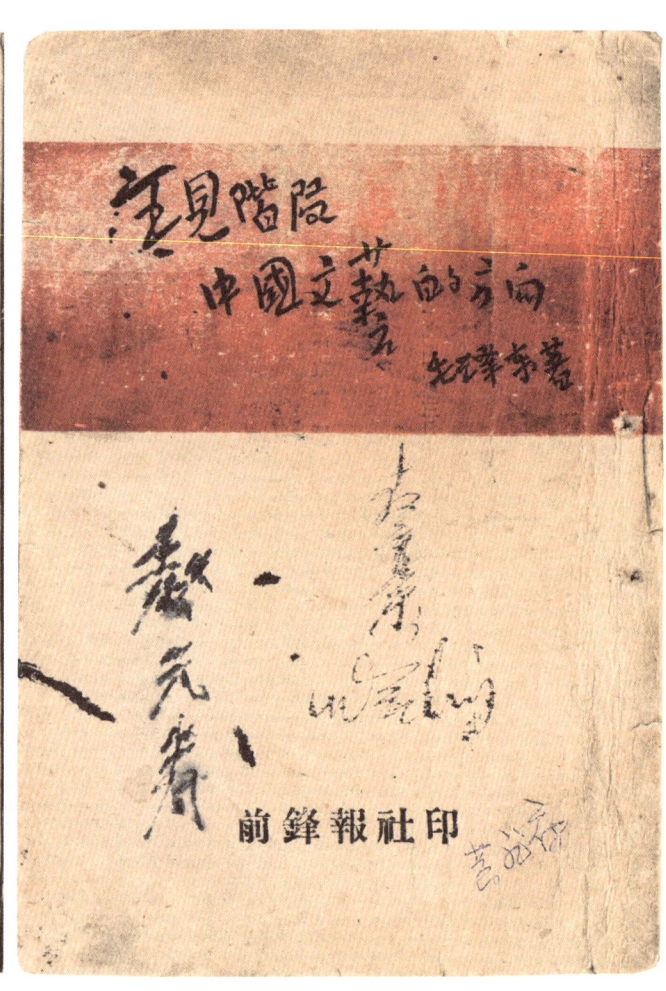

现阶段中国文艺的方向

毛泽东著　大众文化书店　1945年11月

　　抗战胜利后东北地区《讲话》的较早版本。

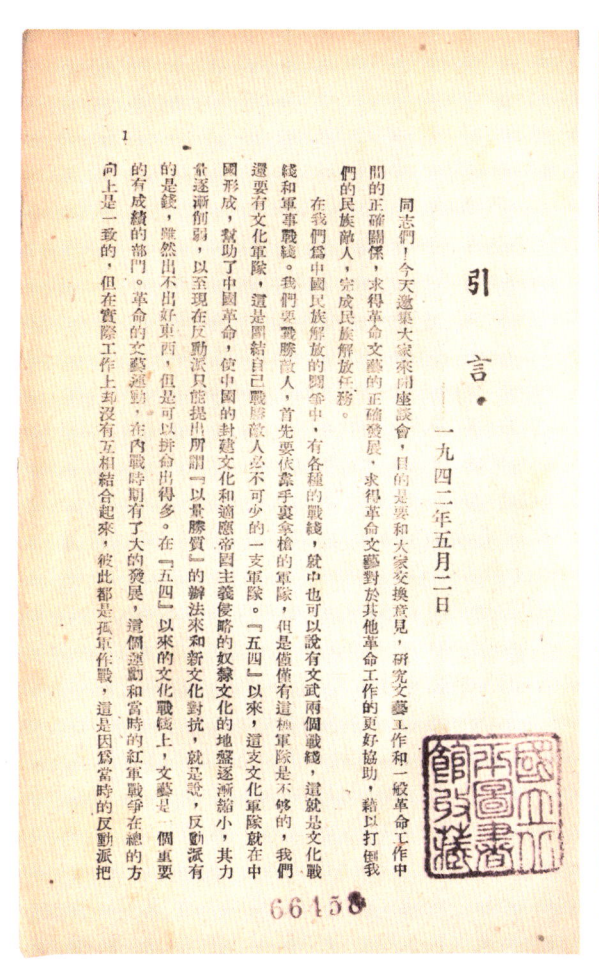

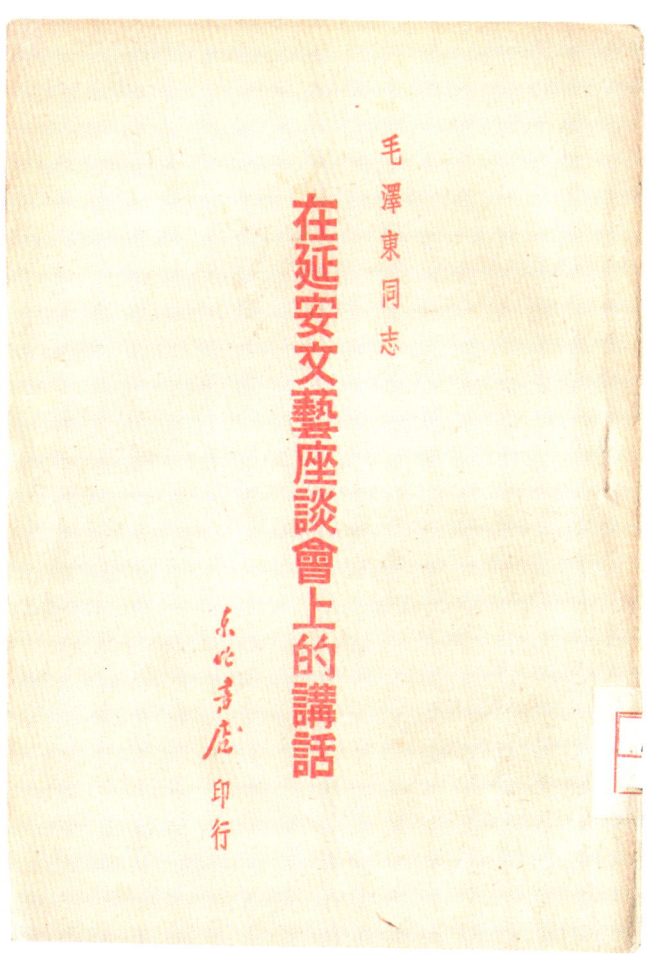

毛泽东同志在延安文艺座谈会上的讲话

毛泽东著　东北书店　1946年12月

　　《讲话》在东北地区较具代表性的单行本之一。东北书店为中共中央东北局宣传部领导的出版发行机构。

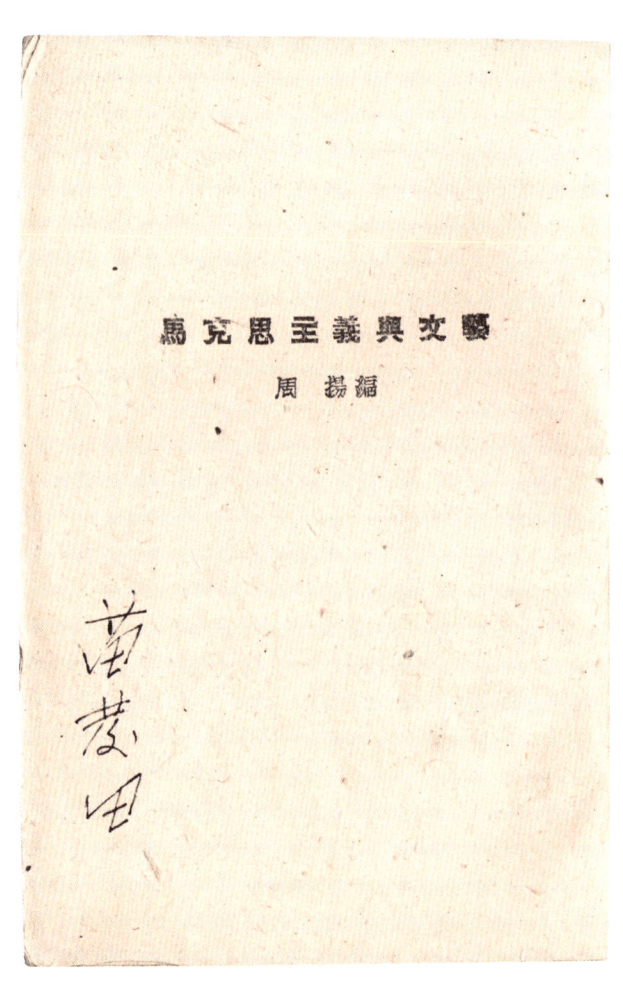

马克思主义与文艺

周扬编辑　解放社　1944年5月

　　周扬（1908—1989），原名运宜，字起应，湖南益阳人。著名文艺理论家、翻译家。该书选辑了马克思、恩格斯、普列汉诺夫、列宁、斯大林、高尔基、鲁迅及毛泽东有关文艺的评论和意见。周扬从马克思主义文艺理论发展史的角度，系统地论述了《讲话》的崇高历史地位。

《讲话》在国统区、沦陷区的传播

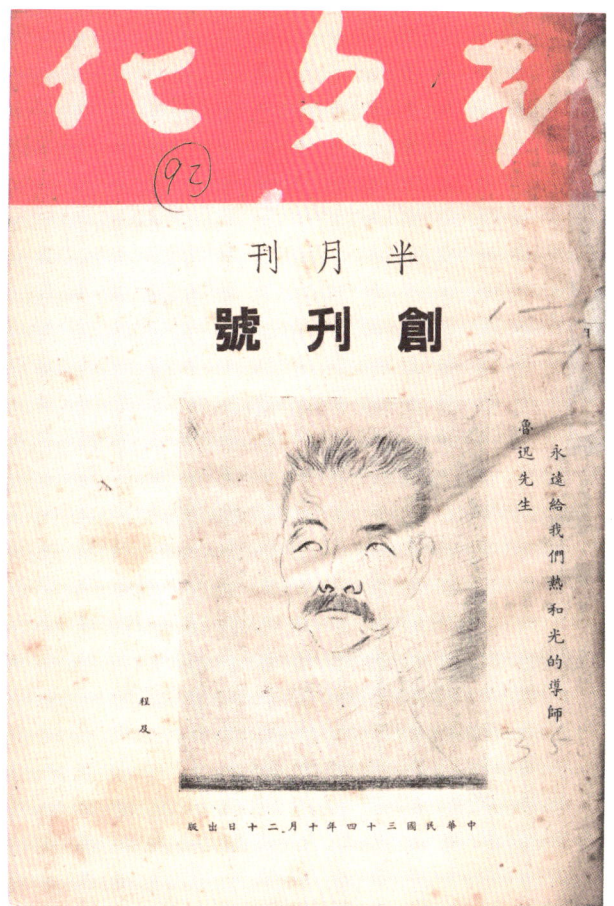

革命文艺的正确发展

《新文化》 创刊号（1945年10月20日）

1945年10月20日，《新文化》创刊号上登载《讲话》"引言"和"结论"的部分内容，为避免国民党的新闻检查，标题用《革命文艺的正确发展》。

毛泽东同志在延安文艺座谈会上的讲话

毛泽东著　香港　中国灯塔出版社　1946年2月

　　封面、书名页、版权页的题名均为"文艺问题"。

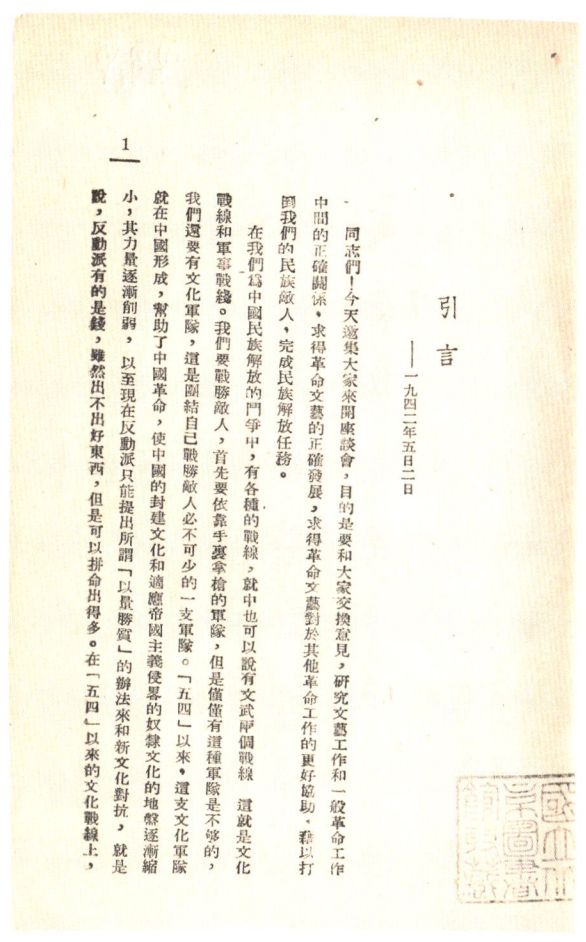

论文艺问题

毛泽东著　香港　新民主出版社　1949年5月

　　《讲话》的另一题名版本，封面绘有五角星图案。

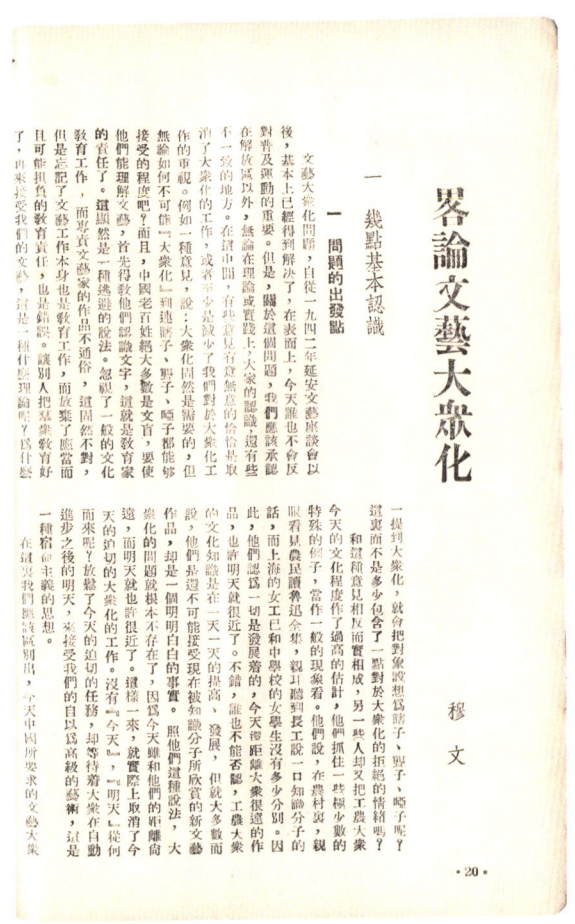

略论文艺大众化

穆文著　《大众文艺丛刊》第2辑（1948年5月）

　　《大众文艺丛刊》1948年3月1日创刊于香港，邵荃麟等任编辑。主要撰稿人有郭沫若、茅盾、丁玲、夏衍等。刊物以文艺理论批评为主，也刊载文学作品。1948年，该刊集中发表了一批学习和宣传《讲话》的文章。

1953年版《讲话》

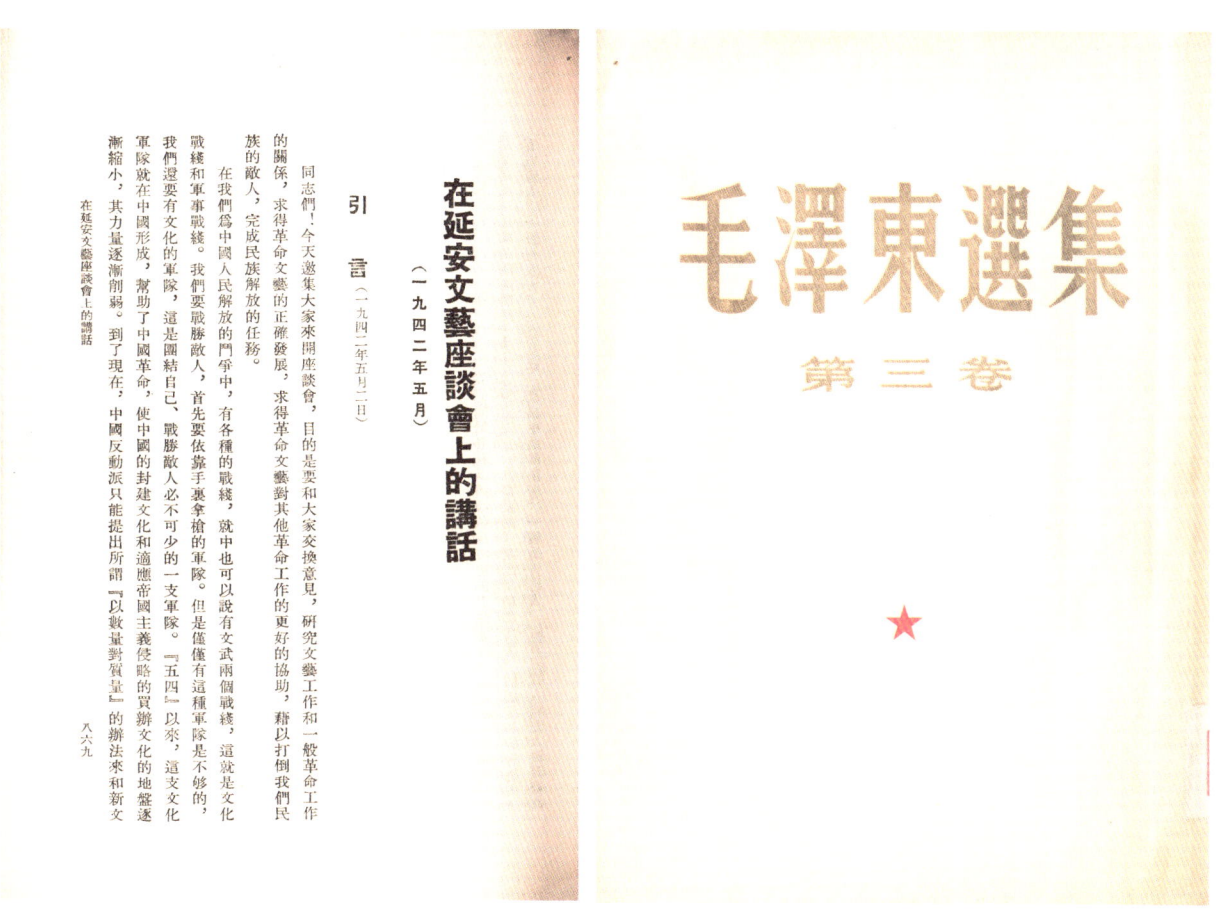

在延安文艺座谈会上的讲话

《毛泽东选集》第三卷　人民出版社　1953年2月

　　从1942年到1953年11年间，《讲话》产生了三个不同版本：速记稿版本、1943年版本和1953年版本。该版是毛泽东在1943年版的基础上亲自校订、修改的版本，收入《毛泽东选集》第三卷，通称"《讲话》1953年版"。

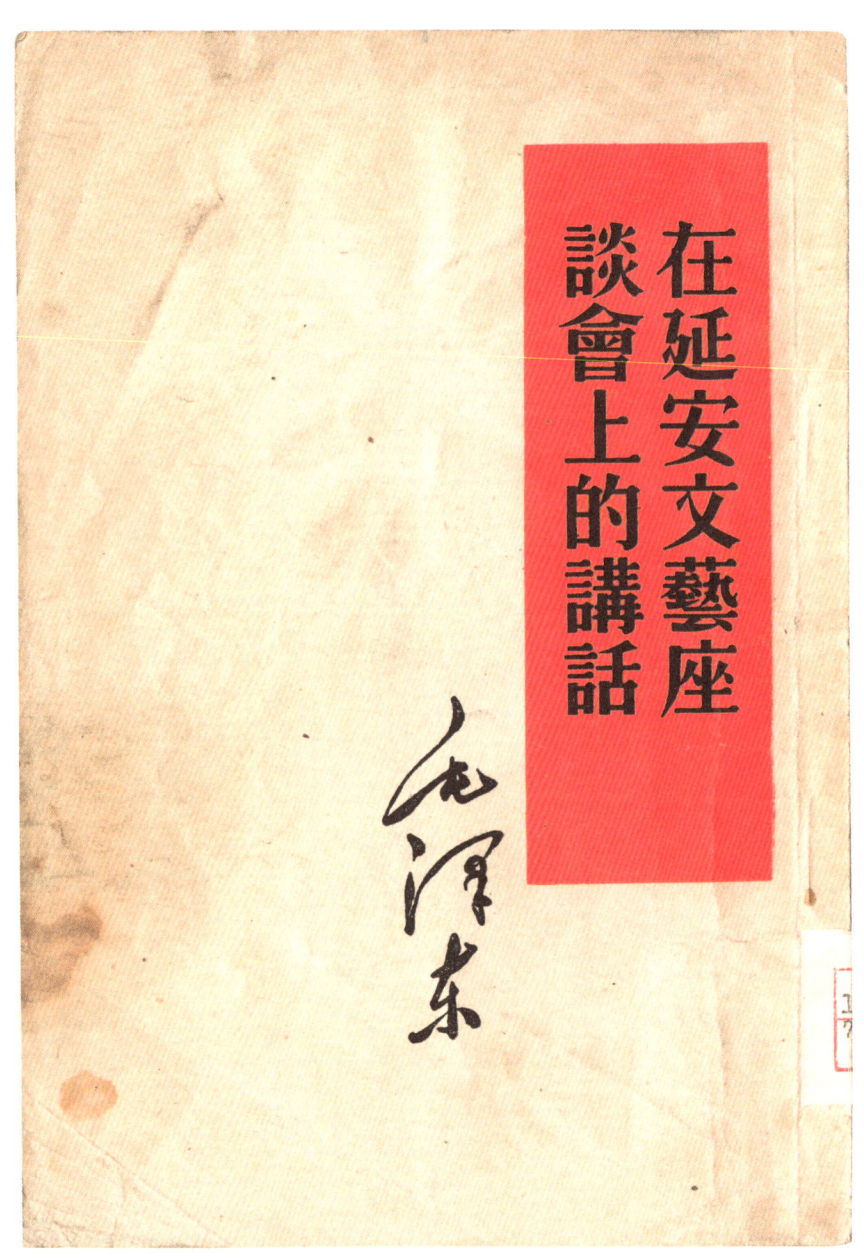

在延安文艺座谈会上的讲话

毛泽东著　北京　人民出版社　1953年3月

　　1953年版《讲话》的单行本，根据1953年2月人民出版社出版的《毛泽东选集》第三卷所载原文重印。

出版者說明

本版『在延安文藝座談會上的講話』一書，是根據一九五三年二月出版的『毛澤東選集』第三卷所載原文重印。

引　言（一九四二年五月二日）

同志們！今天邀集大家來開座談會，目的是要和大家交換意見，研究文藝工作和一般革命工作的關係，求得革命文藝的正確發展，求得革命文藝對其他革命工作的更好的協助，藉以打倒我們民族的敵人，完成民族解放的任務。

在我們為中國人民解放的鬥爭中，有各種的戰綫，就中也可以說有文武兩個戰綫，這就是文化戰綫和軍事戰綫。我們要戰勝敵人，首先要依靠手裏拿槍的軍隊。但是僅僅有這種軍隊是不夠的，我們還要有文化的軍隊，這是團結自己、戰勝敵人必不可少的一支軍隊。『五四』以來，這支文化軍隊就在中國形成，幫助了中國革命，使中國的封建文化和適應帝國主義侵略的買辦文化的地盤逐漸縮小，其力量逐漸削弱。到了現在，中國反動派只能提出所謂『以數量對質量』的辦法來和新文化對抗，就是說，反動派有的是錢，雖然拿不出好東西，但是可以拚命出得多。在『五四』以來的文化

·1·

民族语言文字版《讲话》

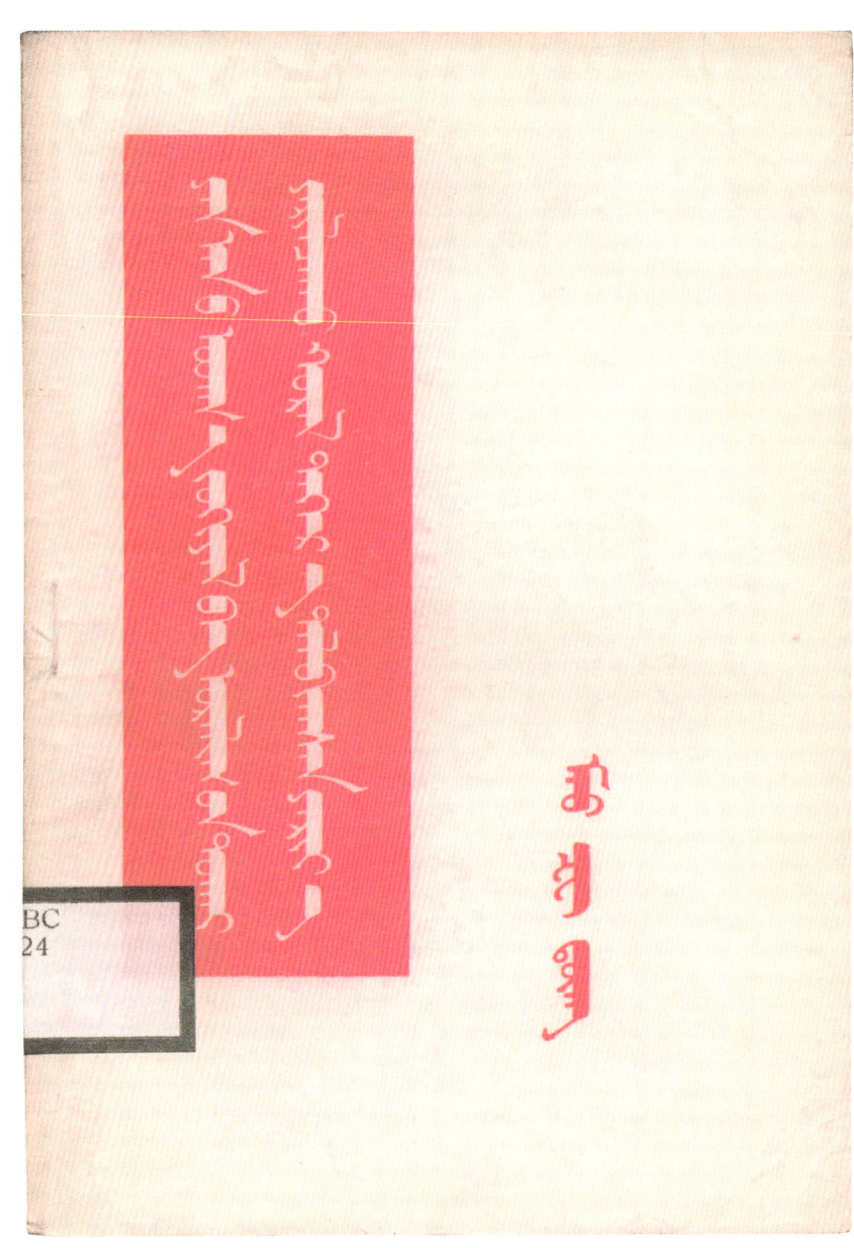

在延安文艺座谈会上的讲话

毛泽东著　《毛泽东选集》蒙古文版出版委员会译　蒙古文版　呼和浩特　内蒙古人民

出版社　1957年

　　根据1953年5月人民出版社出版的《毛泽东选集》第三卷第二版翻译出版。

1

656895

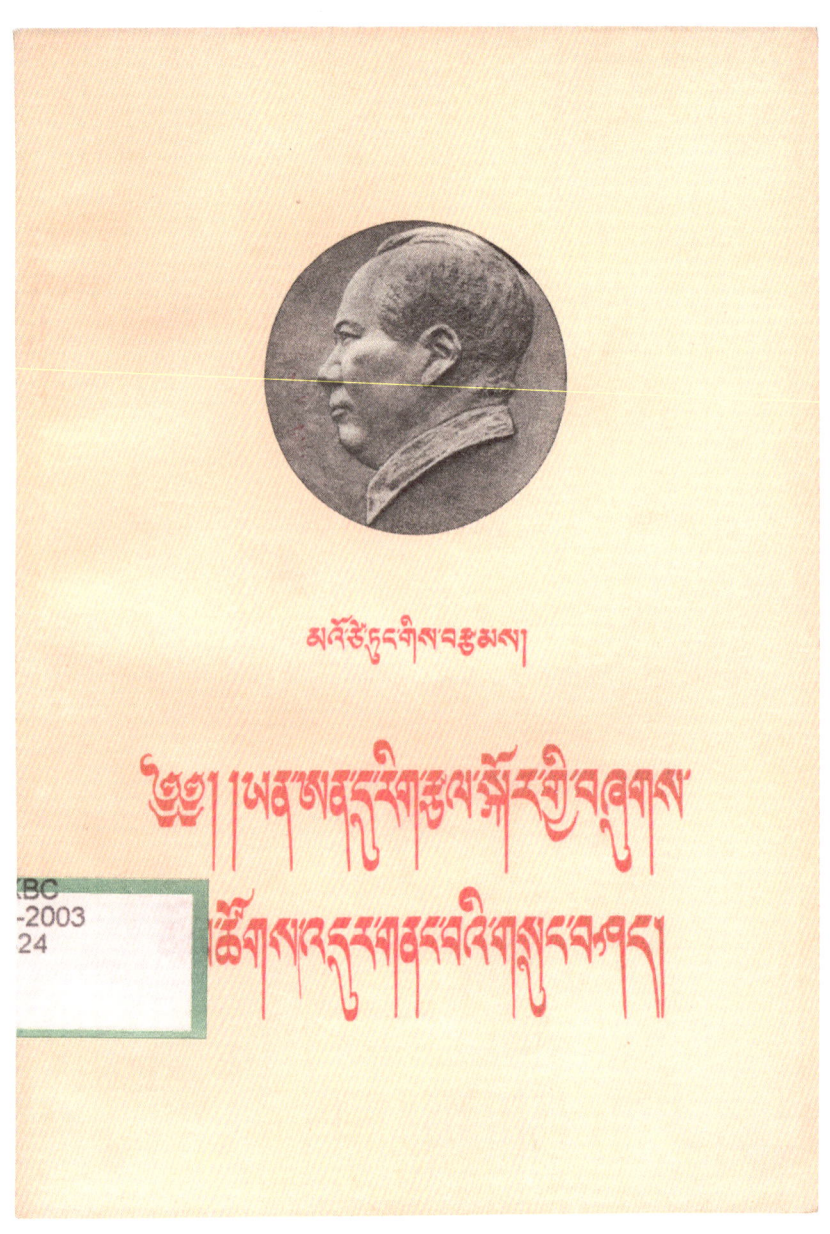

ཡིན་ཨན་དུ་རིག་རྩལ་སྐོར་གྱི་བཞུགས་མོལ་ཚོགས་འདུར་གནང་བའི་གསུང་བཤད།

མའོ་ཙེ་ཏུང་གིས་བརྩམས། མི་རིགས་དཔེ་སྐྲུན་ཁང་གིས་བསྒྱུར། པེ་ཅིན། མི་རིགས་དཔེ་སྐྲུན་ཁང་། ༡༩༥༥

在延安文艺座谈会上的讲话

毛泽东著　民族出版社译　藏文版　北京　民族出版社　1955年

根据人民出版社1953年版单行本翻译。

སློང་བ།

(ཕྱི་ལོ་ ༡༩༤༢ ཟླ་ ༥ ཚེས་ ༢ ཉིན།)

གྲོ་མགྲོན་ཚོ། ཆང་མ་གཏན་དངས་ཏེ་ད་རེད་རིང་རང་
ཅག་བཅུགས་ཆོལ་ཚོགས་འདུ་འཚོགས་པའི་སྐྱིད་པོ་ནི། རང་
ཅག་ཆོང་མ་པར་ཕུན་བསམ་འཆར་བཞིན་དང་འཕྲུལ་རིག་
 རྩལ་གྱི་བྱ་དང་། སྒྱུར་བཟང་གི་གསར་བརྗེའི་བྱ་བ་གཉིས་
བྱང་དུ་འབྲེལ་ཐབས་སྐྱོར་ལ་ཞིབ་འཇུག་གི་སྐོར་ནས་རང་ཅག་གི་
མི་རིགས་ཀྱི་སྐྱེད་དབུ་རྒྱལ་དུ་བཙུགས་ནས་མི་རིགས་བཅངས.....
འགྲོལ་གྱི་བ་བའི་འགན་ཁོན་སྨྲ་ཚོགས་པ་སྐྱབ་རྒྱའི་ཆེད་དུ་
གསར་བཟའི་རིག་རྩལ་འཕུལ་རྒྱས་ལང་དག་པ་འབྱུང་ཐབས་
དང་། གསར་བཟའི་རིག་རྩལ་གྱིས་གསར་བཟའི་བུ་བ་གཞན
དག་ལ་ལྷག་པར་དུ་པར་ཕྱོགས་ཐབས་འཚོལ་བ་དེའོ། །

རང་ཅག་གིས་ཀྱང་ཤེ་ནི་མི་དམངས་བཅངས་འགྲོལ་གྱི་
དཔུབ་འཇོངས་ནང་དུ་འཕུལ་ཕྱོགས་སྣ་ཚོགས་ཤིག་ཡོད་དེ། དེ་
དཔུབ་ཆོང་གི་འཕུལ་ཕྱོགས་དང་། དམག་གི་འཕུལ་ཕྱོགས་ཏེ་
དཔུབ་ཆོང་ཚོགས་ཞེ་དག་གཅིགས་སུ་སྐྱོ་ཚོག རང་ཅག་དག་ལ་རྒྱལ་

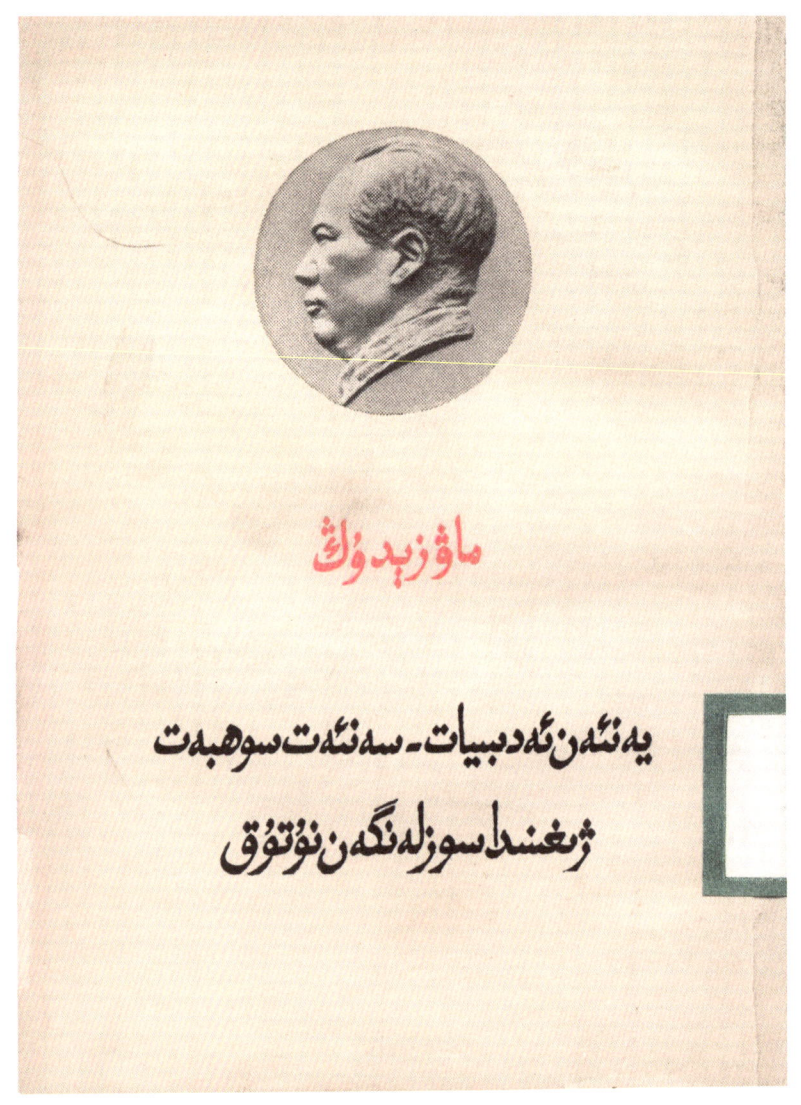

يەنئەن ئەدەبيات ــ سەنئەت سۆھبەت يىغنىدا سۆزلەنگەن نۇتۇق

ماۋزېدۇڭ يازغان ، بېيجىڭ ، مىللەتلەر نەشرىياتى ، 1965 ــ يىل

在延安文艺座谈会上的讲话

毛泽东著　维吾尔文版　北京　民族出版社　1965年

　　1963年10月，根据人民出版社1960年2月第二版第七次印刷本翻译出版。再版时，正文和注释按照《毛泽东著作选读（甲种本）》维吾尔文版排印。

بۇ ئەسەر خەلق نەشرىياتى 1960 ـ ژىل 2 ـ ئايدا نەشر قىلغان 2 ـ نەشرى 7 ـ باسمىسىغا ئاساسەن، 1963 ـ ژىل 10 ـ ئايدا تەرجىمە ۋە نەشر قىلىنغان ئىدى. بۇ قېتىم قايتا نەشر قىلغاندا، تېكستى ۋە ئىزاھلىرى «ماۇزېدۇڭ ئەسەرلىرىدىن تاللانما (A)»نىڭ ئۇيغۇرچە نەشرىدىكىسى بويىچە بېسىلدى.

本书是于1963年10月根据人民出版社1960年2月第二版第七次印刷本翻译出版的。这次再版时，正文和注释是按照《毛泽东著作选读(甲种本)》维吾尔文版排印的。

كىرىش سوز

(1942 ـ ژىل 5 ـ ئاينىڭ 2 ـ كۈنى)

يولداشلار! بۈگۈن ھەرقايسىڭلارنى تەكلىپ قىلىپ سوھبەت ژىغىنى ئوتكۈزۈشتىن مەخسەت ـ سەنئەت خىزمەتنىڭ ئومۇمى ئىنقىلاۋى خىز- مەتلەر بىلەن بولغان مۇناسىۋەتنى تەتقىق قىلىپ، ئىنقىلاۋى ئەدەبىيات ـ سەنئەتنىڭ توغرى رىۋاجلىنىشنى قولغا كەلتۈرۈش، ئىنقى- لاۋى ئەدەبىيات ـ سەنئەتنىڭ باشقا ئىنقىلاۋى خىزمەتلەرگە تېخىمۇ ئوبدان يار ـ يولەكتە

1

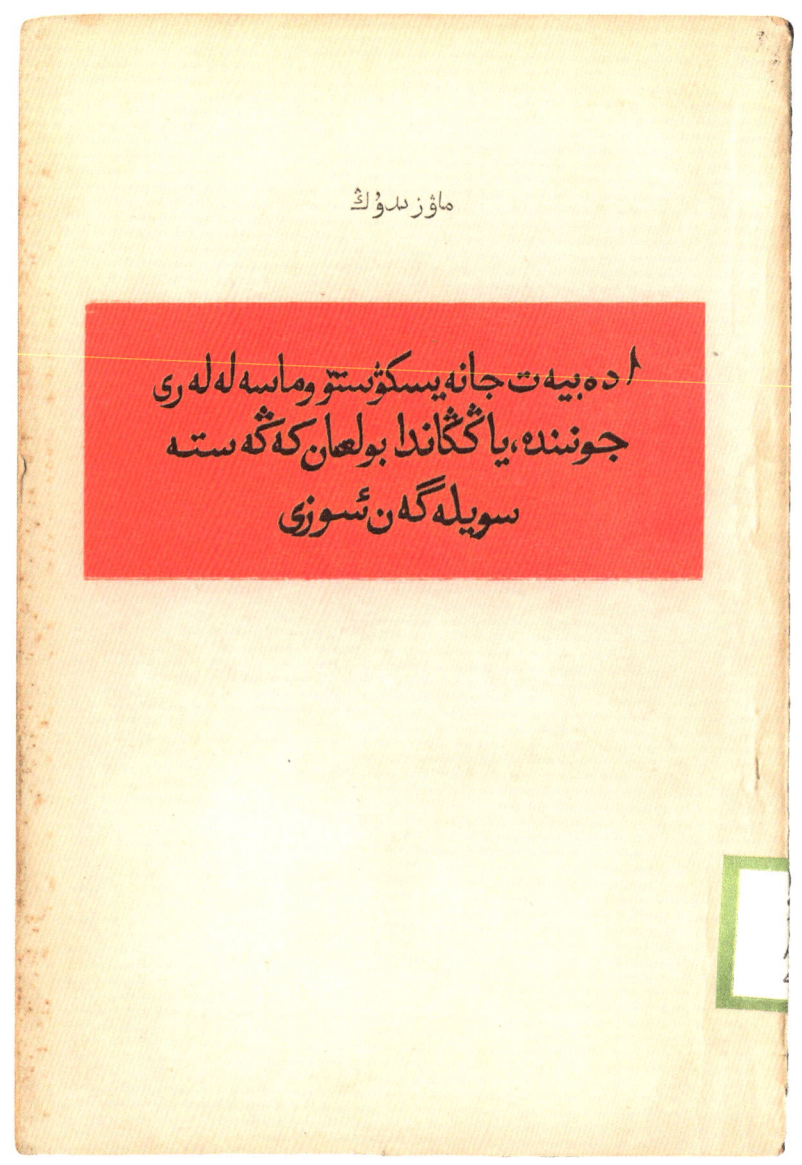

ادەبىيەت جانە يسكۇستۆو ماسەلەلەرى جوننىدە ،ياككاندا بولغان كەكەستە سويلەگەن ٴسوزى

ماۇزدوڭ جازعان ،شينجاڭ حالق باسپاسى اۇدارعان، ٴۇرىمجى ،شينجاڭ حالق

باسپاسى ، 1958 ـ جىل

在延安文艺座谈会上的讲话

毛泽东著　新疆人民出版社翻译　哈萨克文版　乌鲁木齐　新疆人民出版社　1958年

كىرىسپە سۆز

(1942 – جىلغى 2 – ماي)

جولداشلار! بىز بۇگىنگى كەگەسكە سۆزدەرى ئەدەبىيات
جانە يىسكۇستۋو سالاسىنداعى جۇمىسپەن جالپى رەۋوليۇتسيالىق
جۇمىستار ئاراسىنداعى بايلانىس نۇرالى پىكىر السۇ ئۈشىن،
رەۋوليۇتسيالىق ئەدەبيات پەن رەۋوليۇتسيالىق يىسكۇستۋونىڭ
بۇكىل رەۋوليۇتسيالىق جۇمىسمىزغا مۇنان دا جەمسەتدەرەك
كۇمەكتەسۇن قامتاماسىز ەتۇ، "دۈسپەن ۇيەزدىڭ ۇلتەمىزدىڭ
جاۋىن تالقاندا.ۇعا جانە ۇلتەمىزدى ئازات ەتۇ مىندەتنەڭ
ۋىدائەداي شەشىلۇىنە ۇمكىندىك تۇعدىزۇ ۈشىن شاقىرىسپ
وتىرمىز.

"بىز جۇڭگۇ حالقىن ئازات ەتۇ ۈشىن كۇرەستى ئەد-
مايدانڭ جۇرگىزىپ كەلەمىز، ونى قالامەن دە، نايزامەن دە،
ياعنى مادەنيەت مايدانىندا، سوعىس قىمملى مايدانىندا دا
جۇرگىزىپ كەلەمىز. جاۋدى جەگىپ شەعۇ ۈشىن بىز مۇ
ئىدمەن، قولىمىزا مىلتىق العان ئارمياعا سۇيەنۇمەن كەرەك، بىراق،
تەك بۇل ئەس مانا ئارميا جەتكىلكسىز: بىزگە جانە مادەنيەت
ئارميا'سى كەرەك – مۇنداي ئارمياسىز قاتاردەمىزدى نعايتتۇ،
جاۋدى جەگىپ شەعۇ ۇمكىن ممس. «4 – ماي قوزعالىسىنان»
جۇڭگۇ حالقى يىسكەنۇ مۇ. 4 – ماي قوزعالىسى قۇردىلدى
جانە ول جۇڭگۇنىڭ فاودالدىق مادەنيەنى مەن يەڭ'ەريالستىك

1

677598

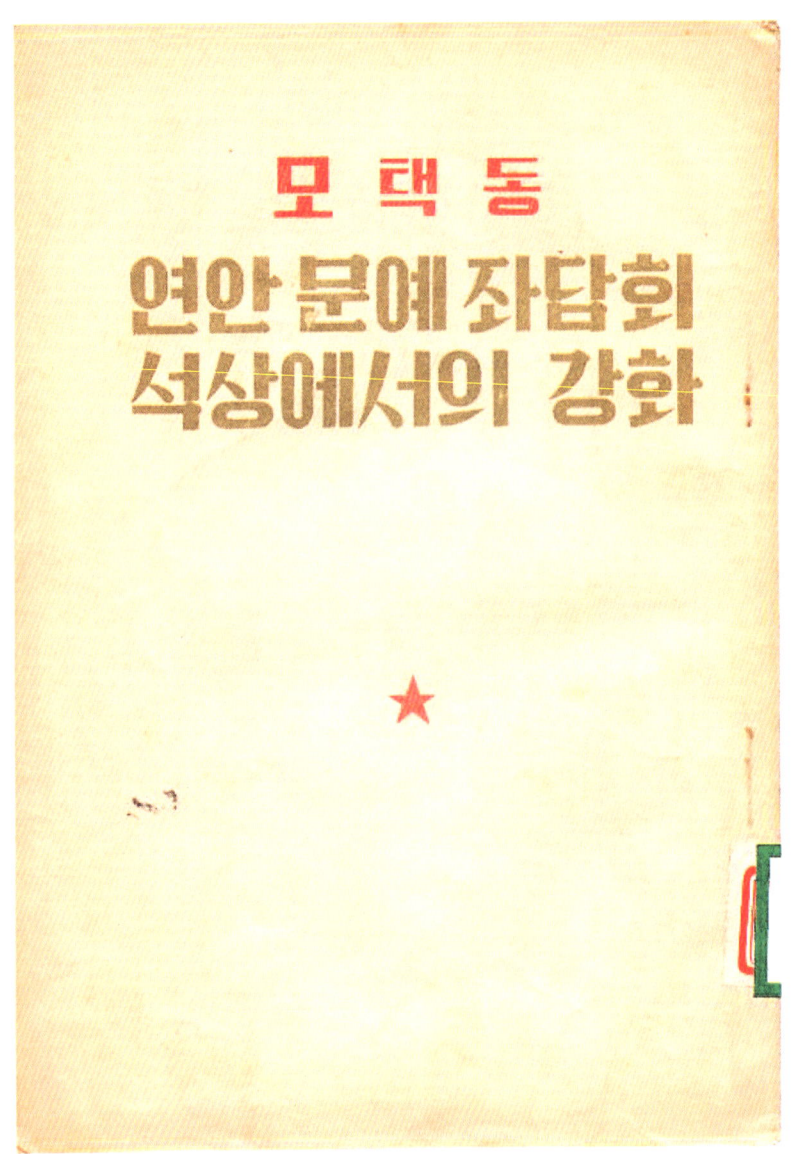

연안문예좌담회에서의강화

모택동저 연변교육출판사번역 연길 연변교육출판사 1954 년

延安文艺座谈会上的讲话

毛泽东著　延边教育出版社译　朝鲜文版　延吉　延边教育出版社　1954年

根据1953年3月人民出版社出版的《讲话》第一版的单行本翻译出版。

원 출판자의 설명

본관 「연안 문예 좌담회 석상에서의 강화」는
一九五三 년 二월 출판의 「모택동 선집」 제三권에
실은 것을 번인한 것이다.

문제의 제기 (一九四二년 五월 二일)

동지들! 오늘 여러분을 이 자리에 청하여 좌담회를 열게 된 목적은 여러 분과 의견을 교환하는 과정에서 문학 예술 사업과 일반적 혁명 사업과의 관계를 연구하여 혁명적 문학 예술의 옳바른 발전을 기하며、 기타의 혁명적 사업들에 대한 혁명적 문학 예술의 가일층의 협조를 기함으로써 우리 민족의 적을 타도하고 민족 해방의 과업을 완수하려는 데 있다.

중국 인민의 해방을 위한 우리의 투쟁에는 여러가지 전선(戰線)이 있는 데 그 중에는 문(文)과 무(武)의 두 전선이 있다고 말할 수 있다. 그것이 바로 문화 전선과 군사 전선이다. 우리가 적을 타승하려면 위선 손에 총을 든 군대에 의거하지 않으면 안된다. 그러나 단지 이러한 군대로써만은 부족하다. 우리에게는 또 문화의 군대도 있어야 하는바 이러한 군대는 자기를 단결하며 적을 타승하는 데 있어서 없어서는 안될 군대인 것이다. 이 문화의 군대는 중국에서 「五·四」 이래 형성되여 중국 혁명을 도와서 중국의 봉건적

— 1 —

《讲话》在国外的译介

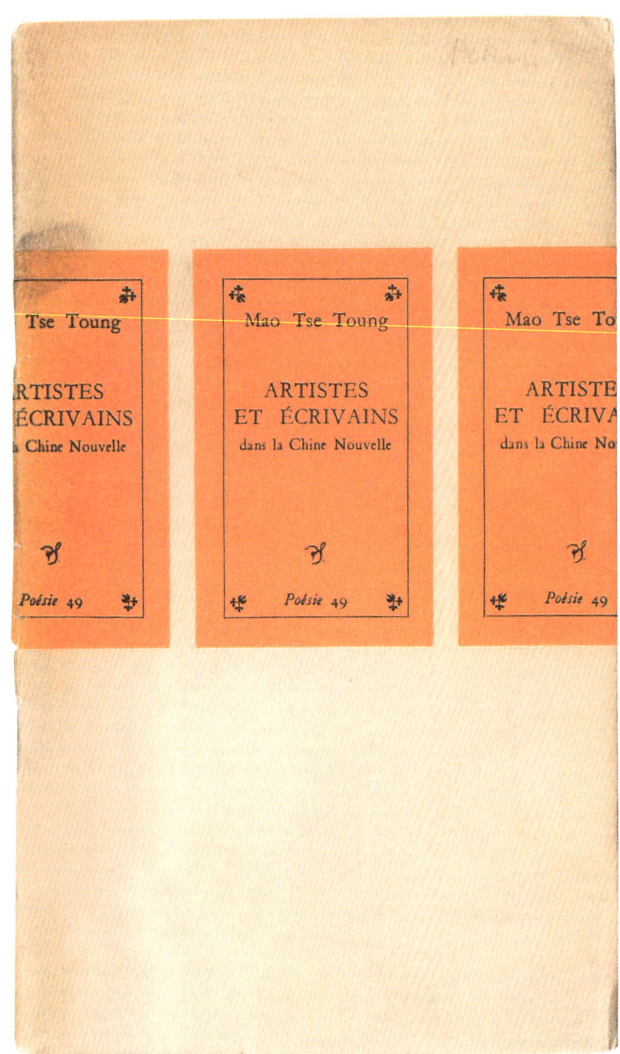

Artistes et Écrivains dans la Chine Nouvelle

Traduit du Chinois par Ouang Cheliou. Paris: Pierre Seghers, Éditeur, 1949.

在延安文艺座谈会上的讲话

法文译本　1949年　巴黎

　　最早的西文译本，1949年10月由法国彼埃·西盖尔公司出版。该译本广为流传，《讲话》的德文、西班牙文和葡萄牙文最初译本均据此本翻译。

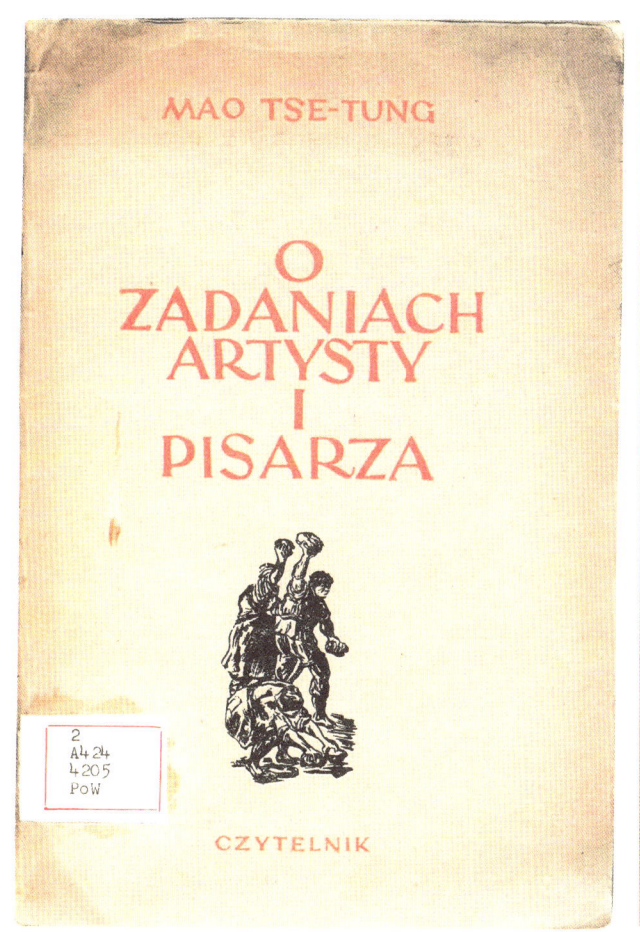

O Zadaniach Artysty i Pisarza

Warsazwa: Czytelnik, Spóldzielnia Wydawniczo-Oświatowa, 1950.

在延安文艺座谈会上的讲话

波兰文译本　1950年　华沙

　　1950年波兰读者出版社出版后，多家报纸发表了评论文章。如《人民论坛报》认为，《讲话》谈到了马克思列宁主义的美学观，提出了艺术家和文艺批评的任务，是中国共产党在文化领域的纲领和艺术政策宣言。

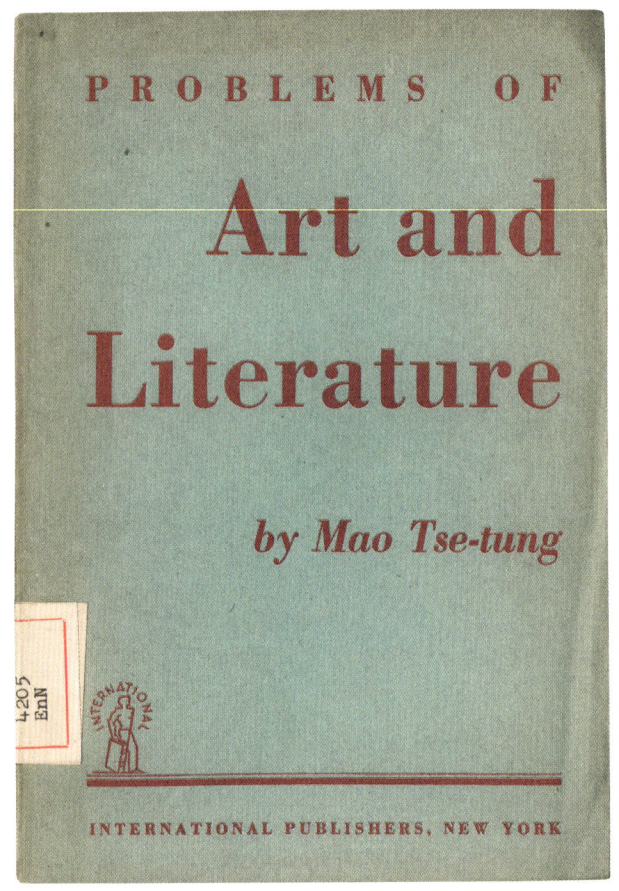

Problems of Art and Literature

New York: International Publishers, 1950.

在延安文艺座谈会上的讲话

英文译本　1950年　纽约

　　《讲话》在美洲的译介略晚于亚洲、欧洲。1950年之前，纽约《工人日报》曾摘译过《讲话》的部分观点。此版为英文全译本，1950年纽约国际出版社出版。

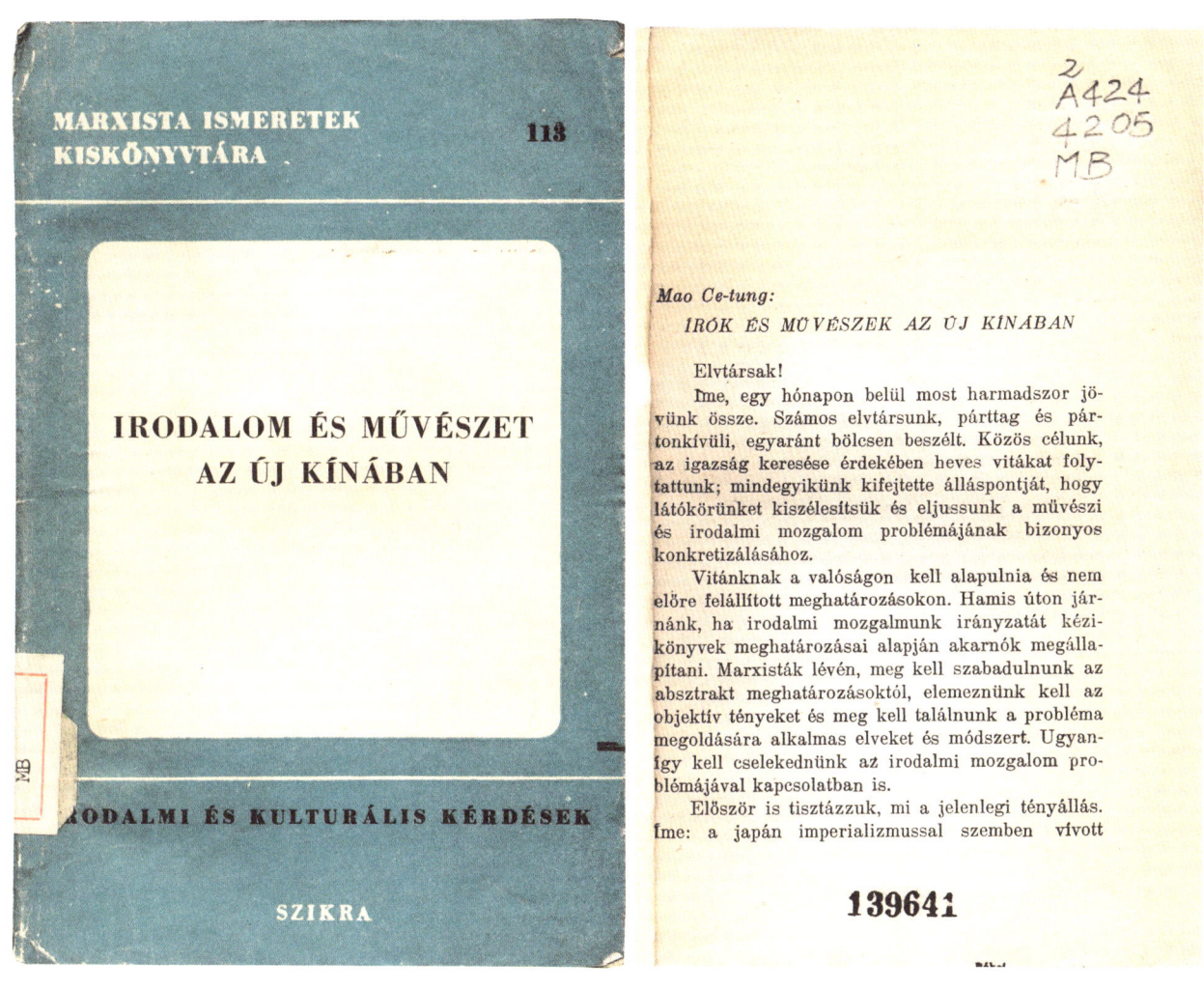

Irodalom és Müvészet az új Kínában

Budapest: Szikra, 1950.

在延安文艺座谈会上的讲话

匈牙利文译本　1950年　布达佩斯

匈牙利文节译本，为"马克思列宁主义者小丛书"的一部分，只翻译了《讲话》的"结论"部分。

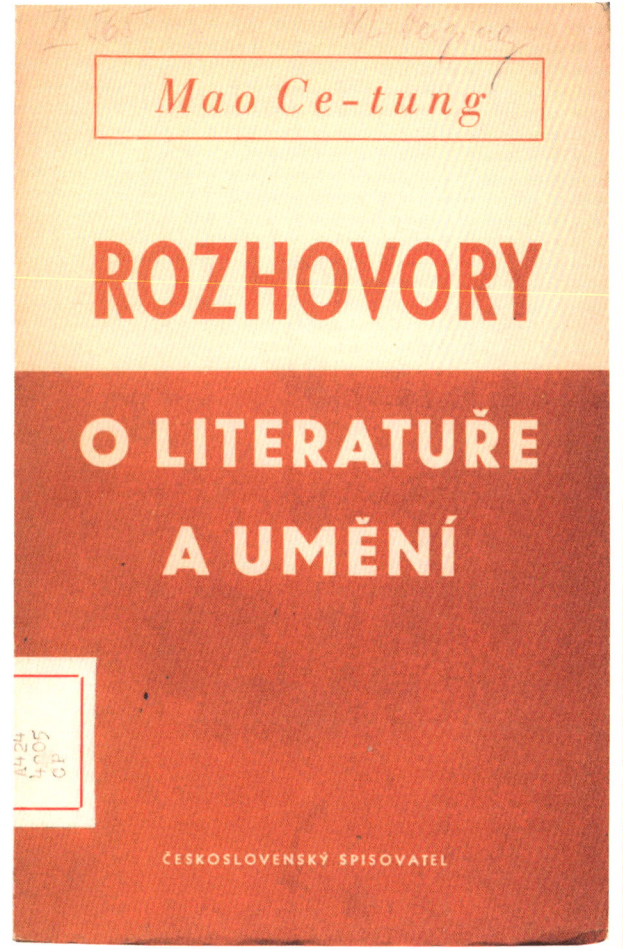

Rozhovory o Literatuře a Uměnií : Projev ke Spisovatelum

Praha: Československý Spisovatel,1950.

在延安文艺座谈会上的讲话

捷克文译本　1950年　布拉格

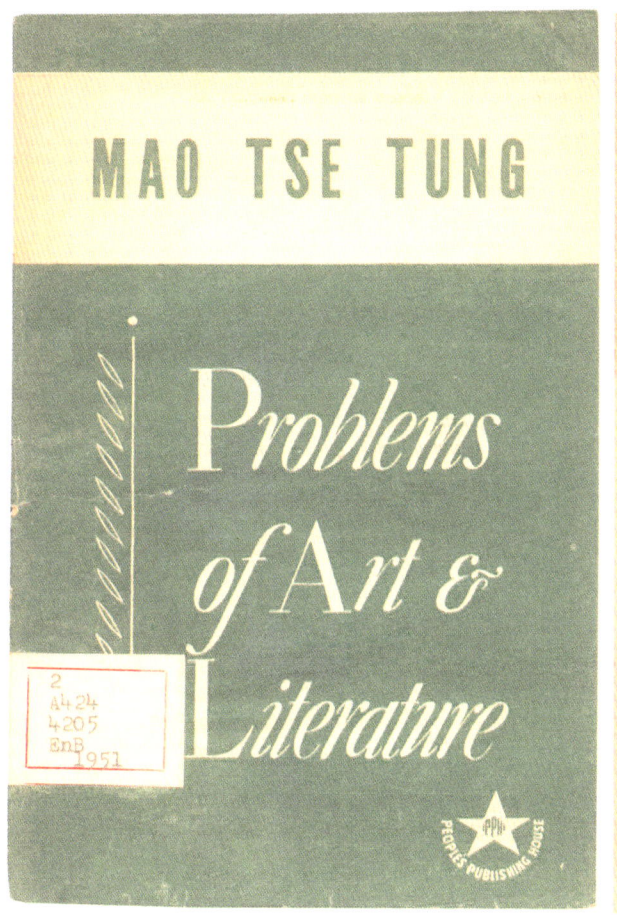

Problems of Art and Literature

Bombay: People's Publishing House , 1951.

在延安文艺座谈会上的讲话

英文译本　1951年　孟买

　　《讲话》发表后，最先传播到亚洲各国。继朝鲜、日本之后，《讲话》也在印度得到译介出版，并有孟加拉文、印地文、马拉提文、泰米尔文等多种译本。此为1950年纽约译本的再版，1951年由孟买人民出版社出版。

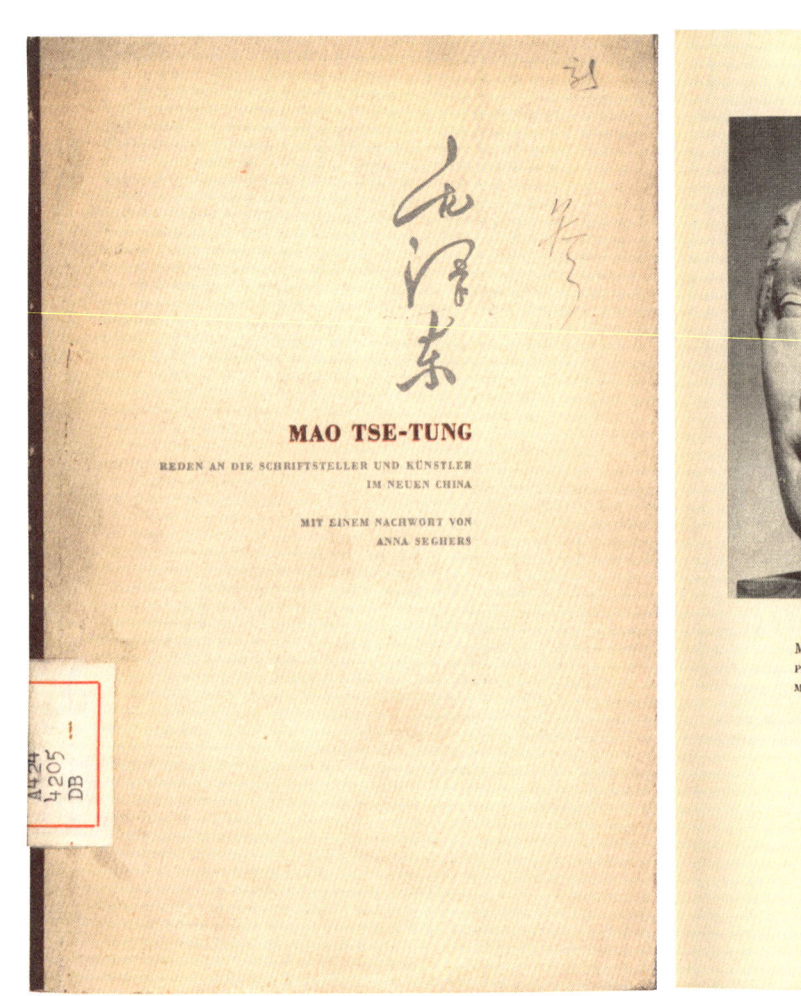
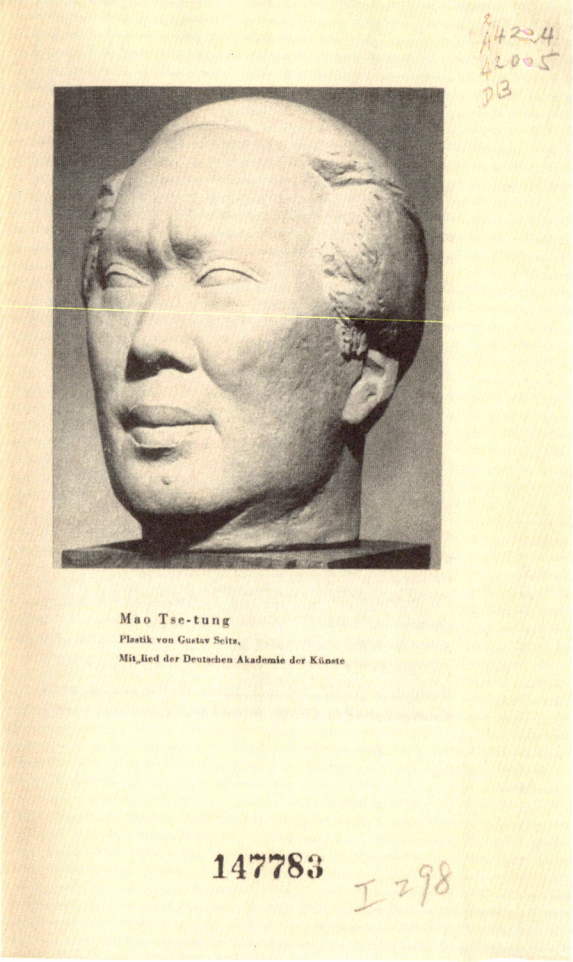

Reden an die Schriftsteller und Künstler im Neuen China auf der Beratung in Yenan

Mit einem Nachwor von Anna Seghers / Hrsg. von der Deutschen Akademie der Künste. Berlin : Henschelverlag, 1952.

在延安文艺座谈会上的讲话

德文译本　1952年　柏林

　　柏林汉舍尔出版社根据法文译本翻译出版。1950年第一版面世后，《劳动月刊》、《柏林日报》等报刊予以摘要，受到当时德国文艺界的好评。

**Einführende Worte,
gesprochen am 2. Mai 1942**

Genossen!

Wir haben euch heute zusammengerufen, um diese Beratung zu eröffnen, mit dem Ziel, unsere Meinungen auszutauschen, das richtige Verhältnis der allgemeinen revolutionären Aufgaben zum literarischen und künstlerischen Schaffen zu untersuchen, die richtige Entwicklung unserer revolutionären Literatur zu erreichen und eine bessere Förderung der übrigen Aufgaben durch die revolutionäre Literatur, damit der Feind unserer Nation niedergeschlagen und die Aufgabe der nationalen Befreiung vollendet werden kann.

Unser Kampf für die Befreiung der chinesischen Nation weist alle Arten von Kampffronten auf, darunter eine Zivilfront und eine Militärfront, das heißt: eine Kulturfront und eine Kriegsfront. Um den Feind im offenen Kampf zu besiegen, müssen wir uns in erster Linie auf unsere bewaffneten Truppen stützen. Aber sie allein genügen nicht, wir brauchen auch Kulturtruppen; sie stellen einen Truppenkörper dar, der für unseren engen Zusammenschluß und für die Besiegung des Feindes unentbehrlich ist.

Seit der „Bewegung vom 4. Mai" haben sich solche Kulturtruppen in China gebildet. Sie haben der chinesischen Revolution geholfen, den Machtbereich der Feudal- und Sklavenkultur in China, deren Fortbestand eine Folge

6

der imperialistischen Aggression ist, allmählich zu verengen und zu schwächen, so daß gegenwärtig die reaktionäre Clique nach der Devise handelt, „mit Quantität über Qualität zu siegen", um sich auf diese Weise der neuen Kultur zu widersetzen. Oder mit anderen Worten: Die reaktionäre Clique verfügt über unermeßliche Geldmittel, mit denen sie zwar nichts Gutes hervorbringt, die sie aber in den Stand setzen, ungeheuer viel zu publizieren.

Seit der „Bewegung vom 4. Mai" hat sich die Literatur als ein wichtiger und erfolgreicher Zweig der Kulturfront erwiesen. Die revolutionäre Literaturbewegung hat während des Bürgerkrieges bereits einen bedeutenden Aufschwung genommen und sich mit der Hauptrichtung des damaligen Kampfes der Roten Armee vereinigt. In der praktischen Arbeit jedoch haben sich die beiden Truppengattungen nicht eng miteinander verbunden, vielmehr haben sie wie voneinander getrennte Armeen gekämpft, denn die reaktionäre Clique hielt damals die beiden Brudertruppen voneinander getrennt. Erst seit dem Widerstandskrieg gegen die fremden Aggressoren haben die revolutionären Schriftsteller begonnen, in großer Zahl nach Yenan und den anderen antijapanischen Stützpunkten zu kommen. Das ist schon ein erfreuliches Ereignis. Aber die Stützpunkte aufsuchen bedeutet noch nicht, eine enge Verbindung mit der Volksbewegung in den Stützpunkten hergestellt zu haben. Wenn wir aber unsere revolutionären Aktionen

7

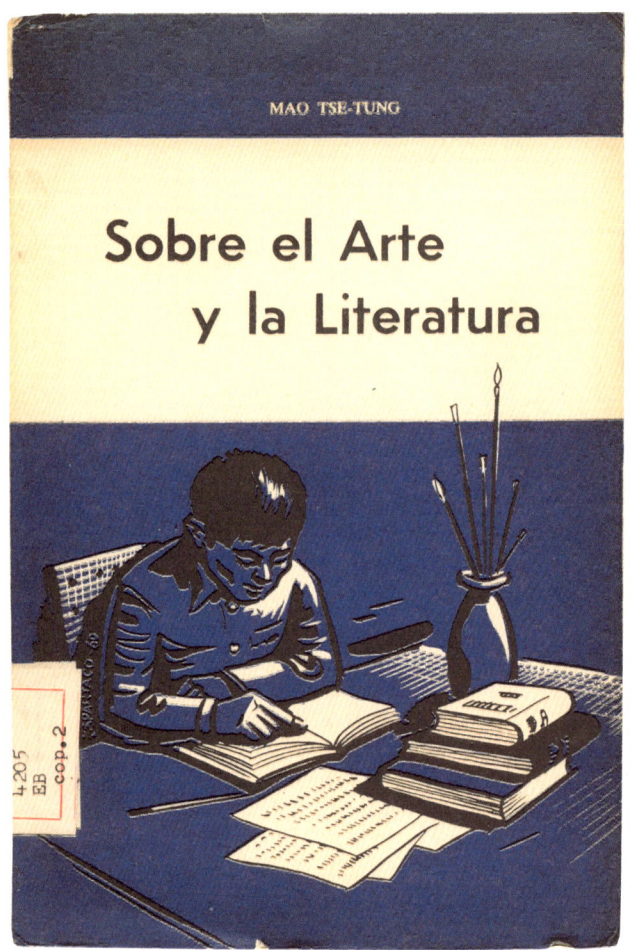

INTRODUCCION

Se os ha invitado a esta reunión[1], para que podamos discutir las relaciones correctas entre la literatura y el arte, por una parte, y el trabajo revolucionario en general, por la otra, con el propósito de desarrollar, convenientemente nuestra literatura y nuestro arte revolucionarios, haciéndolos más eficaces como apoyo de nuestras actividades revolucionarias. De este modo seremos capaces de derrotar a nuestros enemigos y de llevar a cabo nuestra tarea de liberación nacional.

Nuestra lucha por la liberación de la nación china se sostiene en numerosos frentes: lo mismo en el frente cultural que en el militar. Si bien la victoria sobre nuestros enemigos depende primordialmente de los soldados que luchan con fusil en la mano, no por eso son suficientes los ejércitos solos. Hemos de tener también un ejército cultural, para llevar a cabo nuestra tarea de unir a la nación y derrotar al enemigo.

Un ejército cultural, que ha sido de gran ayuda para la revolución china, se formó desde el Movimiento del 4 de Mayo[2]. Este ejército ha limitado gradualmente la esfera de la influencia imperialista y ha debilitado las fuerzas feudales y esclavistas que se avienen a la agresión imperialista. Ahora, los reaccionarios solamente son capaces de oponerse a la nueva cultura recurriendo al llamado método de "la cantidad frente a la calidad". En otras palabras, los reaccionarios cuentan con medios para ello, pueden permitirse el lujo de producir grandes cantidades de supuestas obras de literatura y de arte, aunque no puedan producir nada de buena calidad.

9

Sobre el Arte y la Literatura

Bogota : Ediciones Paz y Socialismo, 1960.

在延安文艺座谈会上的讲话

西班牙文译本　1960年　波哥大

Sobre el Arte y la Literatura

La Habana: Imprenta Nacional de Cuba, 1961.

在延安文艺座谈会上的讲话

西班牙文译本　1961年　哈瓦那

解放区的文艺成就

　　《讲话》发表之时，抗日战争正处于相持阶段。此后，中国人民战胜了日本帝国主义，并在中国共产党的领导下，取得了解放战争的伟大胜利。在中国革命这一波澜壮阔的年代里，《讲话》的精神发挥了巨大的指导作用，它激励了大批的文艺工作者深入生活、贴近群众，创作出大量脍炙人口、耳熟能详的优秀作品。这些作品不仅极大地繁荣了解放区乃至国统区、沦陷区的文化建设，更对现实的斗争生活起到了巨大的鼓舞和推动作用。大批的艺术家们在革命战争的洗礼中得到了锻炼，他们不仅成为当时文艺战线的生力军，也为新中国文艺事业的发展奠定了基础。

文艺理论

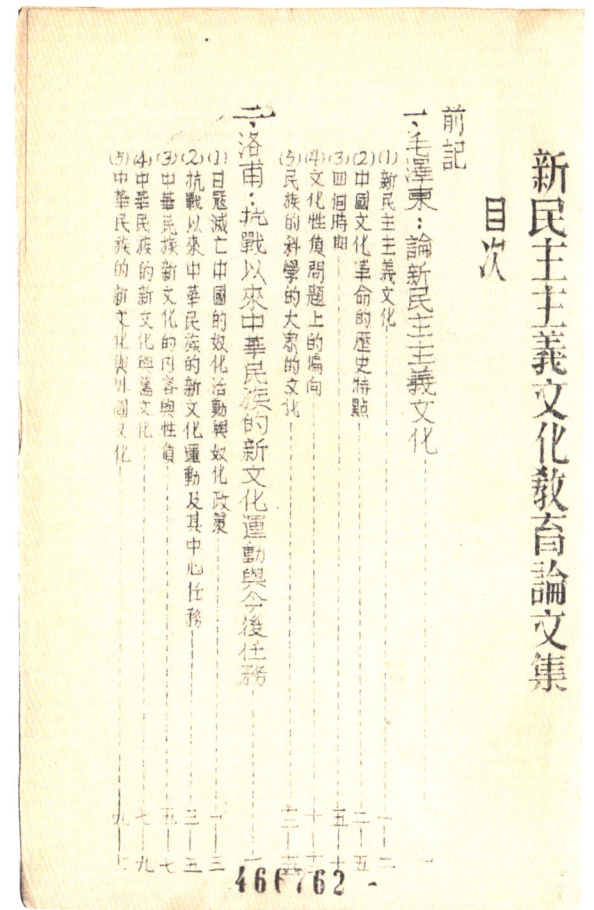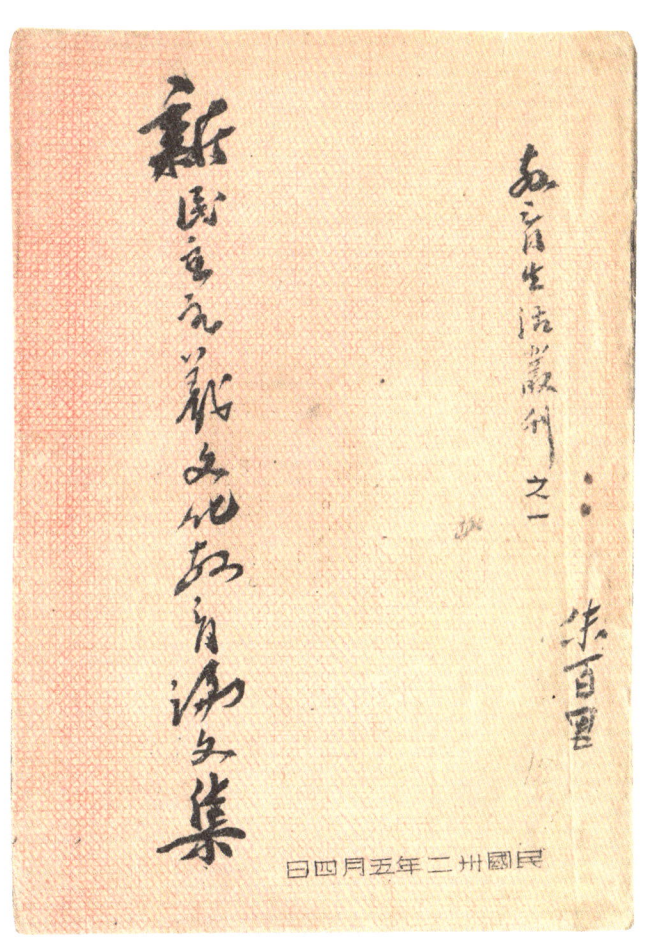

新民主主义文化教育论文集

毛泽东　张闻天等著　1943年5月油印本

　　书中收录6篇文章：毛泽东《论新民主主义文化》、张闻天《抗战以来中华民族的新文化运动与今后任务》、陈毅《关于文化运动的意见》、彭康《新民主主义文化运动》、刘少奇《华北文化协会的任务》，以及《中共中央关于开展抗日民主根据地国民教育的指示》。

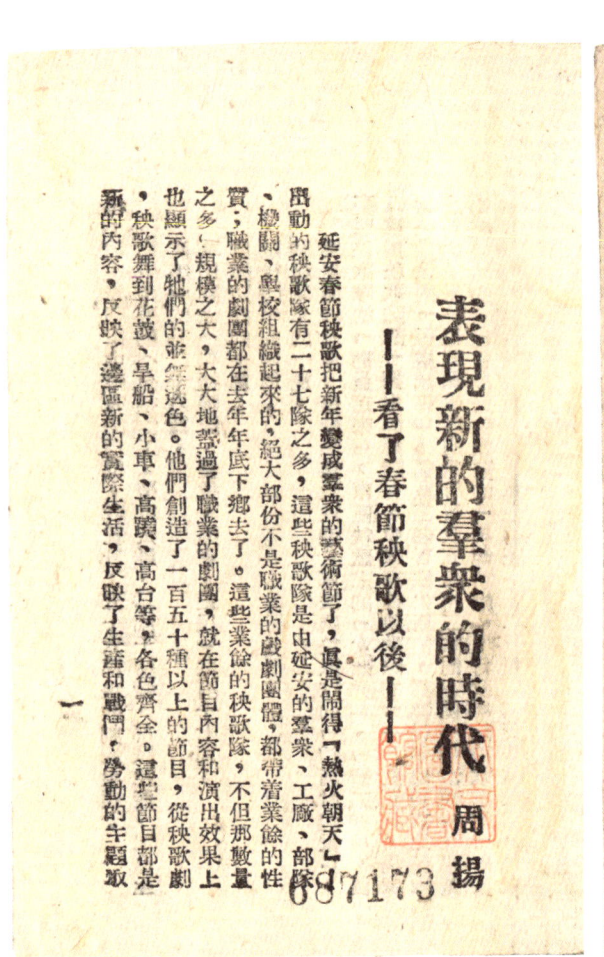

论秧歌

周扬等著　华北书店　1944年12月

　　书中收入5篇文章：周扬《表现新的群众的时代》、艾青《秧歌剧的形式》、张庚《鲁艺工作团对于秧歌的一些经验》、马可《群众是怎样创作的》、高仰云《八一剧团的转变和收获》。

一、戲劇中什麼最重要

乍一看，戲劇這門藝術是非常複雜的。即以演出一個戲的人而論，就比別的藝術來得五花八門：有寫劇作的人，有導演，有演員，有設計佈景的，有管服裝管道具管燈光做效果的⋯⋯還有許多，說也說不清，如果問一句：『誰是最重要的？』可就一時回答不下來了。於是有人想這最重要的一定是寫劇本的。假使沒有他，就沒有劇本，沒有劇本還演什麼戲。這豈不說戲劇上的一切都是由寫劇本的人而生嗎？一切都是由他而生，那麼不是他重要還有誰重要？

可是千萬別立刻下結論，對人說：『嘿！寫劇本的是戲劇中最重要的人物！』假使碰到一個喜歡尋根究底的人，你就倒楣了。他說：『文明戲為什麼沒有劇本？花鼓戲為什麼沒有劇本？秧歌，落子，灘黃的劇本在哪里？誰寫的？你怎麼答覆他呢？你總不能說：『無論如何，總有一個寫劇本的人。』或者你答得巧妙一點：『這是民間藝術，作

什么是戏剧

张庚著　东北文艺工作团编　大连中苏友好协会　1946年

　　该书分为8个部分：戏剧中什么最重要、演员的特点在哪里、综合艺术、文学在戏剧中贡献了什么、美术在戏剧中尽什么力量、音乐在戏剧中的作用、导演工作、观众对于戏剧的重要关系。

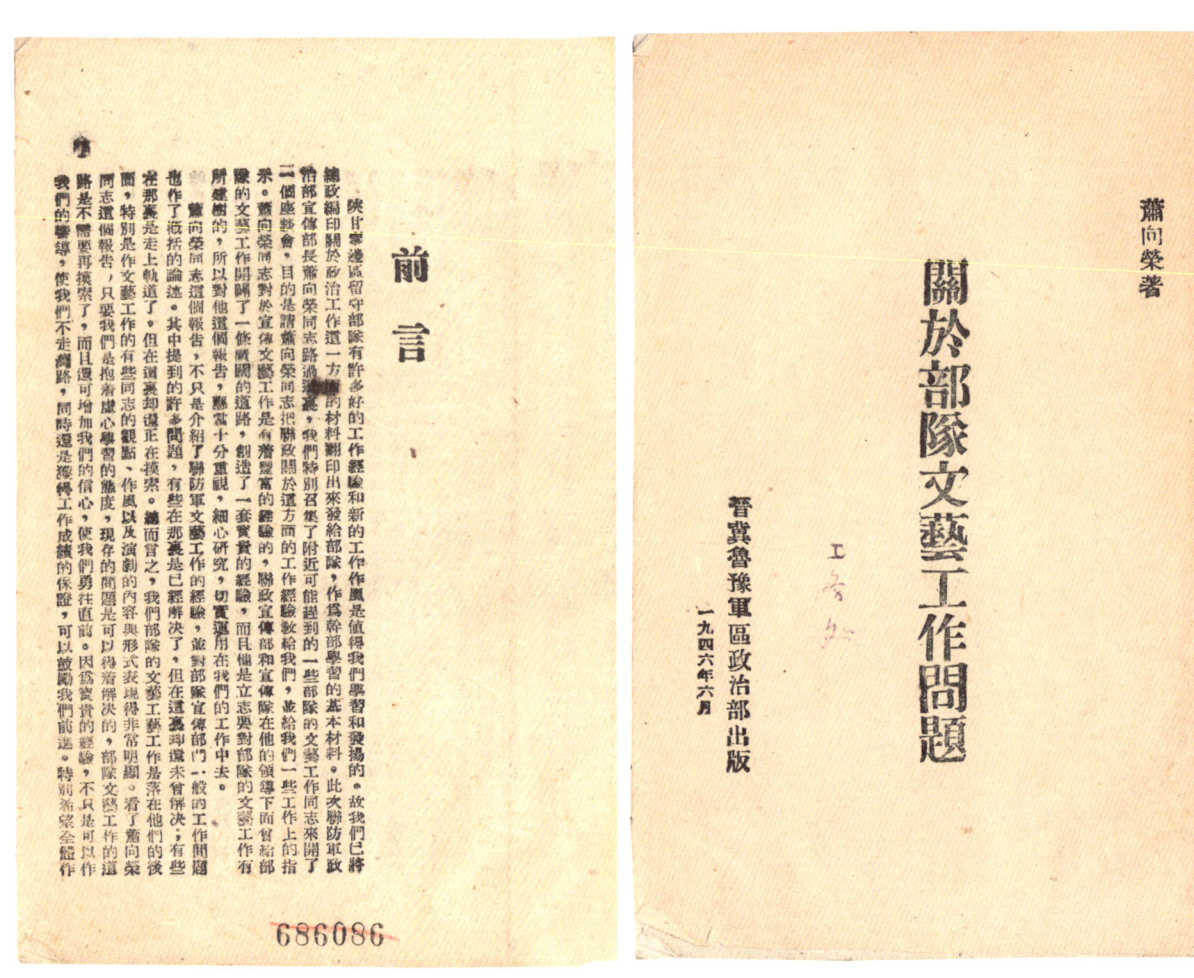

关于部队文艺工作问题

萧向荣著　晋冀鲁豫军区政治部　1946年6月

　　萧向荣（1910—1976），原名萧木元，广东梅县人。抗日战争时期，任八路军一一五师政治部宣传部部长，军委总政治部秘书长、宣传部部长兼《八路军军政杂志》主编，陕甘宁晋绥联防军政治部宣传部部长。该文对部队文艺整风作了具体的论述。

走向人民文艺

郭沫若等著　太岳新华书店　1946年10月编印

　　该书收录郭沫若《走向人民文艺》、《坚持人民本位的人民文艺》、《诗歌与音乐》，爱伦堡《论作家的业务》，何其芳《关于现实主义》，陈涌《关于政治诗》6篇文艺理论文章。

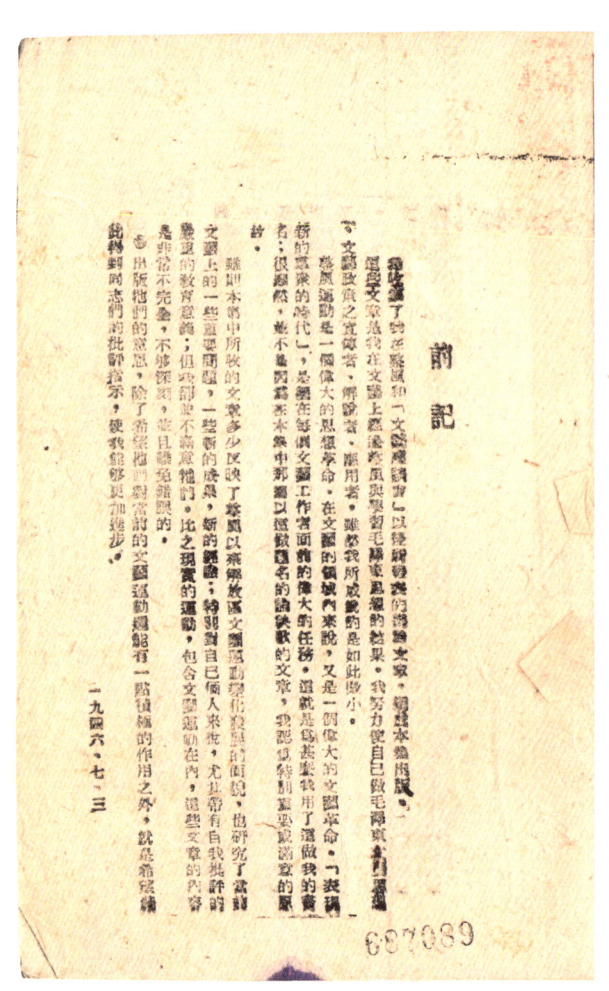

表现新的群众的时代

周扬著　太岳新华书店　1946年11月

　　内容包括《前记》、《王实味的文艺观与我们的文艺观》、《艺术教育的改造问题》、《表现新的群众的时代》、《马克思主义与文艺》、《"把眼光放远一点"序言》、《关于政策与艺术》、《论赵树理的创作》8篇文章。

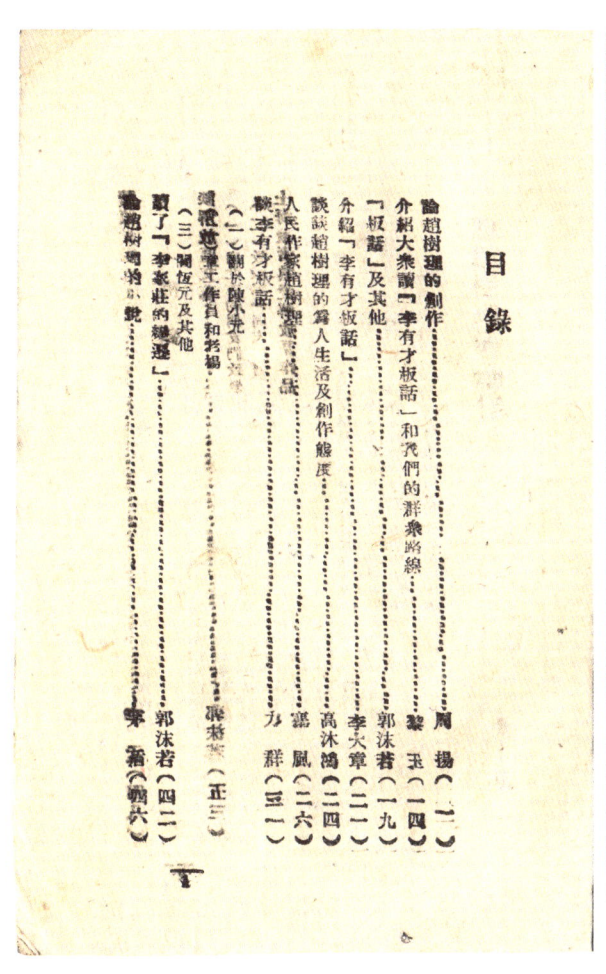

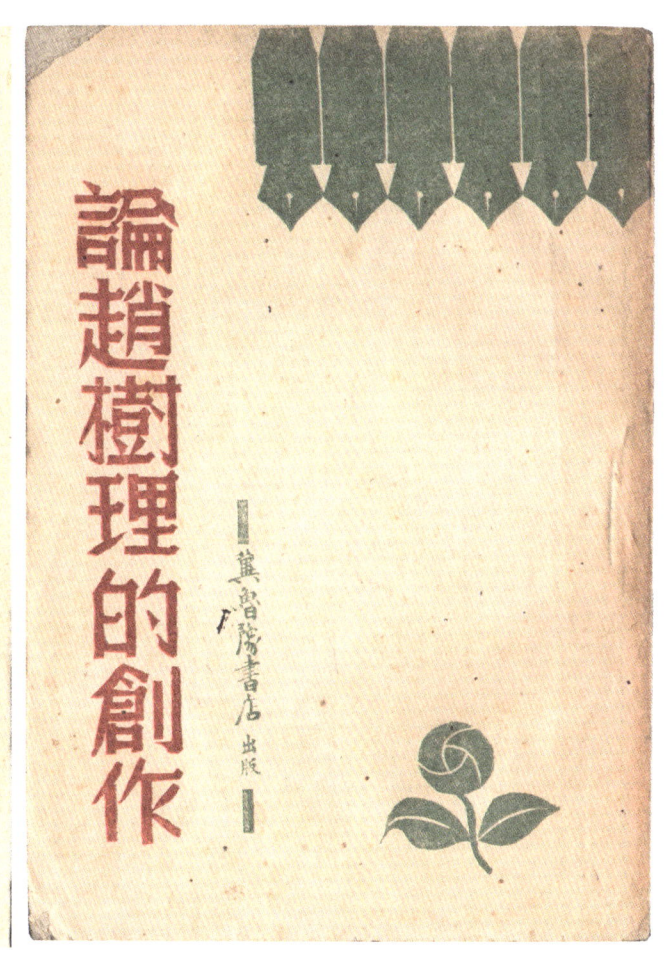

论赵树理的创作

郭沫若 茅盾等著　冀鲁豫书店　1947年7月

　　该书为周扬、茅盾、郭沫若等评论赵树理创作的文艺评论集。周扬称赞赵树理为"一位具有新颖独创的大众风格的人民艺术家"，赵树理的小说是"毛泽东文艺思想在创作上实践的一个胜利"。茅盾认为《李有才板话》"标志了向大众化的前进的一步"。

小说

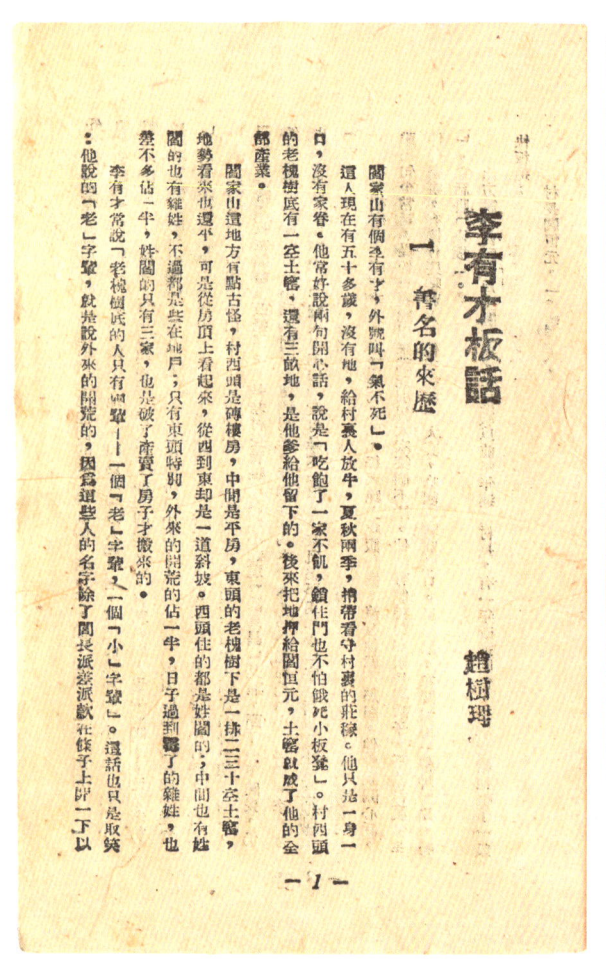

李有才板话

赵树理著　新华书店　1943年12月

　　赵树理（1906—1970），原名树礼，山西沁水人。1937年参加革命。1943年后相继发表《李有才板话》、《小二黑结婚》等一系列作品，成为解放区文学的典范。小说描写了抗战时期，地主阎恒元把持了敌后根据地阎家山的村政权，村干部贪污盗窃，营私舞弊，欺压群众，骗取了"模范村"的荣誉。李有才带领小字辈，以"快板诗"为武器，同他们进行智斗，并取得胜利的故事。作品采用了有说有唱、夹叙夹议的板话形式。

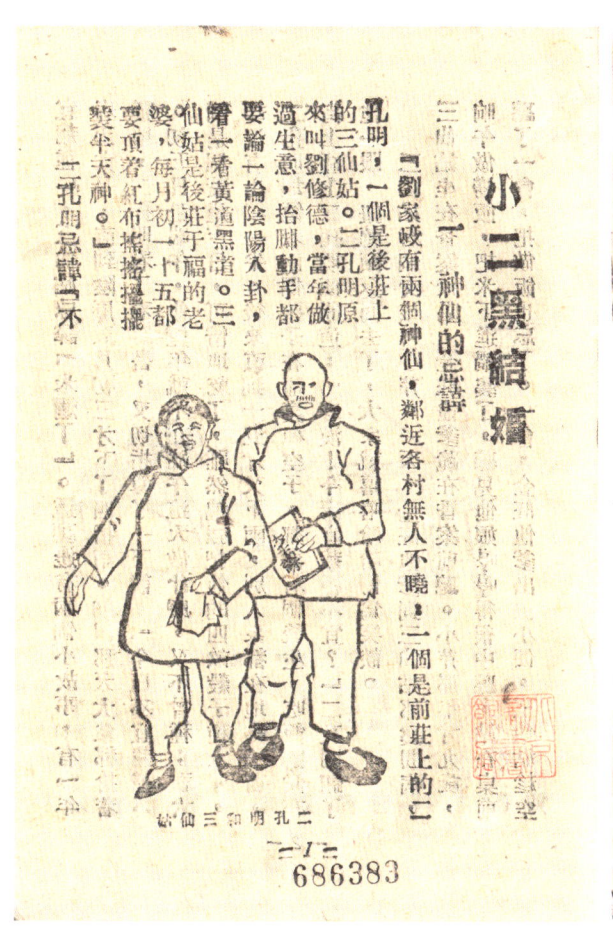

小二黑结婚

赵树理著　新华书店编辑部编　新华书店　1944年2月再版

　　作品描写了抗日战争时期，根据地刘家峧村的青年队长、杀敌英雄小二黑与本村俊美聪慧的姑娘小芹的恋爱故事。1943年9月，在彭德怀的支持下，《小二黑结婚》得以顺利出版。

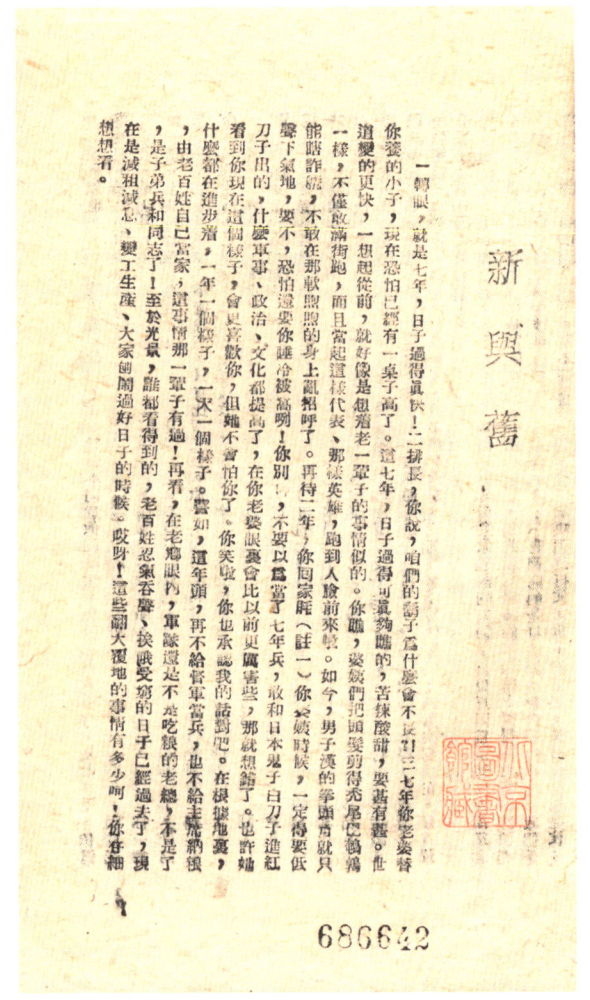

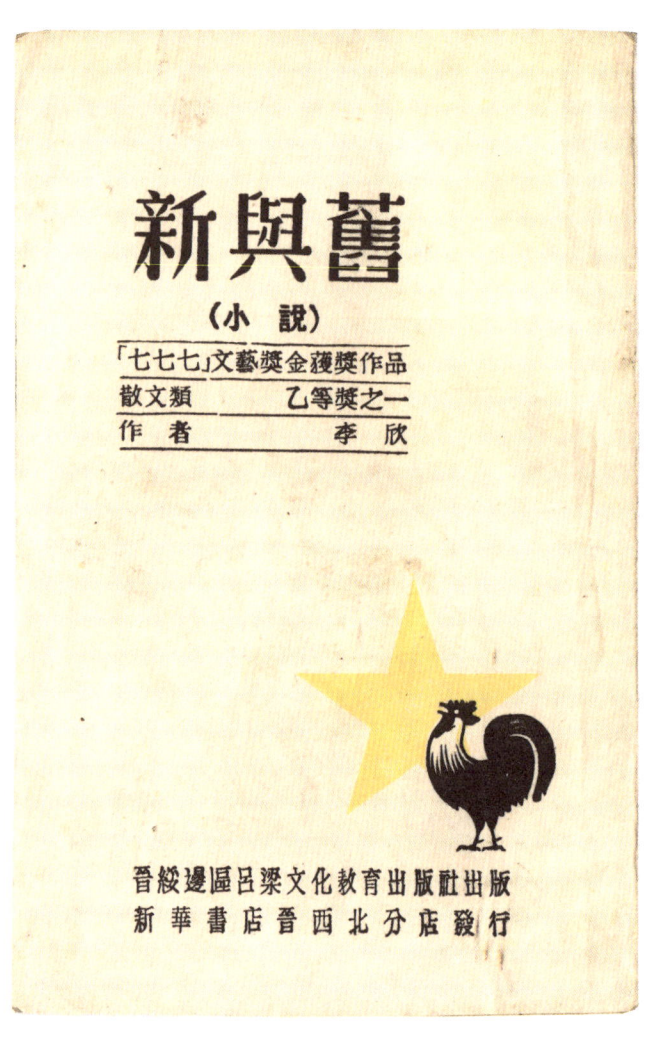

新与旧

李欣著　晋绥边区吕梁文化教育出版社　1944年10月

　　胡昭衡（1915—1999），笔名李欣，河南荥阳人。1937年参加八路军，历任八路军一二〇师三五八旅政治部宣传干事、晋绥军区政治部研究室秘书、新华社晋绥分社秘书。作品1944年获"七七七"文艺奖金散文类乙等奖。著有《老生常谈》、《老声新弹》，短篇小说《夜行》、《谈爱面子》等。

吕梁英雄传

马烽 西戎著　晋绥边区吕梁文化教育出版　1946年4月

　　马烽（1922—2004），原名书铭，山西孝义人。主要作品有《吕梁英雄传》、《刘胡兰传》等。西戎（1911—2001），山西蒲县人。1943年开始发表作品。1944年，二人合著发表了《吕梁英雄传》。该书是根据晋绥边区群英大会上民兵英雄事迹写成的章回体小说，共80回，具有浓厚的地方色彩。

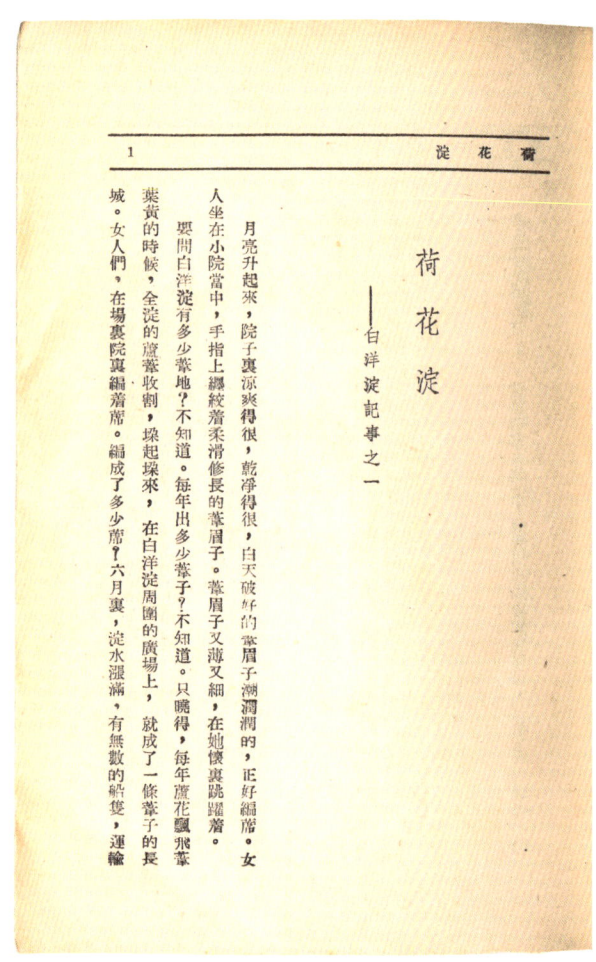

荷花淀

孙犁著　海洋书屋　1946年9月

　　描写抗日战争时期白洋淀地区人民的生活与战斗的故事。小说情节生动，语言清新、朴素，富有节奏感，描写逼真，心理刻画细腻，抒情味浓，富有诗情画意，有"诗体小说"之称。

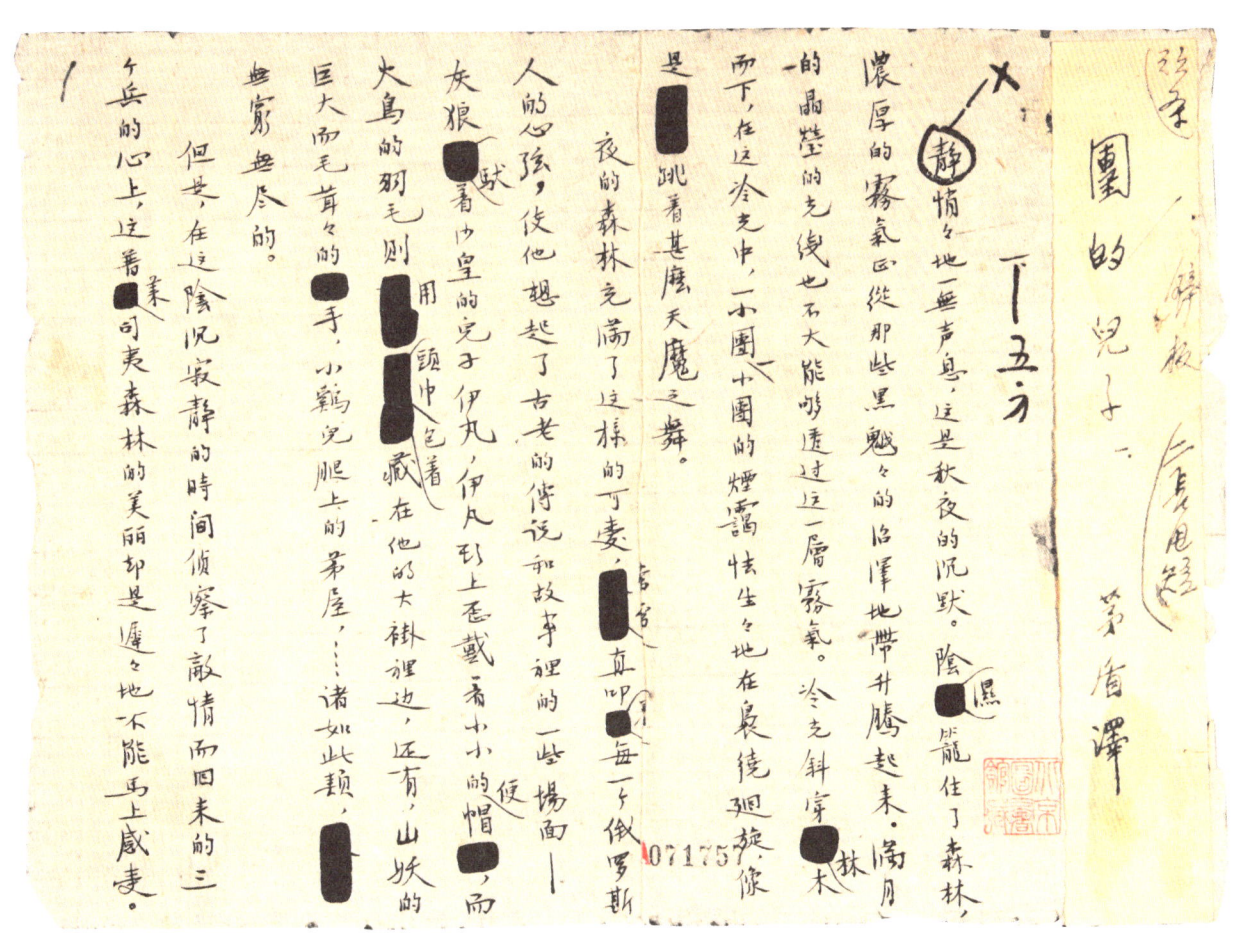

团的儿子

（苏）卡达耶夫著　茅盾译　毛笔手书译稿

　　卡达耶夫代表作，1946年被茅盾译介到中国。它描写了一个在沦陷区受尽苦难的孤儿万尼亚，通过与苏军战士一起生活、战斗，终于成长为一个忠诚、勇敢、机智、活泼的战士。茅盾称赞这部小说"又是现实的，又富有传奇色彩"。作品获1945年斯大林文学奖。

团的儿子

（苏）卡达耶夫著　茅盾译　韬奋书店　1946年12月

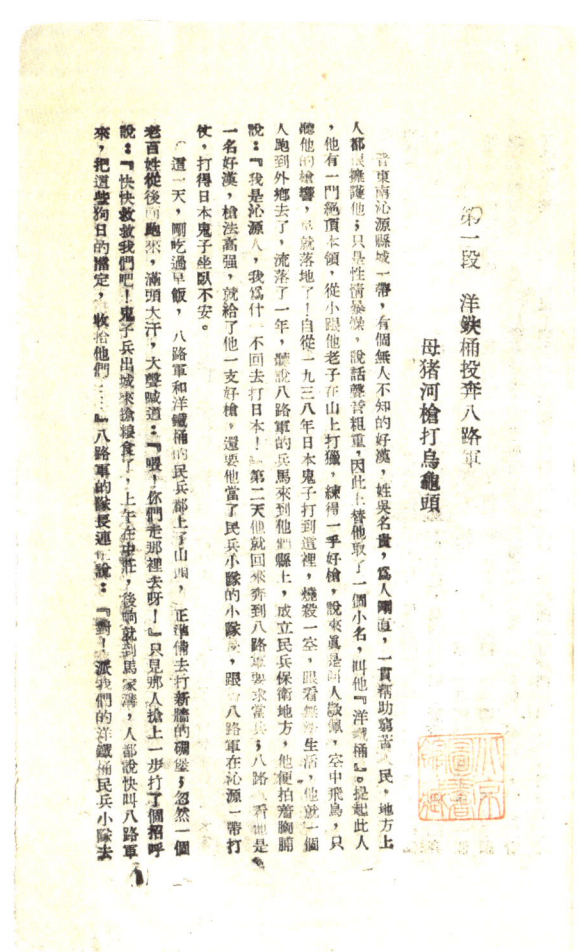

洋铁桶的故事

柯蓝著　冀中新华书店　1947年1月

　　章回体小说。主人公"洋铁桶"，自幼跟随父亲上山打猎，练得一手好枪法。日本鬼子打来了，"洋铁桶"参加了八路军。他率领民兵，与八路军一起把鬼子、汉奸和特务打得狼狈逃窜，"洋铁桶"也从此威名远扬。故事酣畅淋漓，情节跌宕起伏，引人入胜。

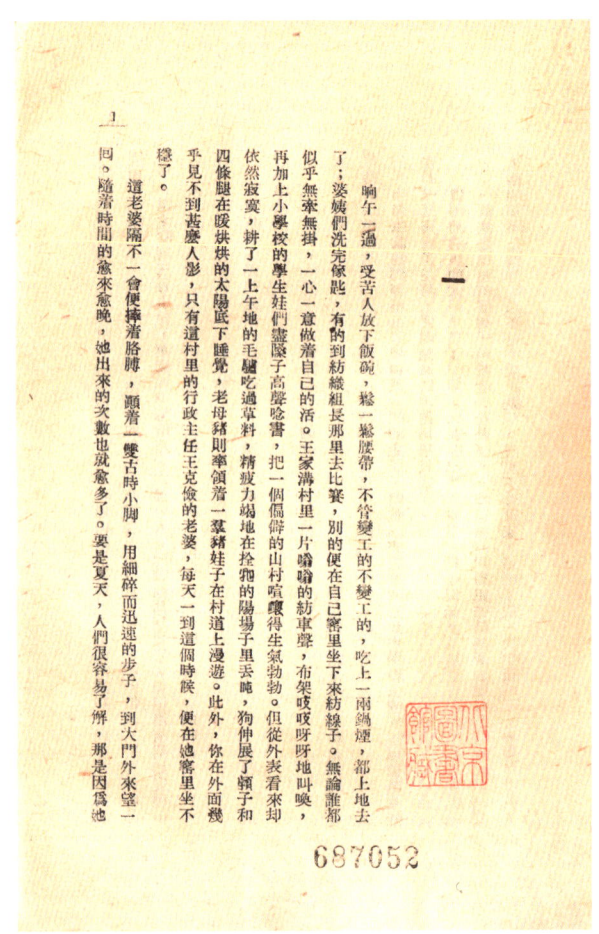
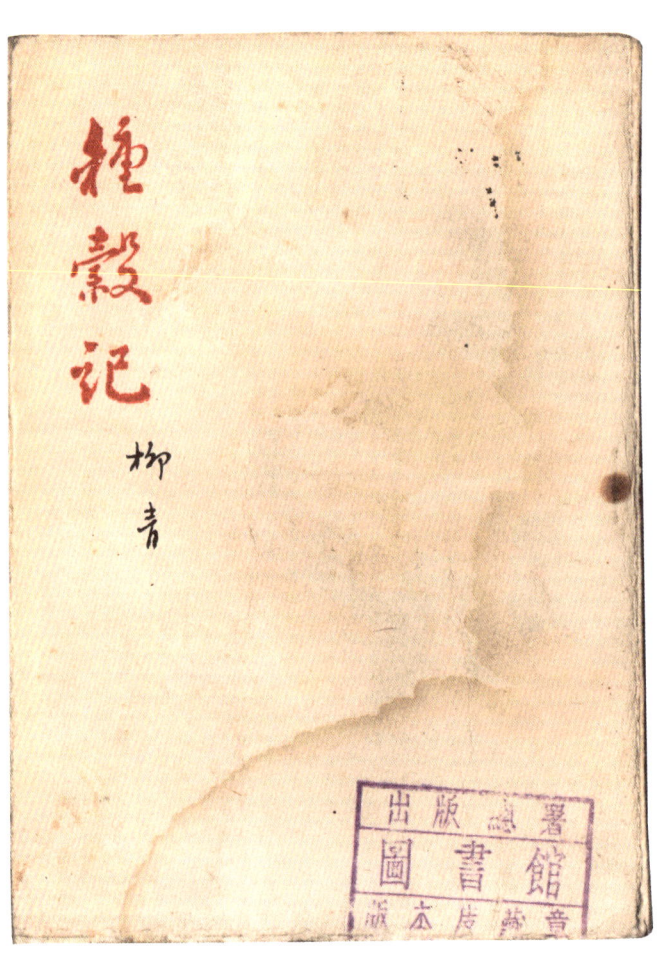

种谷记

柳青著　光华书店　1947年7月

作品通过王家沟组织互助变工，进行大生产运动的历程，写出了农民由个体劳动走上集体劳动的初步转变，反映了解放区农村社会主义的萌芽。这是对现代文学主题的一个新开拓。

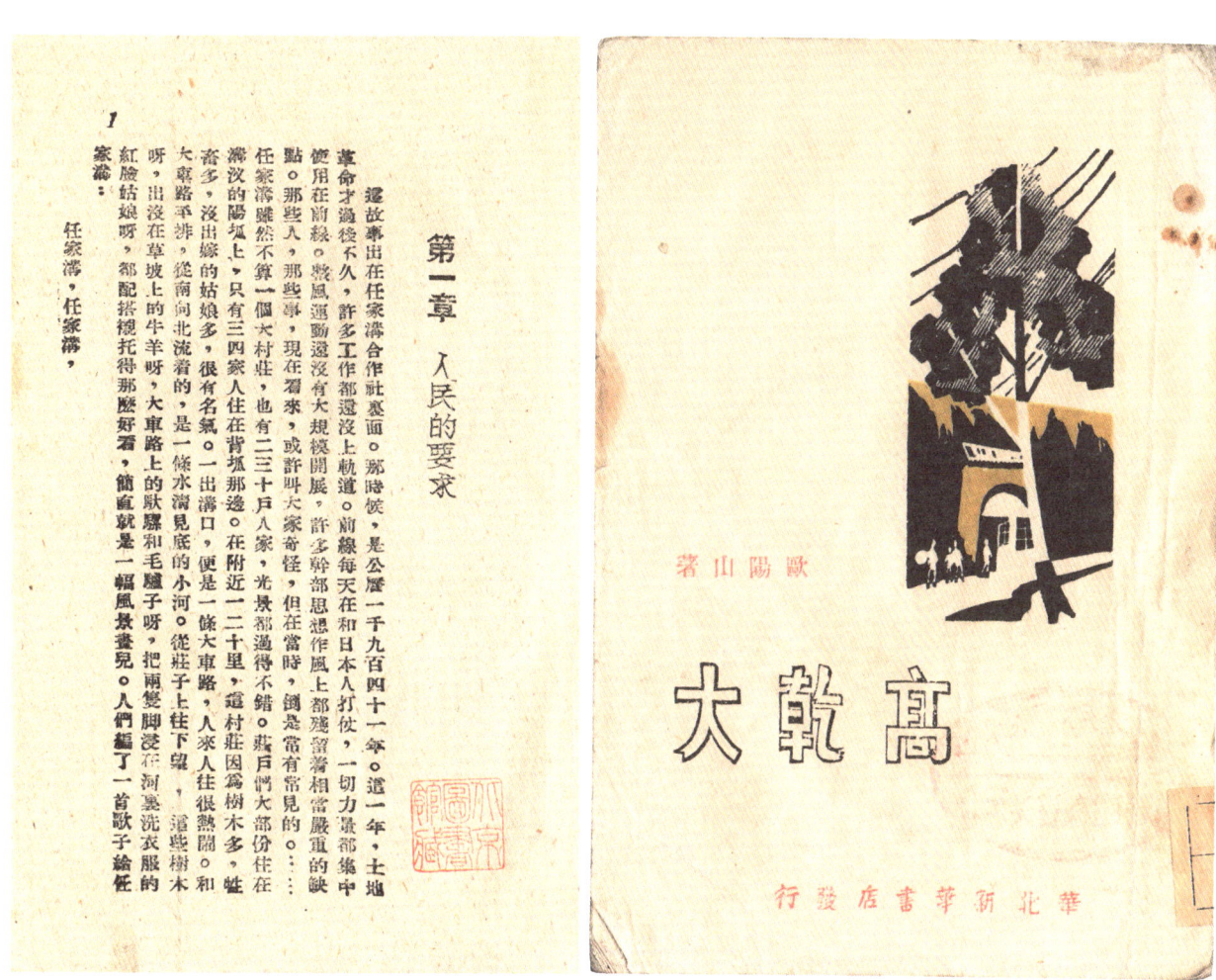

高干大

欧阳山著　华北新华书店　1947年8月

　　小说通过陕甘宁边区任家沟供销合作社历经曲折走向繁荣的过程，成功地塑造了密切联系群众、全心全意为人民服务的基层干部高生亮（高干大）的感人形象，提出了坚持群众路线、反对主观主义和官僚主义这一重要问题，从而使作品的主旨超越题材本身而具有了普遍意义。

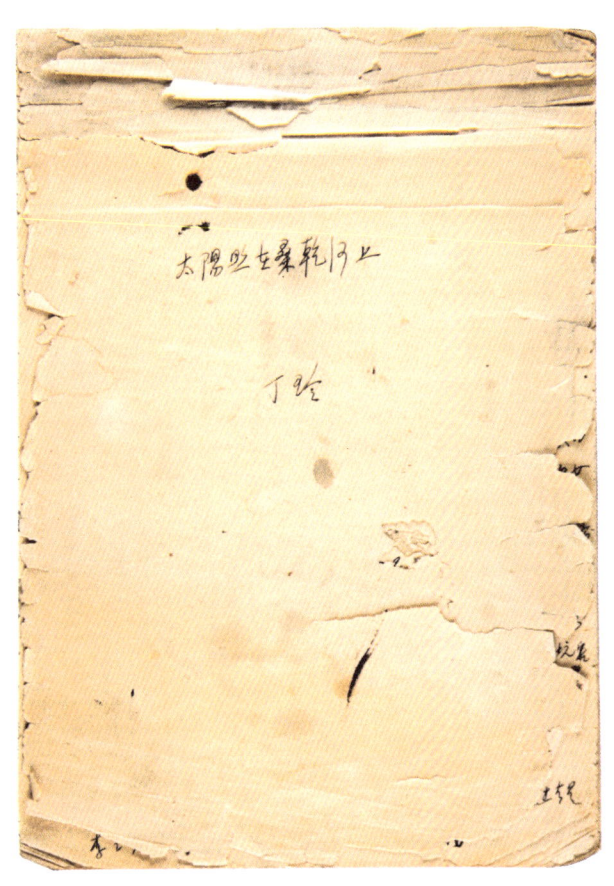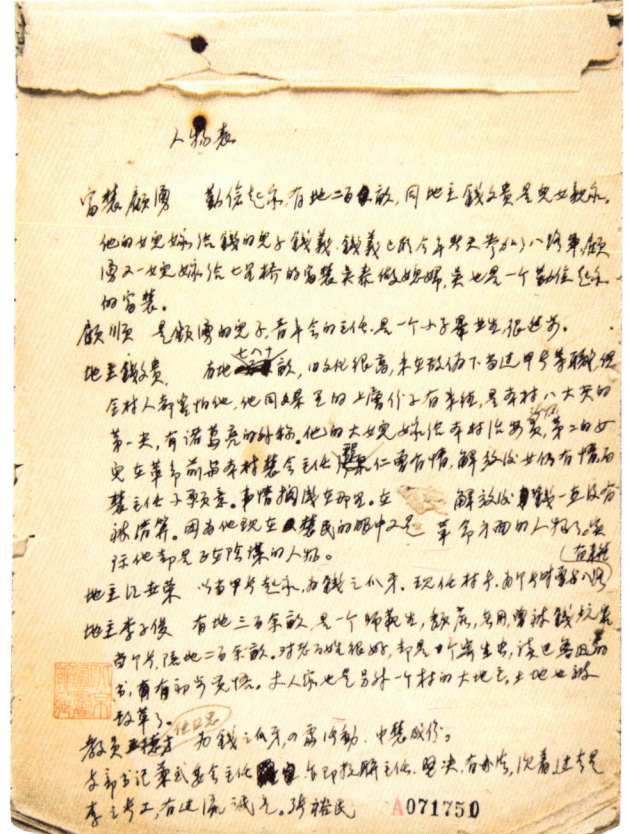

太阳照在桑干河上

丁玲著　钢笔手书稿本

　　丁玲（1904—1986），原名蒋伟，字冰之，湖南临澧人。1948年完成了反映农村土改运动的优秀长篇小说《太阳照在桑干河上》。作品以华北一个小村子暖水屯为背景，真实生动地反映了农村尖锐复杂的阶级斗争。曾被译成多种外文，1951年荣获斯大林文学奖。

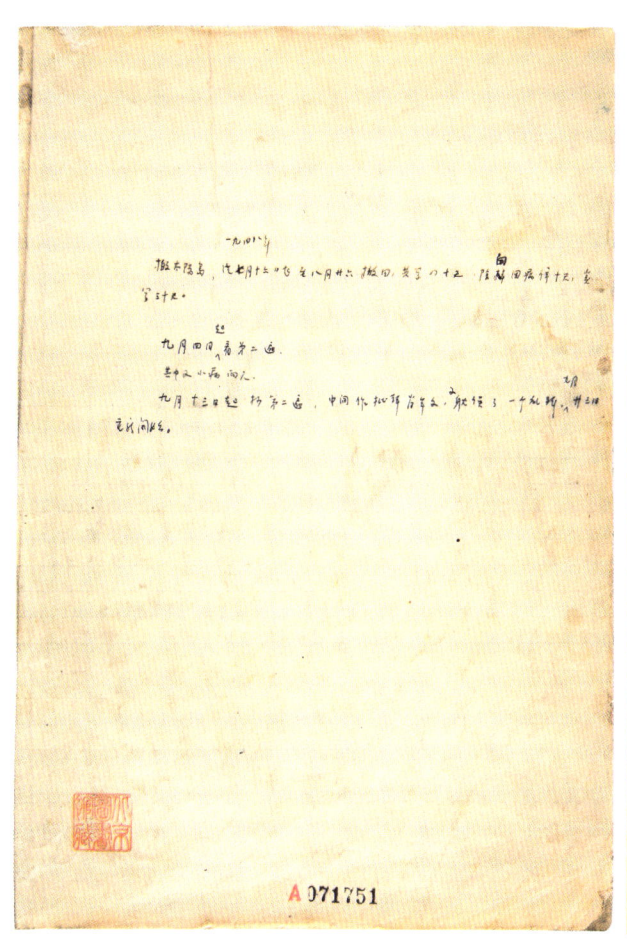

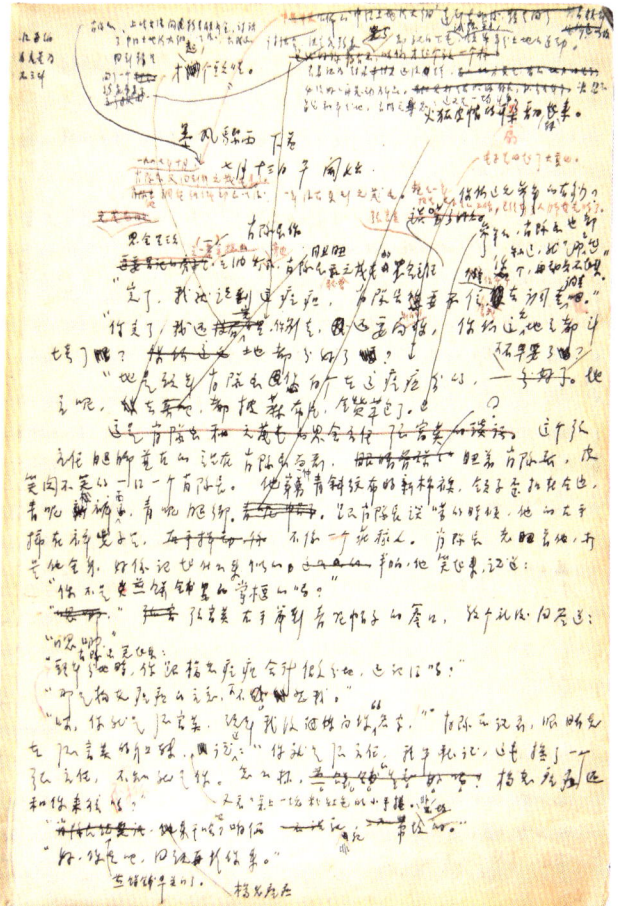

暴风骤雨

周立波著　钢笔手书稿本

　　周立波（1908—1979），原名绍仪，又名凤翔，湖南益阳人。其代表作《暴风骤雨》，1948年完成，分为两部分，描写了东北地区元茂屯从1946年到1947年土地改革的全过程。1951年荣获斯大林文学奖。

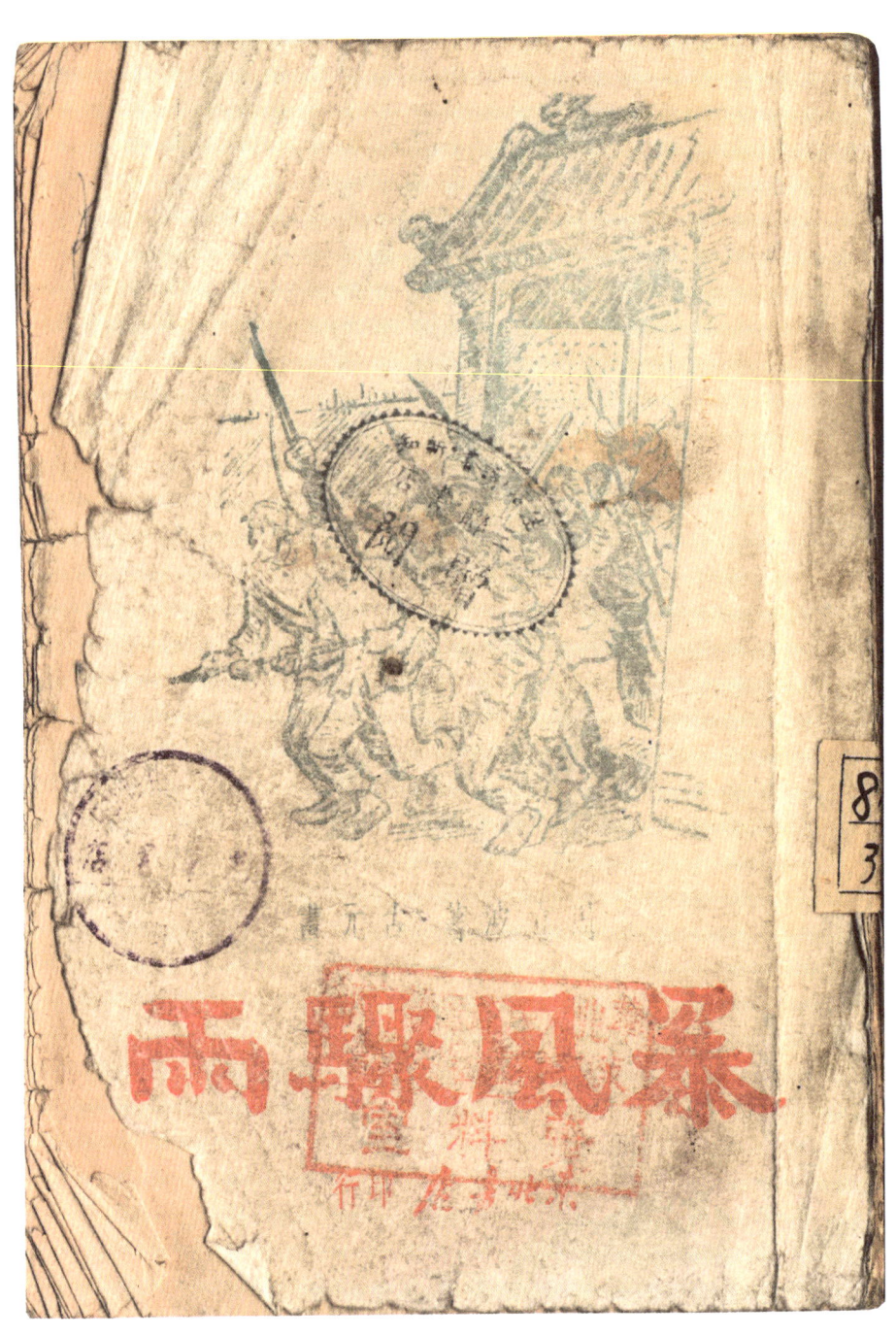

暴风骤雨

周立波著　东北书店　1948年4月出版

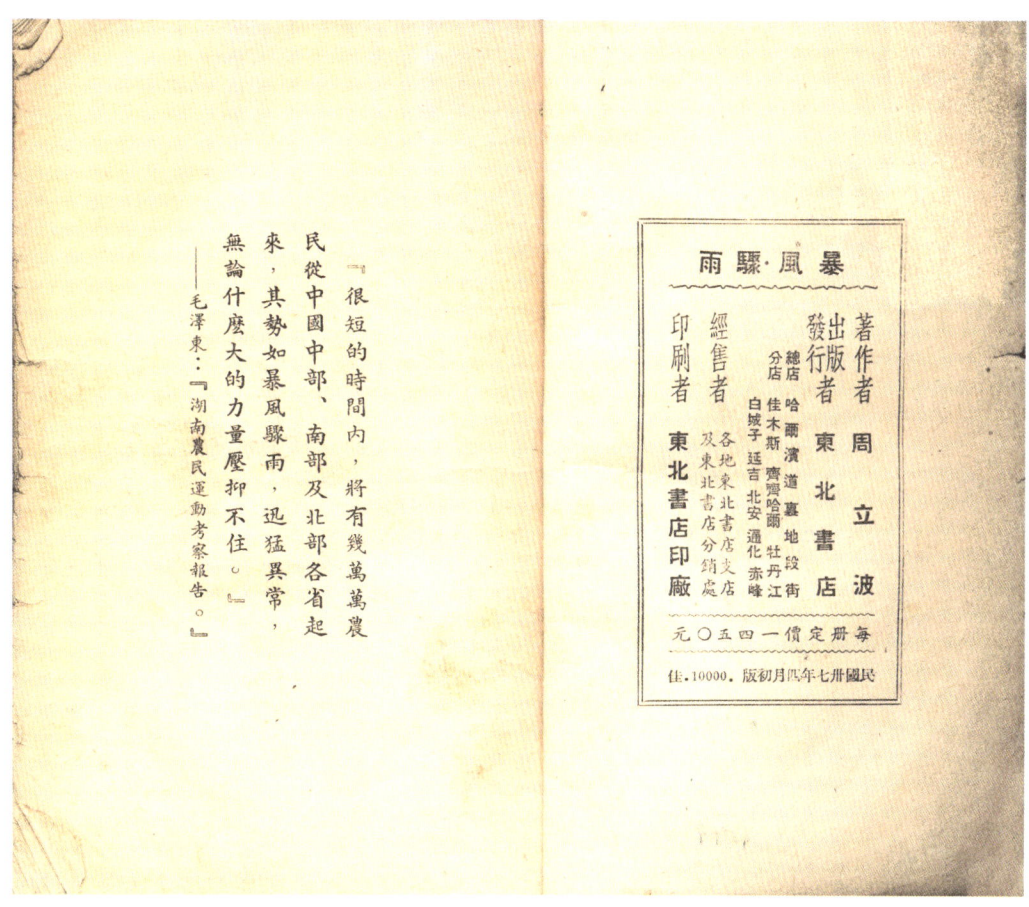

暴風·驟雨

著作者　周立波
出版者
發行者　東北書店

總店　哈爾濱道裏地段街
分店　佳木斯　齊齊哈爾　牡丹江
　　　白城子　延吉　北安　通化　赤峰

經售者　各地東北書店支店
　　　　及東北書店分銷處

印刷者　東北書店印廠

每册定價一四五〇元

民國卅七年四月初版。10000.佳

「很短的時間內，將有幾萬萬農民從中國中部、南部及北部各省起來，其勢如暴風驟雨，迅猛異常，無論什麼大的力量壓抑不住。」

——毛澤東：「湖南農民運動考察報告。」

韓老六：裏屋的門簾微微掀動，兩個打扮的溜光水滑的年輕女人正偷偷的向外瞅看。

「還不快下來，看你老叔又唉聲嘆氣了。」

這時候，裏屋的門簾微微掀動，兩個打扮的溜光水滑的年輕女人正偷偷的向外瞅看。兩個人的擦着紅胭脂的嘴唇，露在雪白布簾子外面。這兩個女人，一個是韓老六的姑娘韓愛貞，一個是他的兒媳。在僞滿時，兩個女人都跟日本憲兵隊長春田大郎連過哈爾濱，都好些打扮，都好跳男人。所不同的是韓愛貞有着沒出閣的大姑娘脾氣，在家裏要習橫一些。

大夥嚷到落黑，婦女小孩都上西屋睡去啦。韓老六叫大蜜核吩咐管院子的李青山：不准家裏人跟工作隊說話。特別不許豬館朱家富到小學校去串門。韓老六說：

「他要是不聽話，把他拴在馬圈裏。」

韓老六吩咐完了，就陪杜唐二人坐在紅漆炕桌的旁邊，掛在天棚上的大吊燈點起來了。吊燈的幌眼的光亮照着牆壁上翠藍的花紙，照着炕櫃的紅漆炕桌。照在「三代宗親」的紫檀神籠。韓老六常常掀開透花窗簾，瞅瞅當院。從玻璃窗裏，瞅瞅當院。瞅不見人影，也沒有聲音。三個人嘮到深夜，兩人才打算回去。在漆黑的夜裏，走上車道同，韓老六喊一個奔子裏是空空蕩蕩的，看不見人影。三家大糧戶，照着炕棺的紅漆炕桌。對擦得雪亮的小提燈。三個合計一下，又吹熄放同。兩人辭了出門。這時候韓家大院的當院裏，星光底下，院西，一個往東。東西兩頭都起了狗咬。一聲聲的起來又落下去。

24

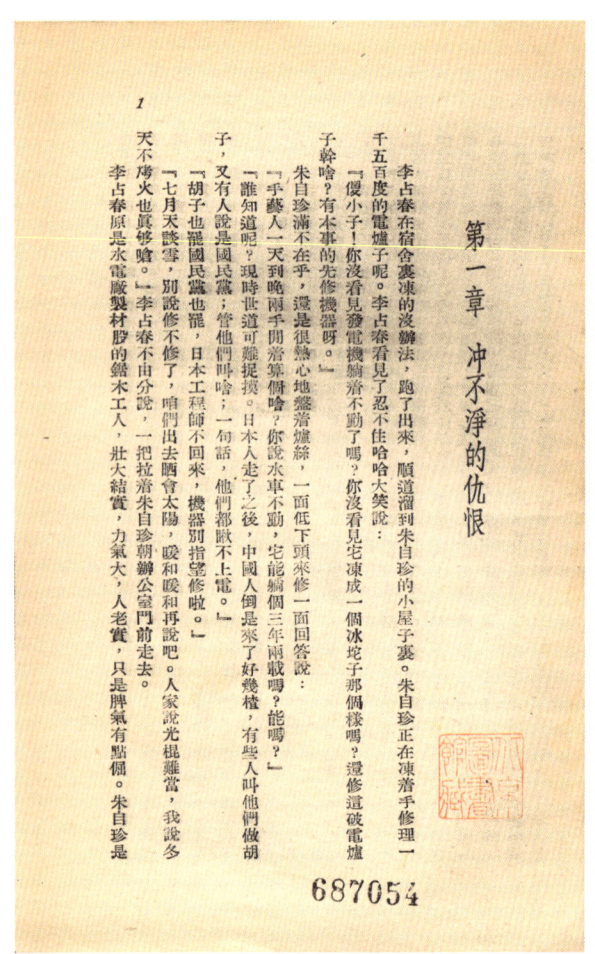

原动力

草明著　东北书店　1948年9月

作品是表现工人阶级的长篇小说，通过东北一个水力发电厂克服困难恢复生产的故事，表现了工人阶级是建设新中国的"原动力"这一主题。

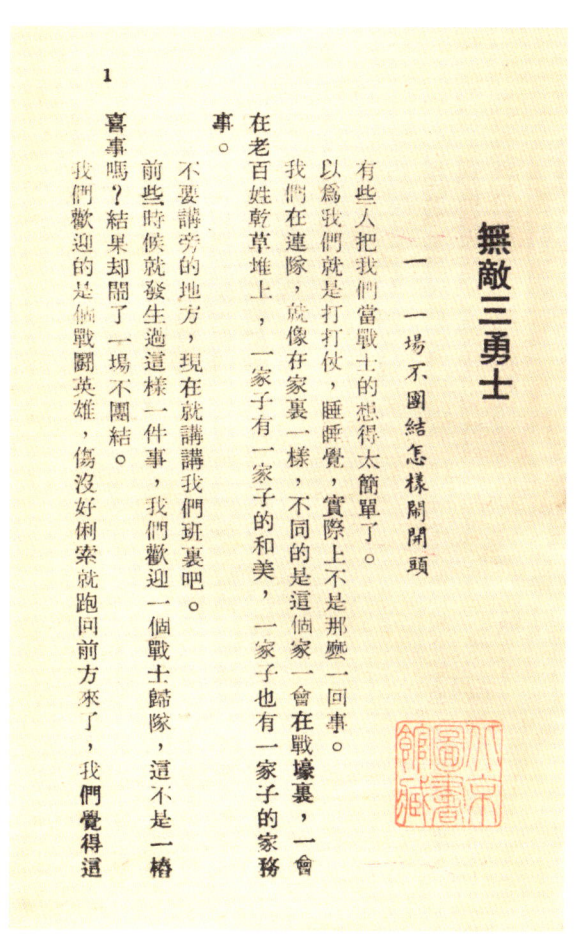

无敌三勇士

刘白羽著　佳木斯　东北书店　1948年

　　小说写于1948年2月。作品描述了3个革命战士在部队开展的"两忆三查"活动中，深刻认识到彼此是阶级兄弟，加深了感情。在战场上三人生死团结、英勇作战，成为"无敌三勇士"。

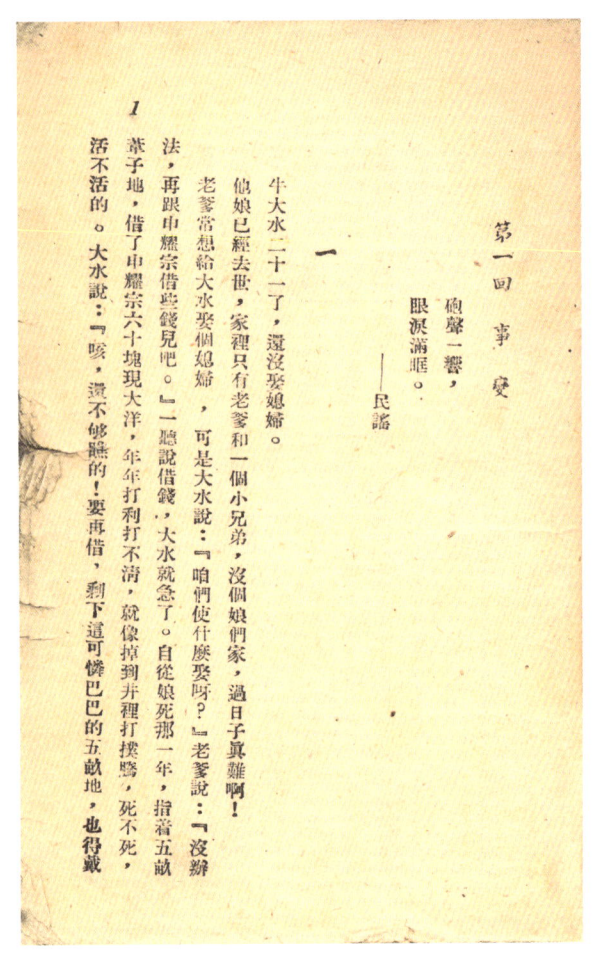

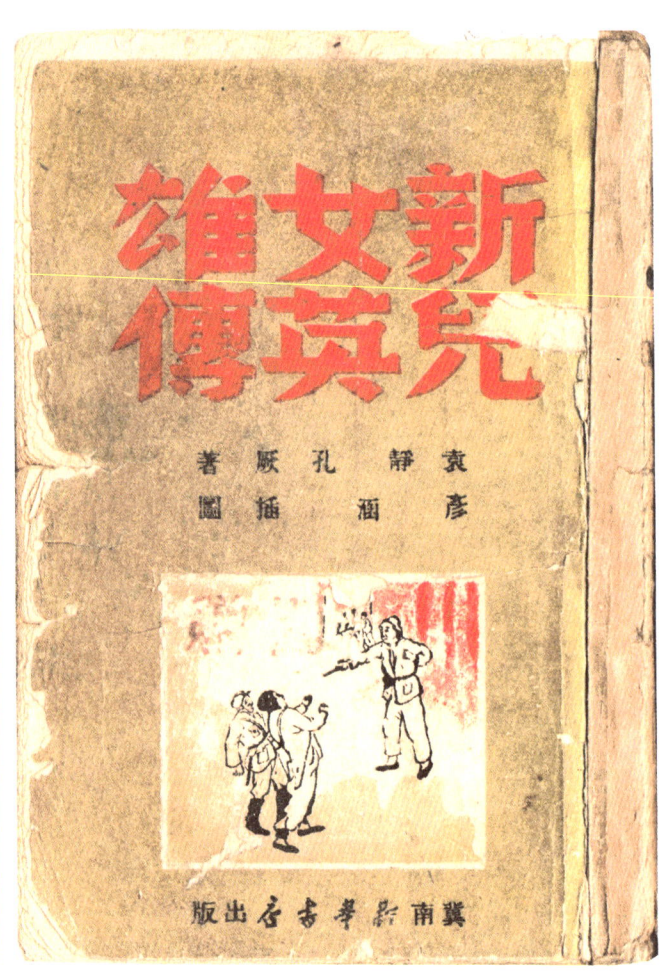

新儿女英雄传

袁静 孔厥著　彦涵插图　冀南新华书店　1949年8月

　　袁静（1914-1999），原名行规，又名行庄，江苏武进人。代表作有《减租》、《刘巧儿》等。孔厥（1917—1966），原名郑云鹏，又名闻挚、江苏吴县人。代表作有《受苦人》、《一个女人翻身的故事》等。1948年，二人共同创作了长篇小说《新儿女英雄传》。该书描写了白洋淀地区人民抗日斗争的英雄事迹。

戏剧

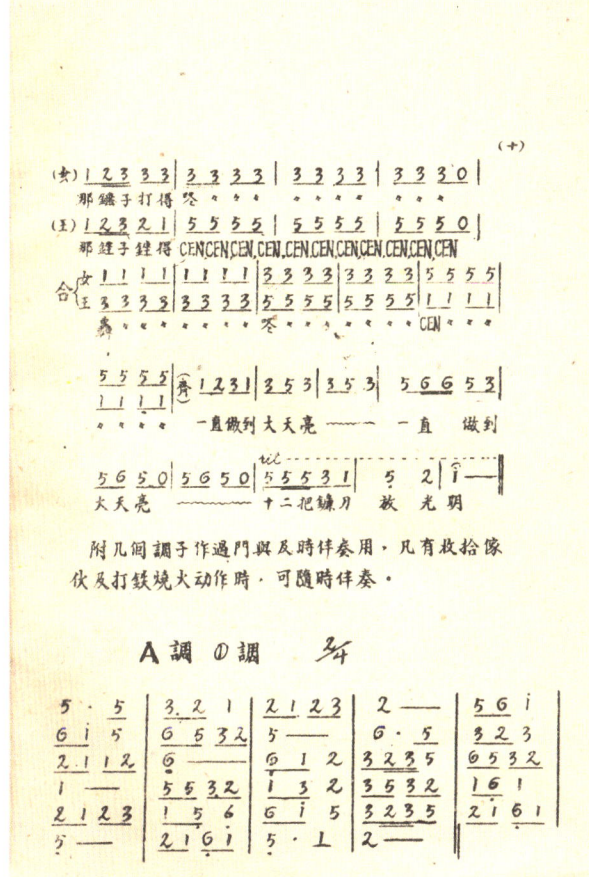

十二把镰刀

马健翎编　元垚制谱　鲁中新华书店　1946年7月

　　本剧又名《一夜红》。作品描写了陕甘宁边区大生产运动时期，某村镇青年铁匠王二夫妇响应人民政府的号召，一夜间赶打出12把镰刀，支援部队收割的故事。该剧情趣横生，活泼诙谐，充满热烈的生活气息。原书作者题"马建翎"。

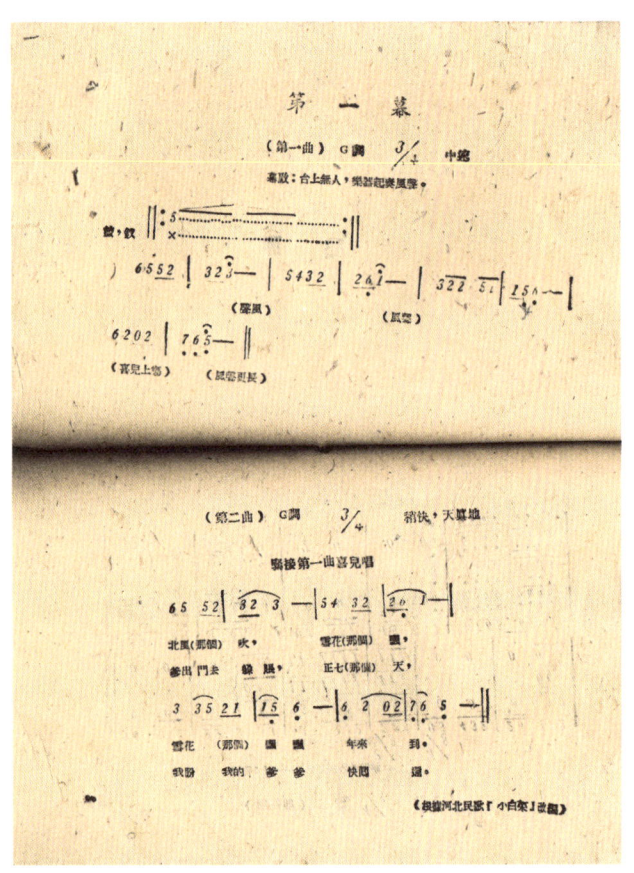

白毛女（六幕歌剧）

贺敬之等编　马可等作曲　韬奋书店　1946年11月

　　根据1940年流传在晋察冀边区"白毛仙姑"的民间故事改编。叙述了一个被地主迫害的农村少女只身逃入深山多年，全身毛发变白，被附近村民称为"白毛仙姑"，后来在八路军的搭救下得到了解放。其主题思想是"旧社会把人逼成鬼，新社会把鬼变成人"。该剧为歌剧的民族化作了成功的尝试。1951年荣获斯大林文学奖。

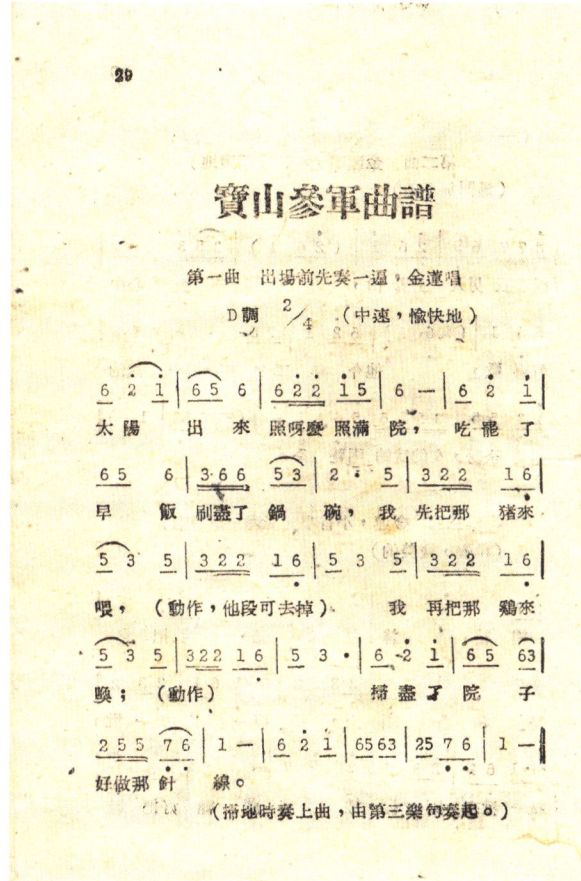

宝山参军

王血波作剧　王莘作曲　边区群众剧社编　晋察冀新华书店　1947年11月

　　王莘（1918—2007），江苏无锡人。解放战争时期，创作小歌剧《宝山参军》和歌曲《前进的号响》、《团结起来庄稼汉》等作品，刻画了中国人民和解放军在共产党领导下，为建立新中国而殊死战斗的英雄形象，曾得到周恩来同志的赞扬。

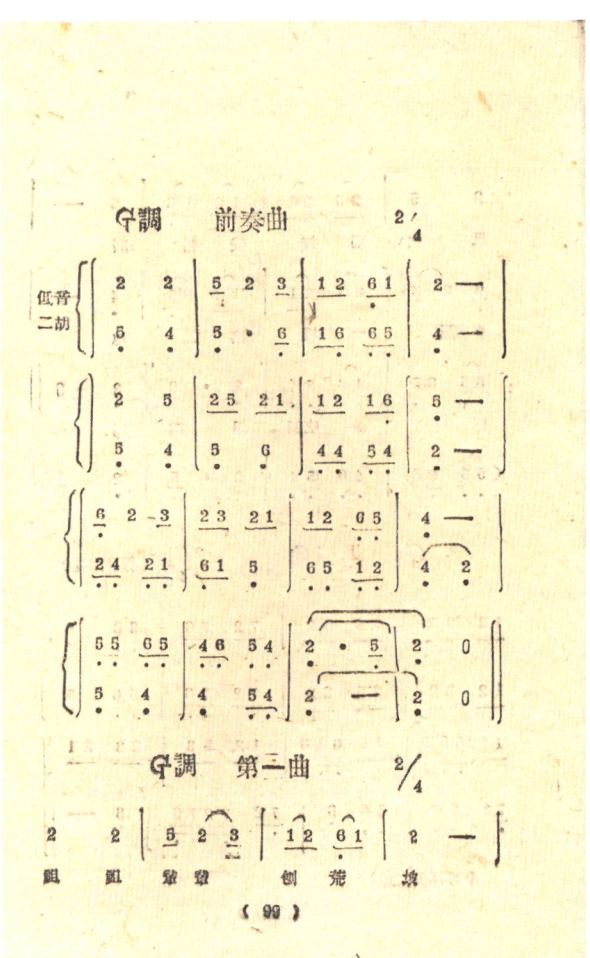

赤叶河

阮章竞著　高介云等改编　太行群众书店　1948年2月

　　根据现代诗人阮章竞的创作改编而成。故事发生于1932—1934年间，剧情反映老解放区的贫苦农民受地主阶级剥削压迫，在党的领导下起来斗地主闹翻身的故事。该剧公演时，因剧情曲折，曲调动听，而引起巨大轰动，与《白毛女》并称解放区两大歌剧。

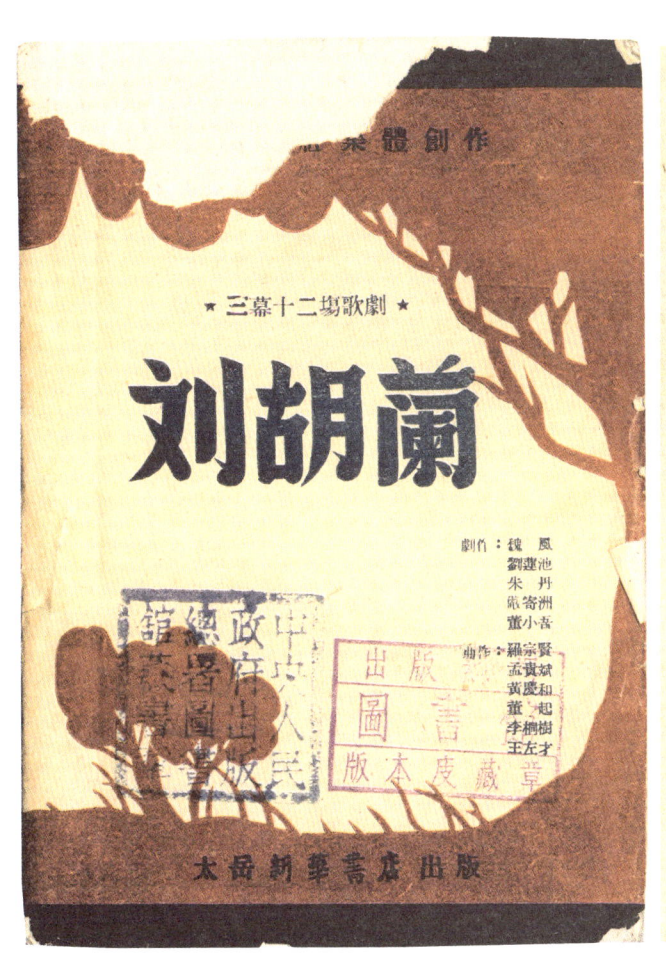
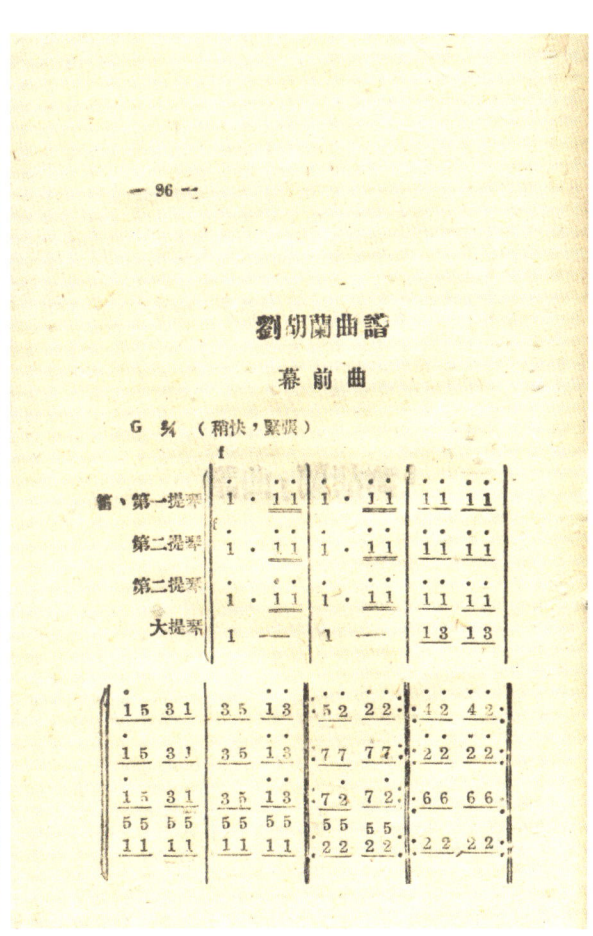

刘胡兰

战斗剧社集体创作　严寄洲编　罗宗贤等作曲　太岳新华书店　1948年11月

　　三幕十二场歌剧。该剧讴歌了刘胡兰临危不惧、宁死不屈、"生的伟大，死的光荣"的崇高气节。彭德怀看过该剧后，曾指示："这部戏演得好！要通令全军演，现在我们就需要这样的戏鼓舞士气。"

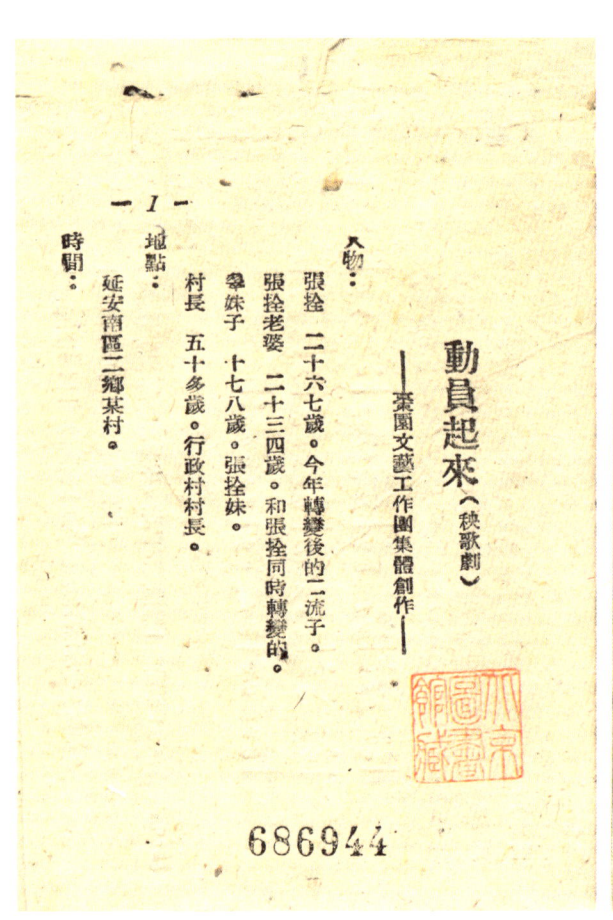

动员起来

枣园文艺工作团集体创作　华北书店　1944年10月

　　以动员群众、发展生产为主题，反映了边区农民从个体经济、分散经营到集体生产的转变。该剧为动员边区军民打破国民党的经济封锁发挥了重要作用，获陕甘宁边区1944年春节文艺奖金特等奖。

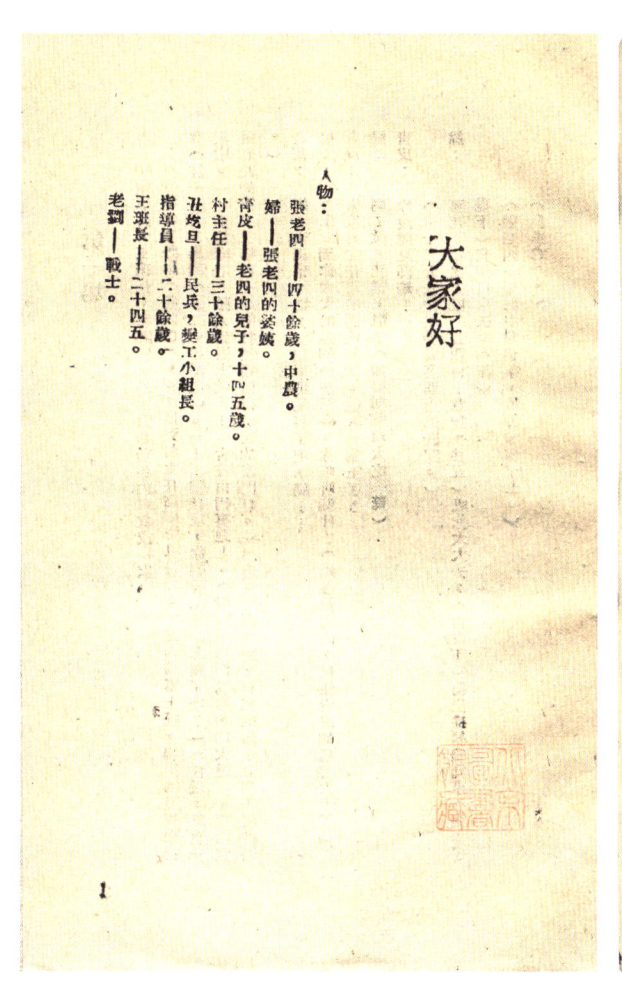
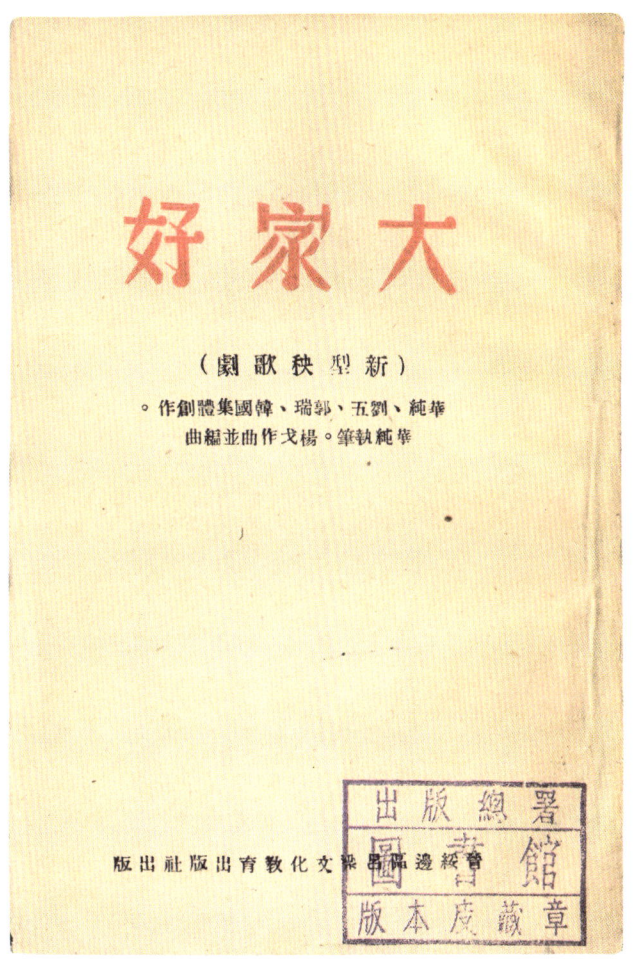

大家好

华纯等集体创作　华纯执笔　杨戈作曲　晋绥边区吕梁文化教育出版社　1944年10月

　　该剧表现了新老解放区军爱民、民拥军的动人事迹。"七七七"文艺奖金获奖作品。

兄妹开荒

王大化等创作　韬奋书店　1945年4月

依据陕甘宁边区开荒劳动模范马丕恩父女的事迹编写而成，原名《王二小开荒》，后以群众通称的《兄妹开荒》定名，展现了边区人民生产自救的精神面貌。该剧对秧歌运动的开展，以及秧歌剧和后来新歌剧的创作，都产生了重要的影响。

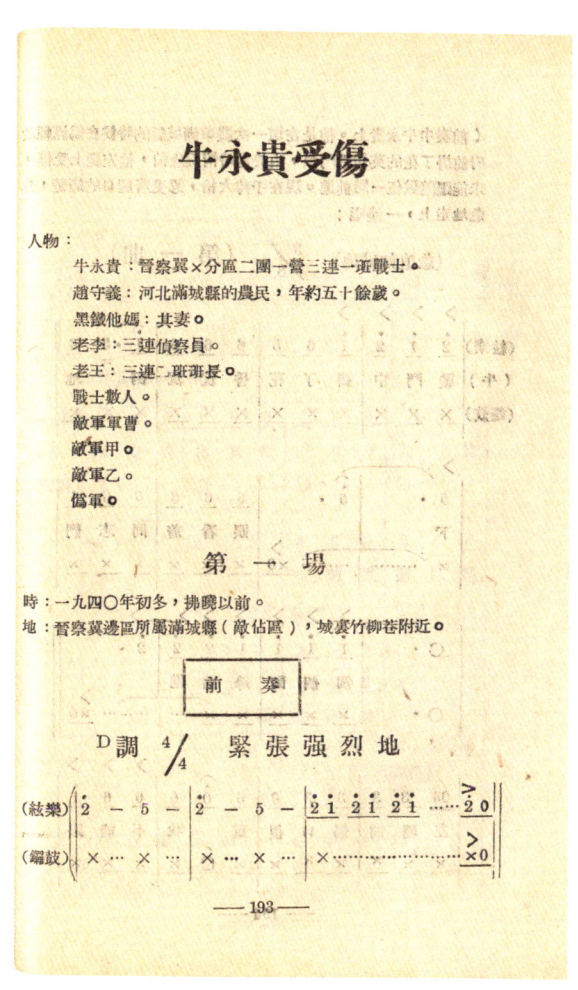

牛永贵受伤

瞿强 荒草等编剧　　选自《部队剧选》　　东北民主联军总政宣传部　　1946年

　　又名《牛永贵挂彩》。叙述了沦陷区老乡冒着生命危险，掩护受伤的八路军战士，并将他安全送回营地的故事。秧歌剧运动中的早期代表作。

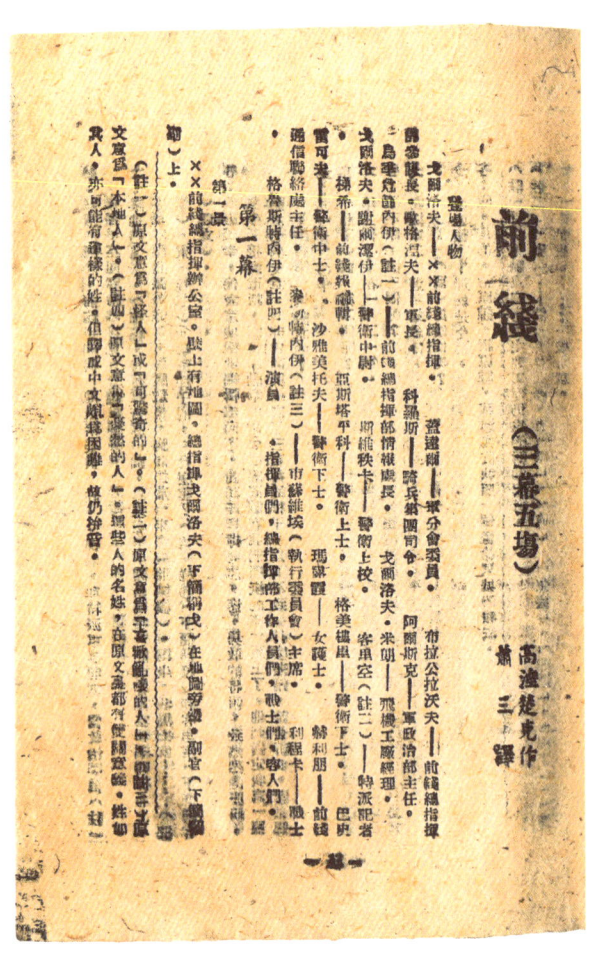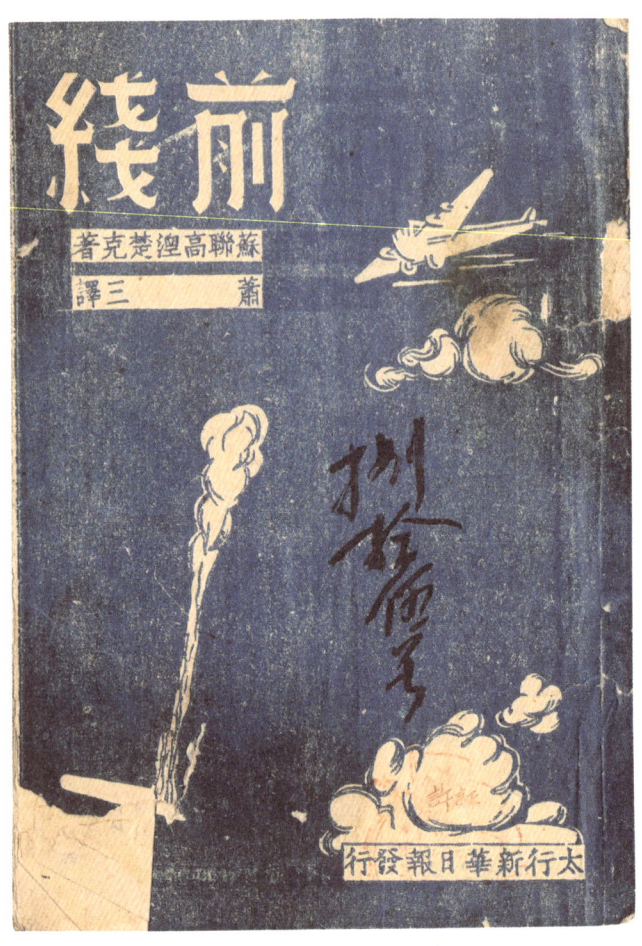

前线

（苏）高涅楚克著　萧三译　太行新华日报社　1944年8月

苏联剧作家考涅楚克（原题高涅楚克）1942年9月发表的三幕五场话剧，曾在苏联反法西斯战争中产生过重要影响。1944年春，在毛泽东的建议下，《解放日报》予以连载。之后，毛泽东又进一步提出把《前线》和郭沫若的《甲申三百年祭》一起作为全党的整风学习文件。

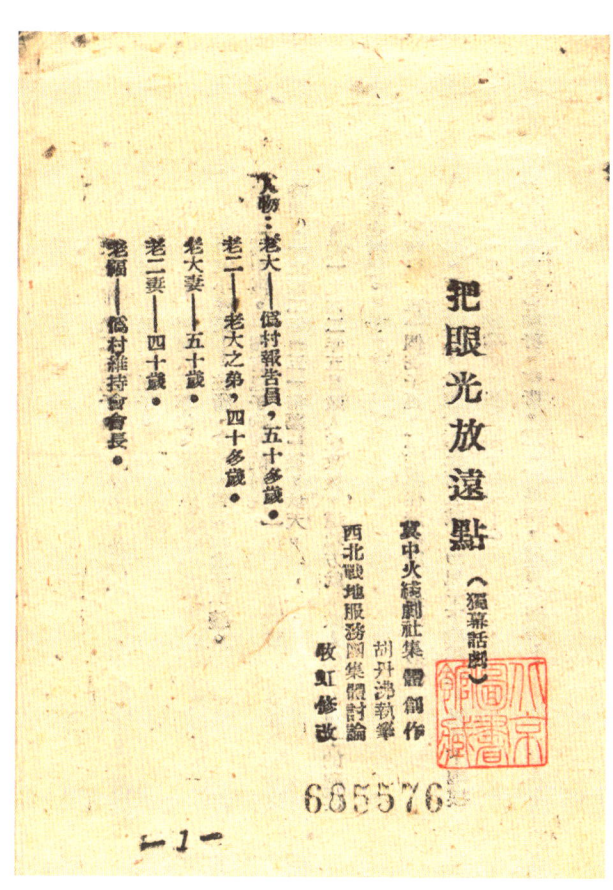
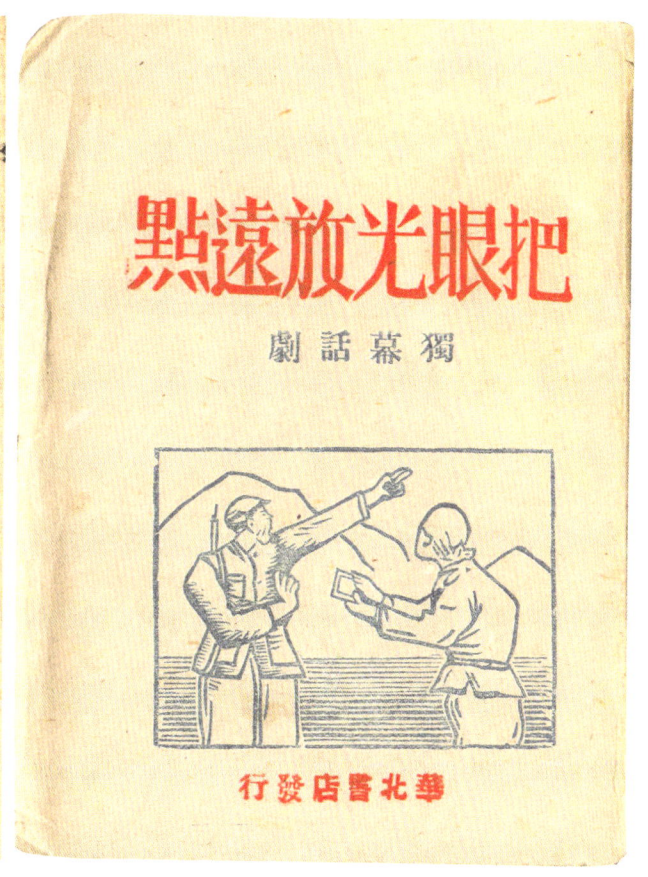

把眼光放远点

冀中火线剧社集体创作　胡丹沸执笔　华北书店　1944年12月

　　该剧描写了冀中根据地人民与日寇开展英勇斗争的故事。获晋察冀鲁迅艺术奖金。

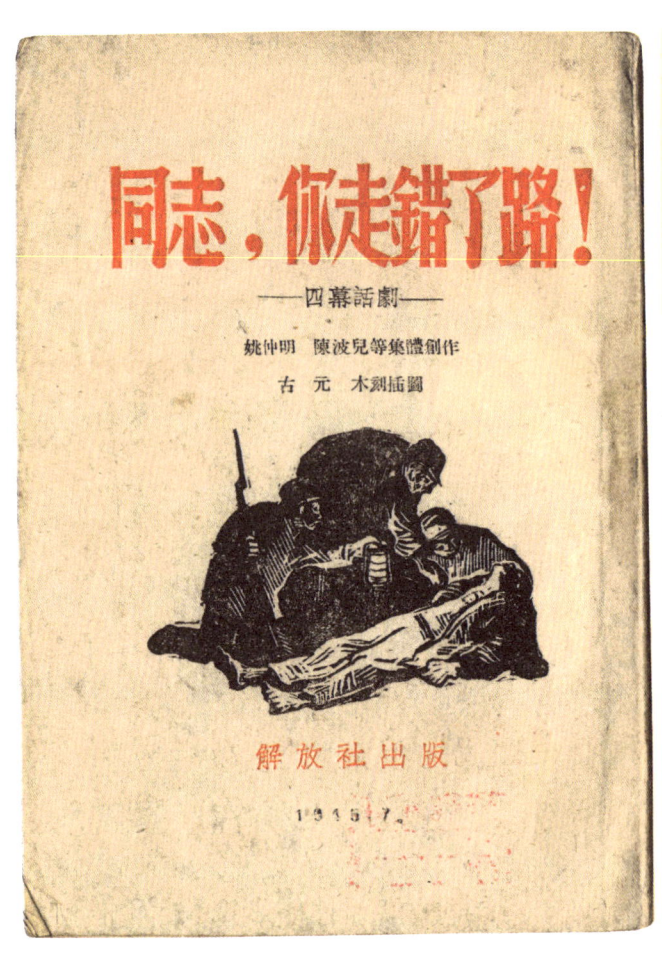

同志，你走错了路！（四幕话剧）

姚仲明 陈波儿等集体创作　古元木刻　解放社　1945年7月

　　四幕六场话剧，描写了抗日战争时期两条路线的斗争，歌颂了正确路线的胜利，形象地揭示了执行中国共产党抗战路线和政策的重要性，是中国话剧史上第一部描写中国共产党党内路线斗争的好剧本。

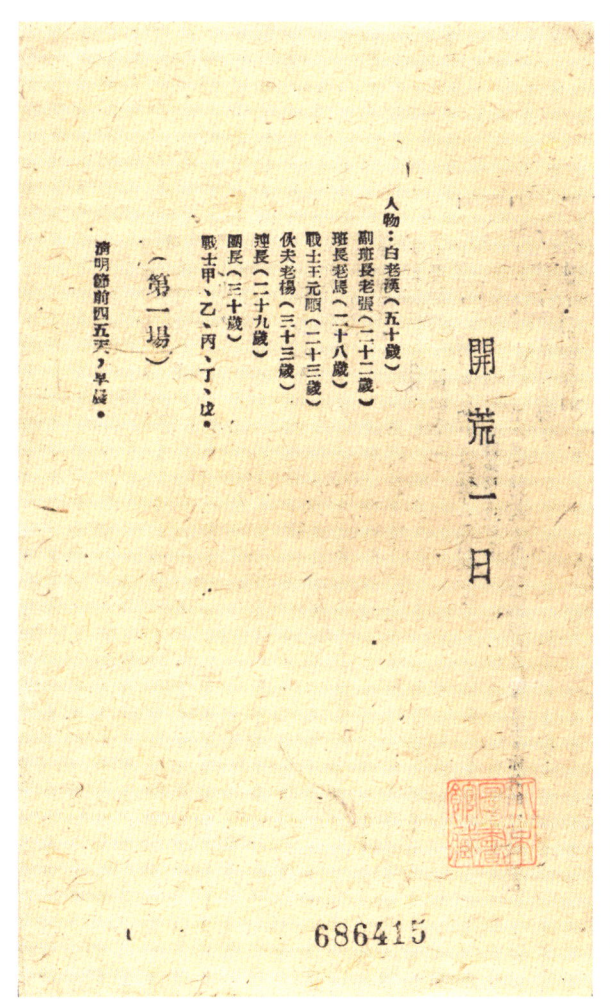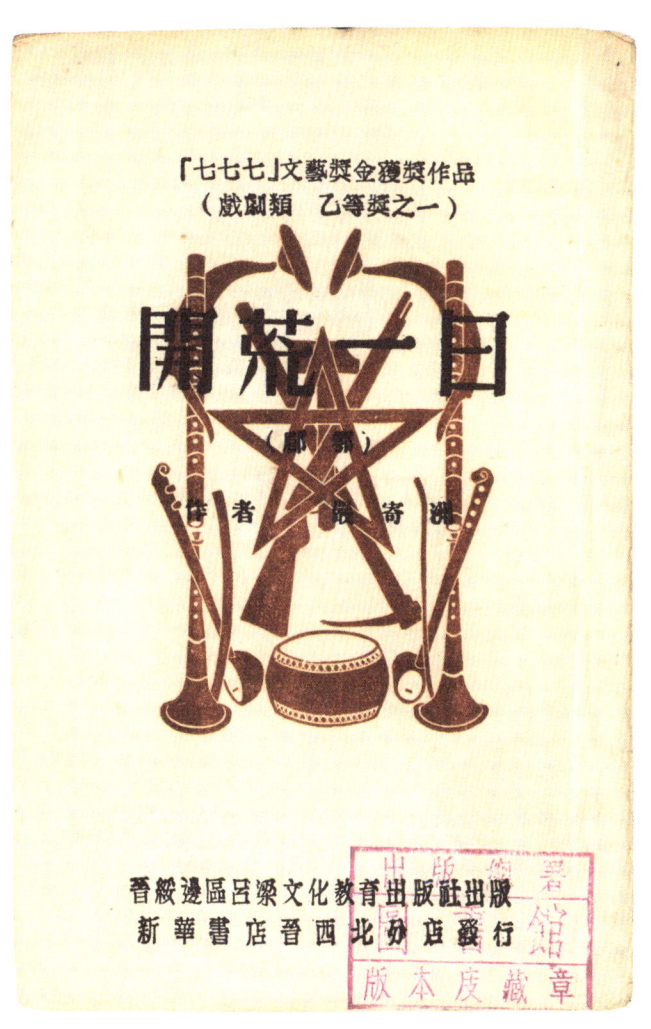

开荒一日（郿鄠）

严寄洲著　晋绥边区吕梁文化教育出版社　1944年10月

　　严寄洲，生于1917年，江苏常熟人。1938年赴延安抗日军政大学学习，1940年任一二〇师战斗剧社编导，创作话剧《甄家庄战斗》、秧歌剧《开荒一日》等。"七七七"文艺奖金获奖作品。

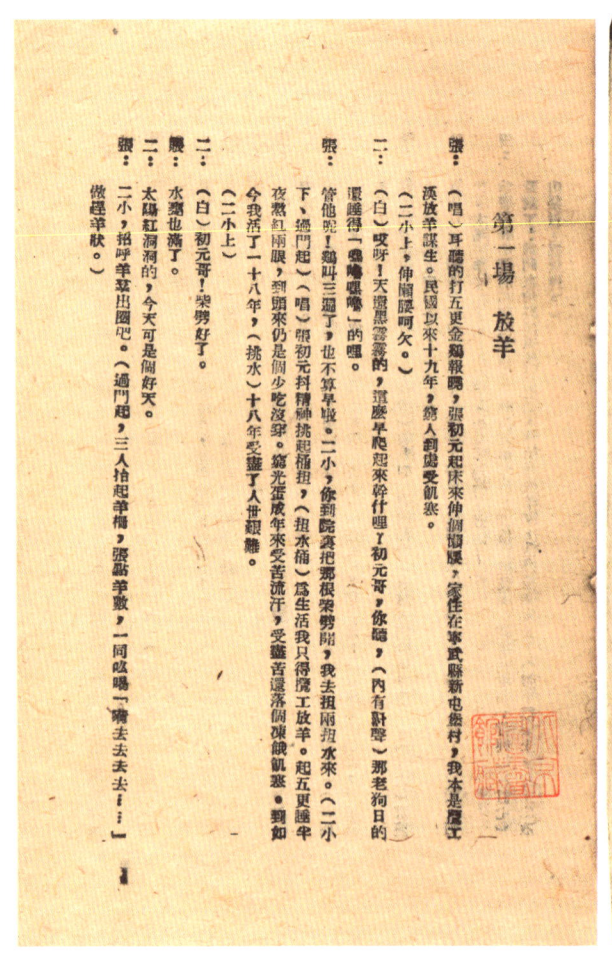

新屯堡（山西梆子）

马利民著　晋绥边区吕梁文化教育出版社　1944年12月

　　根据山西省宁武县新屯堡民兵队长张初元的故事创作。"七七七"文艺奖金获奖作品。

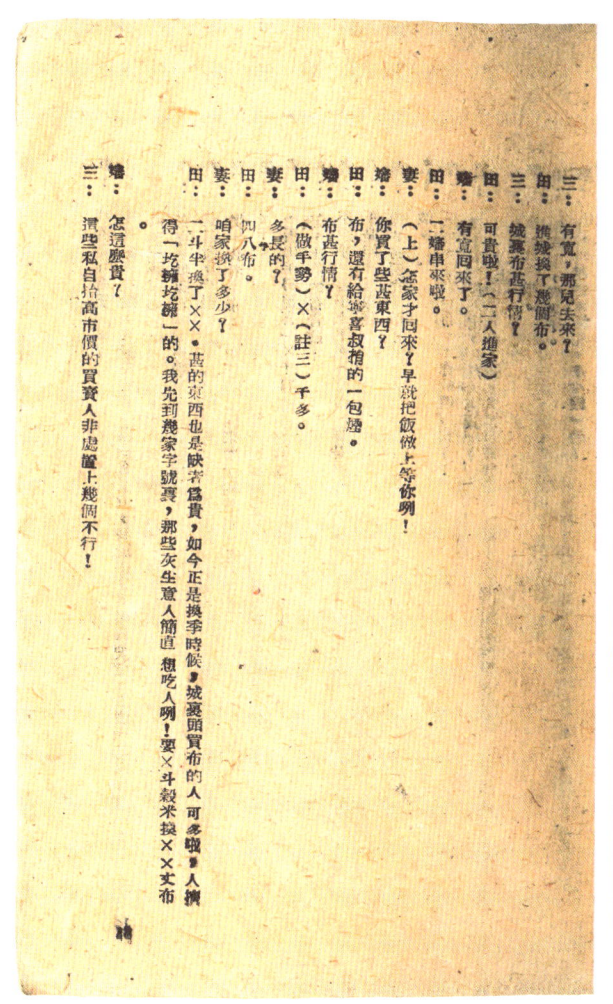

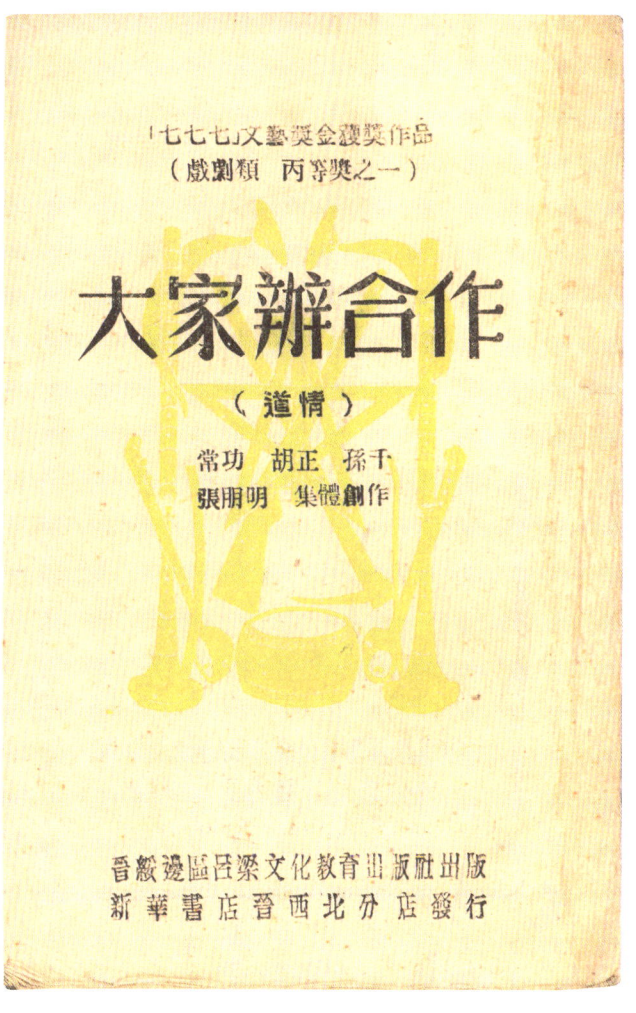

大家办合作（道情剧）

常功等著　晋绥边区吕梁文化教育出版社　1944年12月

　　主要描写了农村互助合作运动的情况。"七七七"文艺奖金获奖作品。

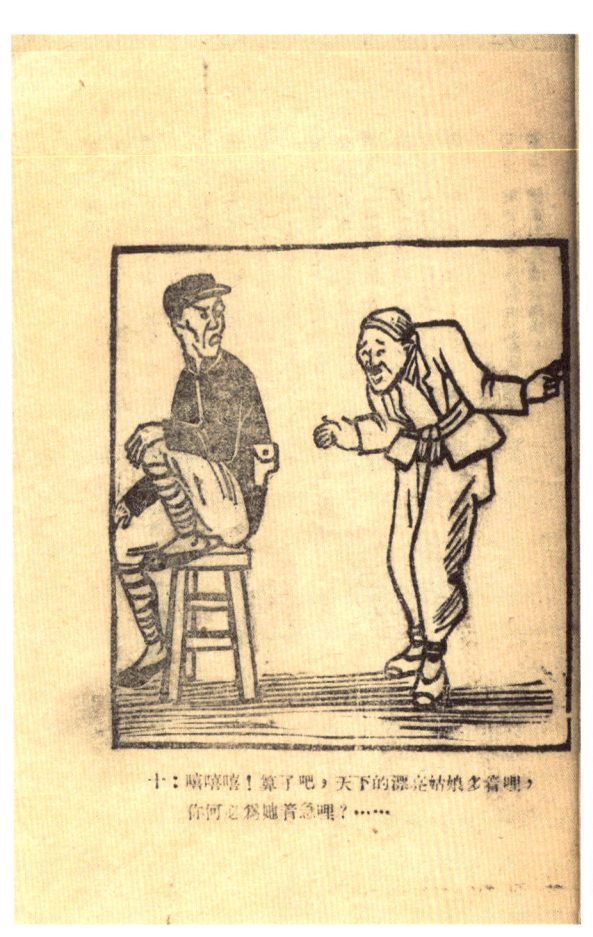

官逼民反（秦腔剧）

钟纪明等著　边区文协　1945年9月

　　三十三场秦腔剧。描写了没落中农杨万玉，因官府逼迫，交军麦，抽壮丁，变得一贫如洗，妻离子散，家破人亡，最终投奔八路军的故事。反映了官与民之间激烈的阶级冲突。

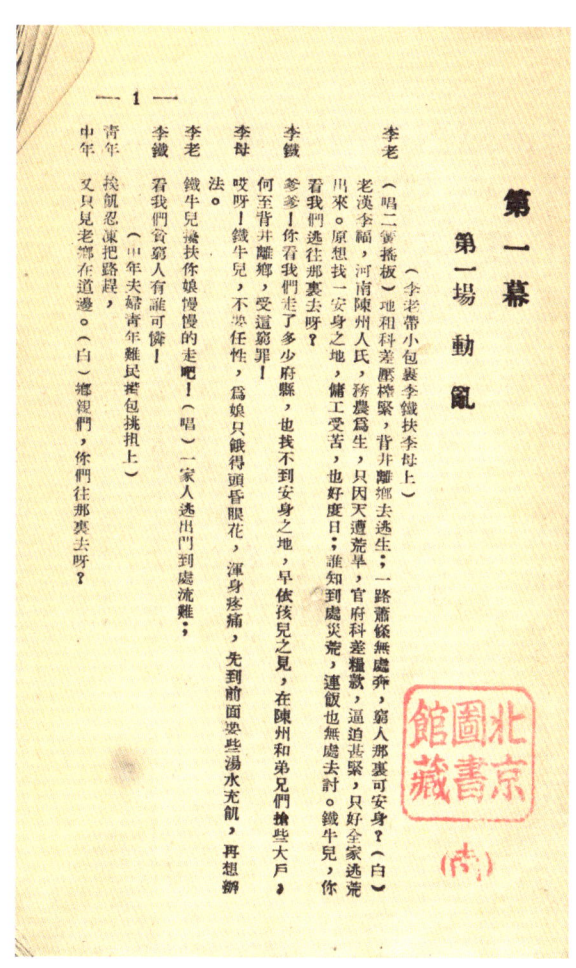

逼上梁山

延安平剧研究会集体编写　华中新华书店　1946年4月

该剧共三幕二十七场。根据《水浒传》中林冲被逼投奔梁山的故事改编，在旧的故事里注入了新的观点、新的内容。

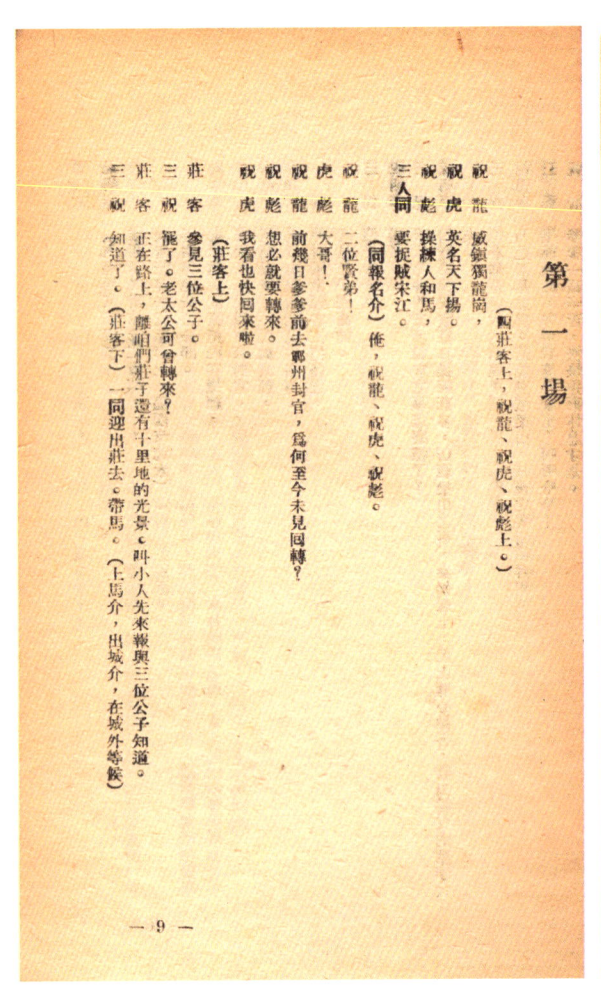

三打祝家庄

平剧研究院集体创作　任桂林等执笔　大连　大众书店　1946年11月再版

　　三幕历史剧。取材于《水浒传》，描写了梁山泊的农民起义军队攻打祝家庄的战斗经过。

夫妻参战（落子腔）

立云编　韬奋书店　1946年12月

　　落子腔为民间说唱类型腔戏。清道光年间，河北南部的武安、涉县、磁县、沙河、临漳、魏县以及与其接壤的山西黎城、潞城、左权，河南的内黄、安阳、林县、汤阴等地均有曲艺莲花落流传，时称"落子"、"落儿腔"，并先后从曲艺曲种衍变为当地的戏曲剧种。河北的称武安落子，山西的先称黎城落子后改称山党落子，河南的称内黄落子。《夫妻参战》为解放战争时期落子腔作品。

郭：好娃呢，道都是写你好，你阁了荒地
政府又不徵糧，有吃的有穿的，……

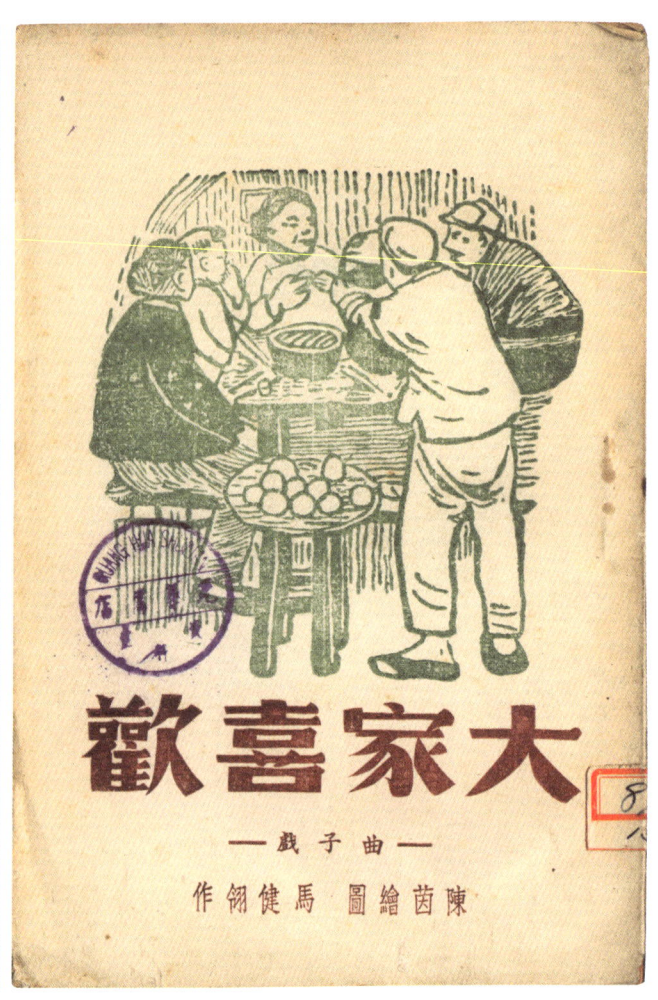

大家喜欢

—曲子戏—

馬健翎作　陳茵繪圖

大家喜欢（曲子戏）

马健翎作　陈茵绘图　哈尔滨　东北书店　1948年7月3版

　　该剧原为郿鄠现代剧目。马健翎1944年创作。讲述了二流子王三宝洗心革面、重新做人的故事。

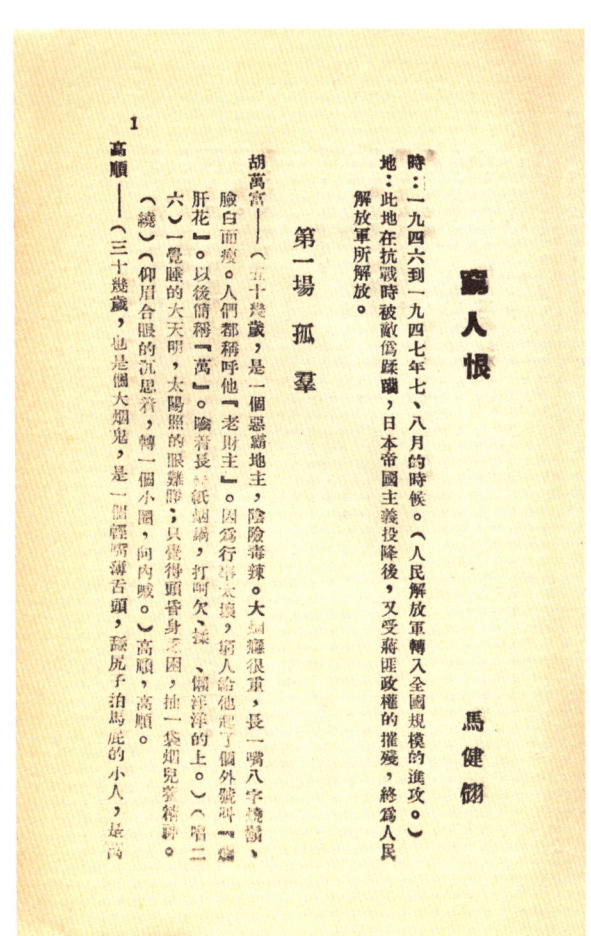

穷人恨

马健翎著　陕甘宁边区文化协会戏剧工作委员会编　西北新华书店　1949年7月

该剧控诉了地主阶级对农民的迫害，指出只有起来反抗，才有农民的生路。

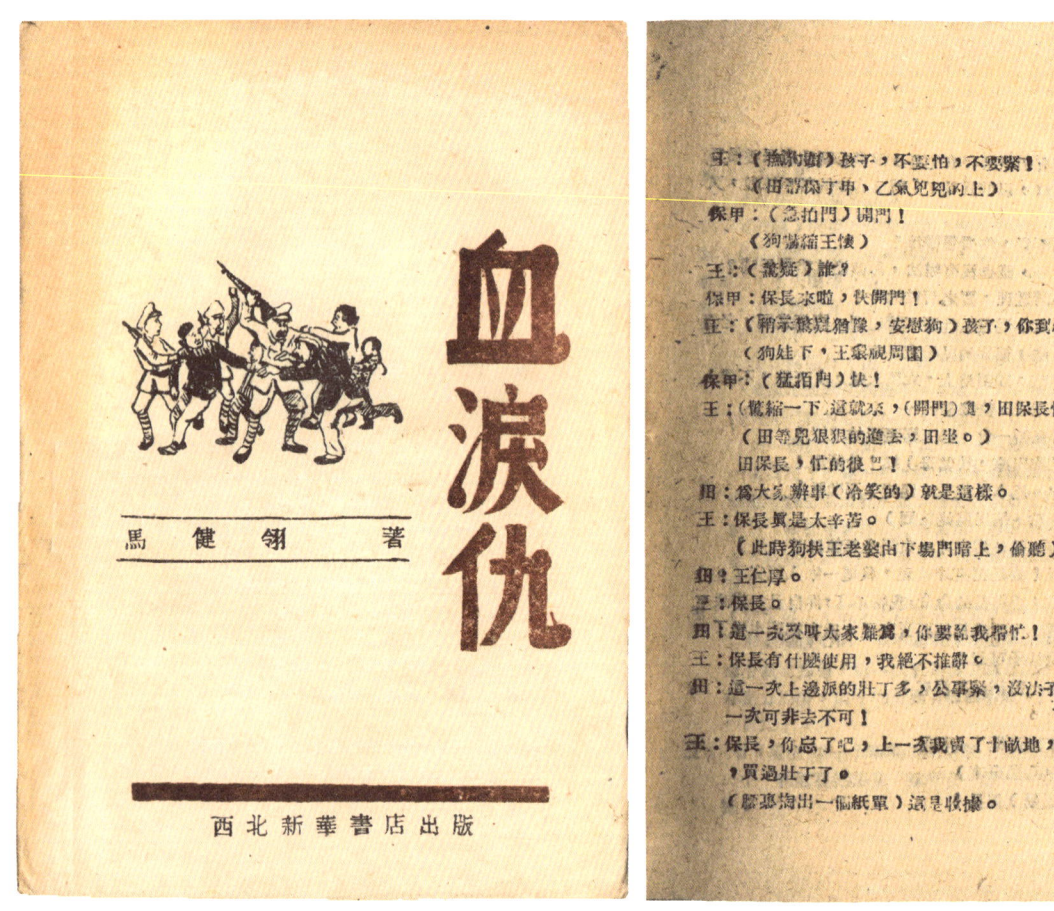

血泪仇

马健翎著　西北新华书店　1949年

　　全剧共30场，剧中人物近50人，描写了边区政府处处关心外来难民疾苦的动人情景，揭示了广大农民对国民党反动派的深仇大恨。

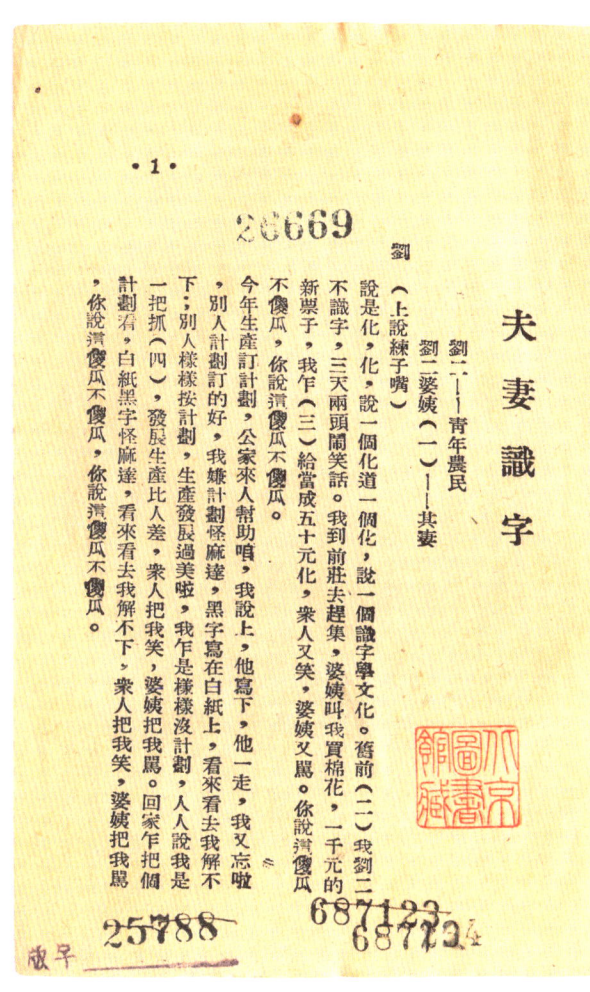
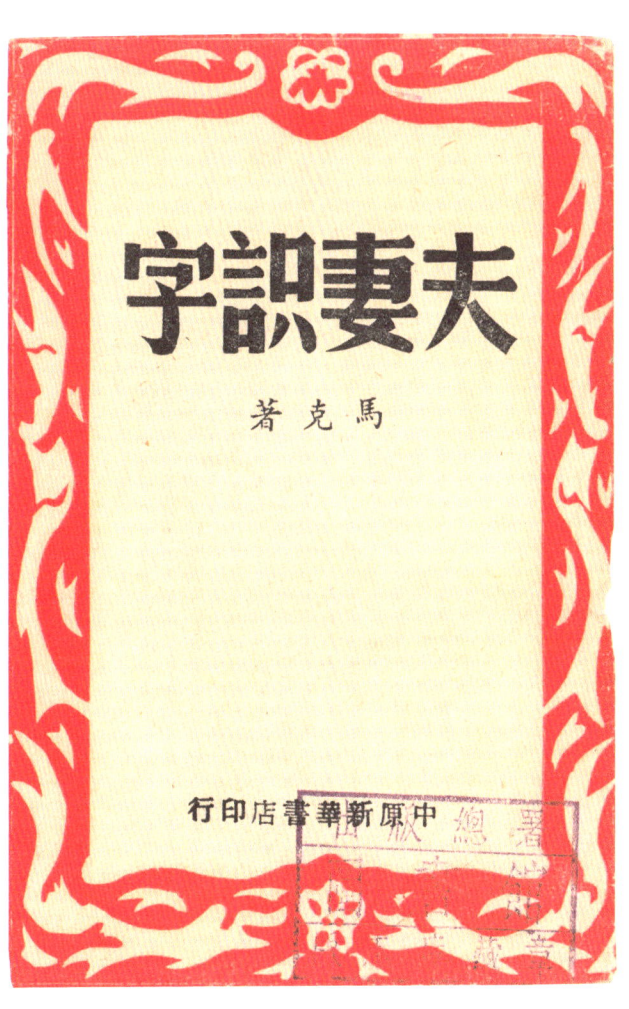

夫妻识字（小调）

马可著　中原新华书店　1949年

　　由我国著名作曲家马可（原题马克）创作于延安时期的秧歌剧，曾被王昆、郭兰英、朱逢博等老一辈艺术家无数次演唱，至今经久不衰。

诗歌

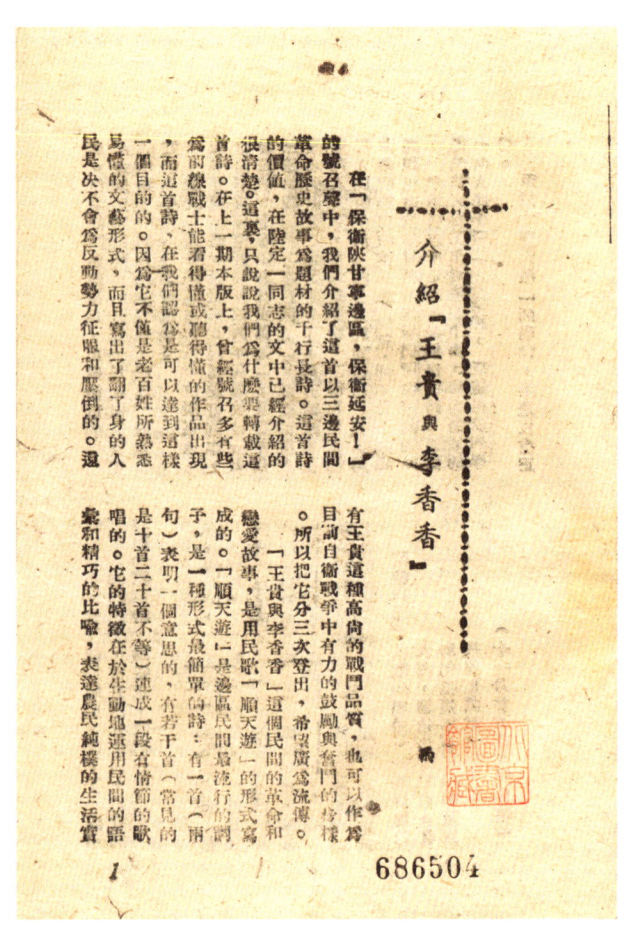

王贵与李香香（叙事诗）

李季著　华北新华书店　1946年12月

　　李季（1922—1980），原名李振鹏，河南唐河人。1945年底，他采用陕北民歌"信天游"的形式，创作出近800行的长篇叙事诗《王贵与李香香》，塑造了敢于反抗、争取自由和幸福的青年形象，为我国的新诗运动打开了新局面。

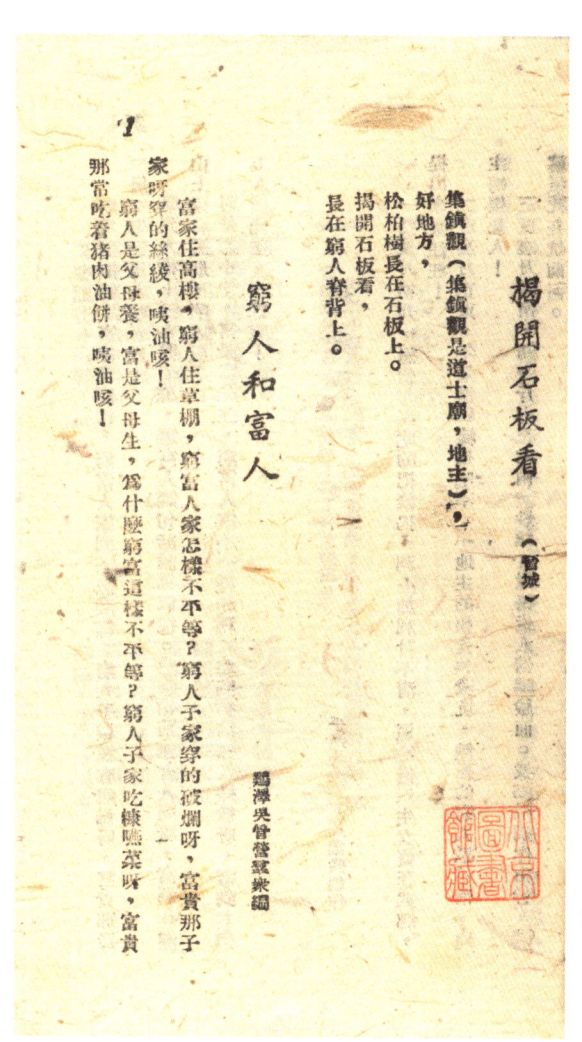

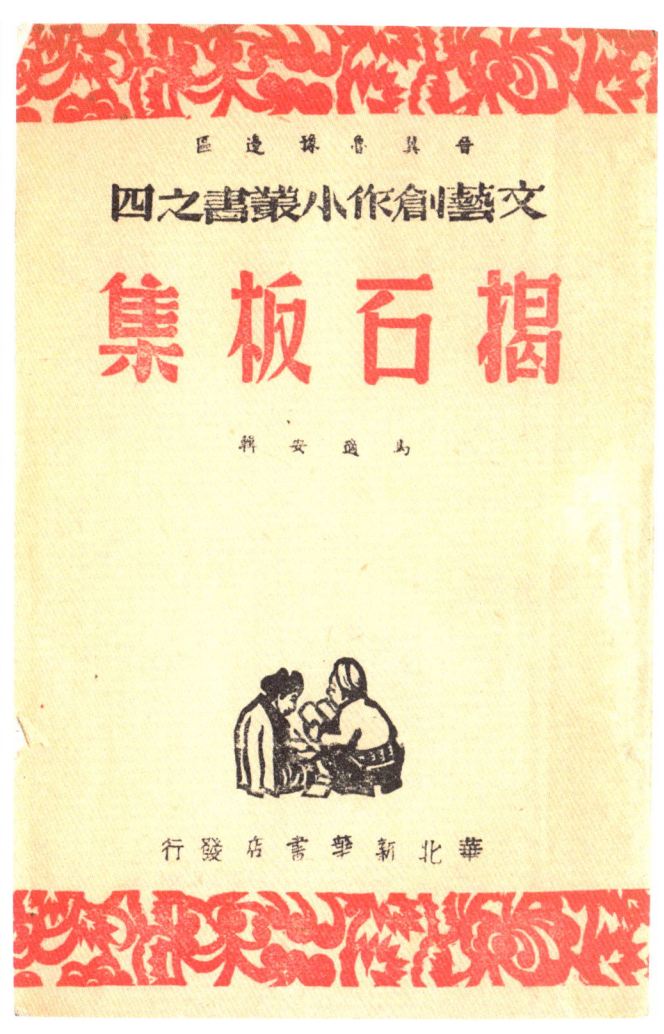

揭石板集

马适安辑　华北新华书店编辑部编　华北新华书店　1947年5月

　　收录边区农民诗歌50首。

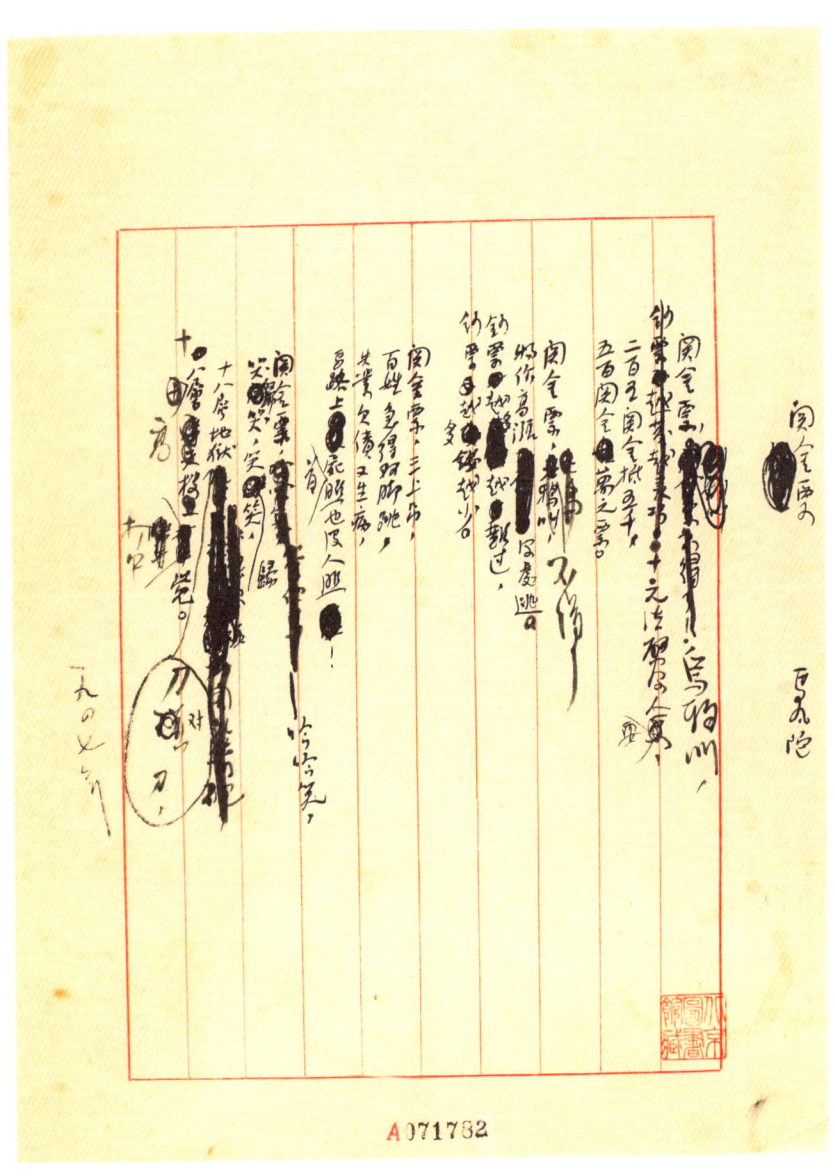

马凡陀山歌

袁水拍著　毛笔手书原稿　1947年

　　马凡陀（1916—1982），原名袁水拍，江苏吴县人。1937年在香港参加文艺界抗敌协会，著有诗集《马凡陀的山歌》、《沸腾的岁月》、《解放山歌》、《政治讽刺诗》等。

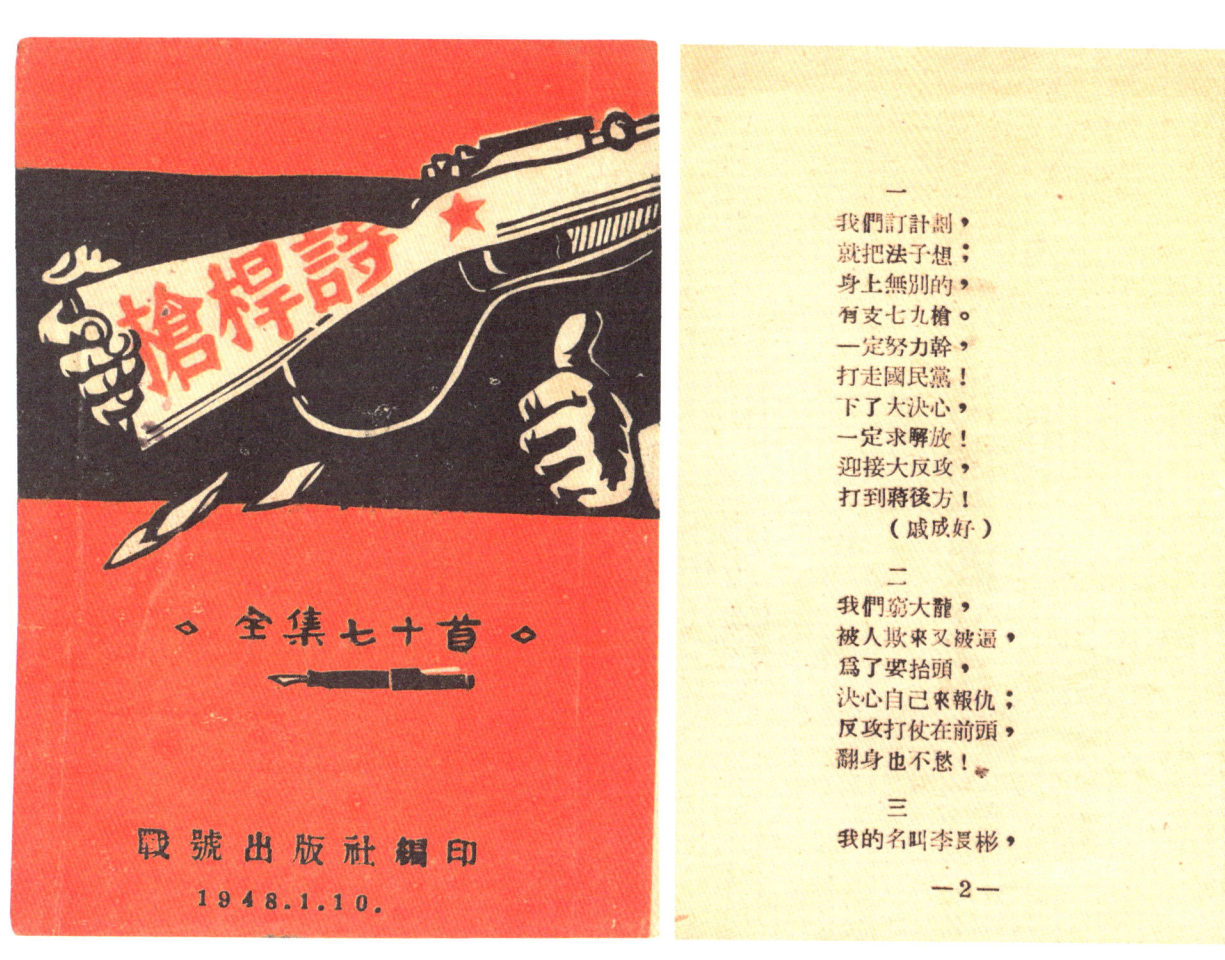

枪杆诗

战号出版社　1948年1月

　　枪杆诗产生于我国革命战争年代，原指刻在战士枪杆上的短诗，又泛指行军、打仗时宣传鼓动的短诗。内容多与战斗生活、战斗动员有关；形式短小精悍、音调铿锵。最初主要是战士所作，后来一些诗人也运用这一诗体。本书共收录枪杆诗70首。

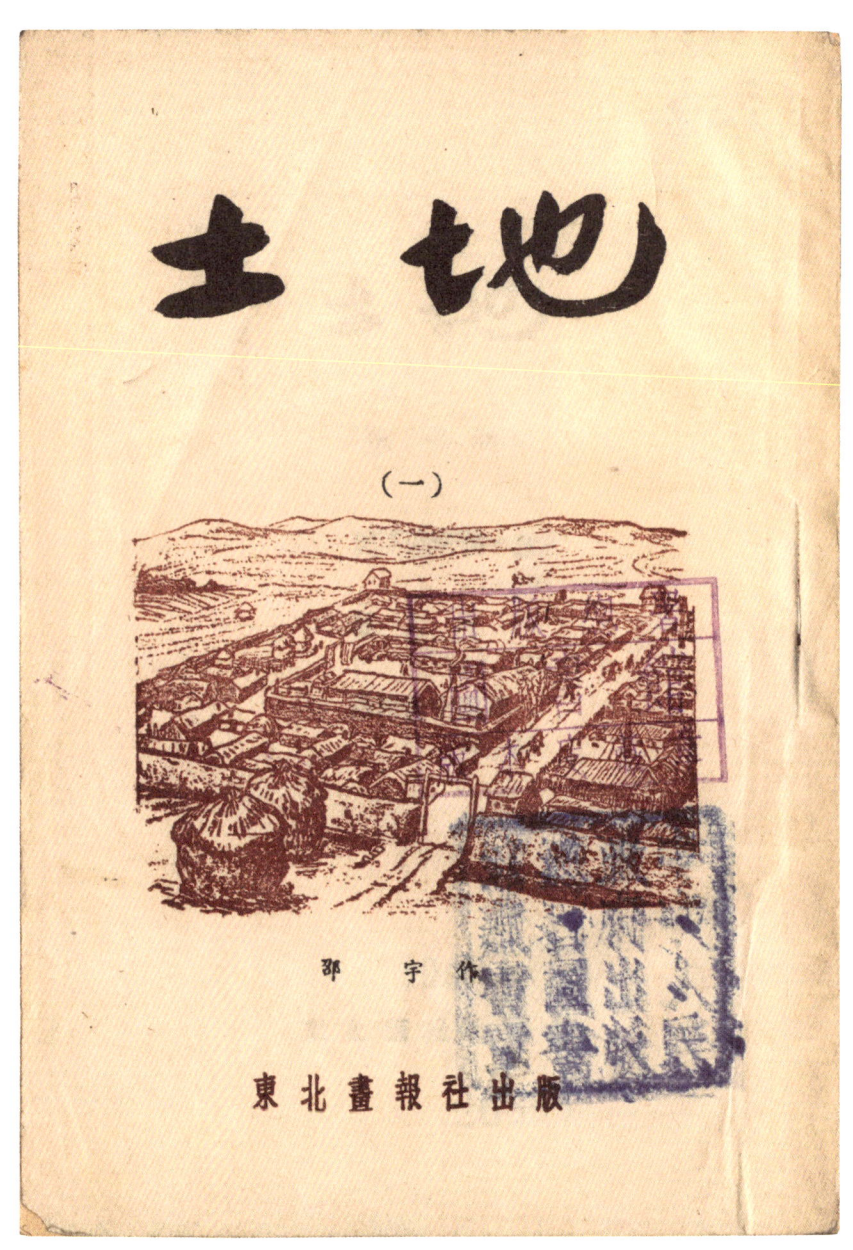

土地

邵宇作画并诗　东北画报社　1948年2月

　　内容包括4个部分：天下的老鸦一样黑、第二代、满洲国十四年、打倒"二泰山"。

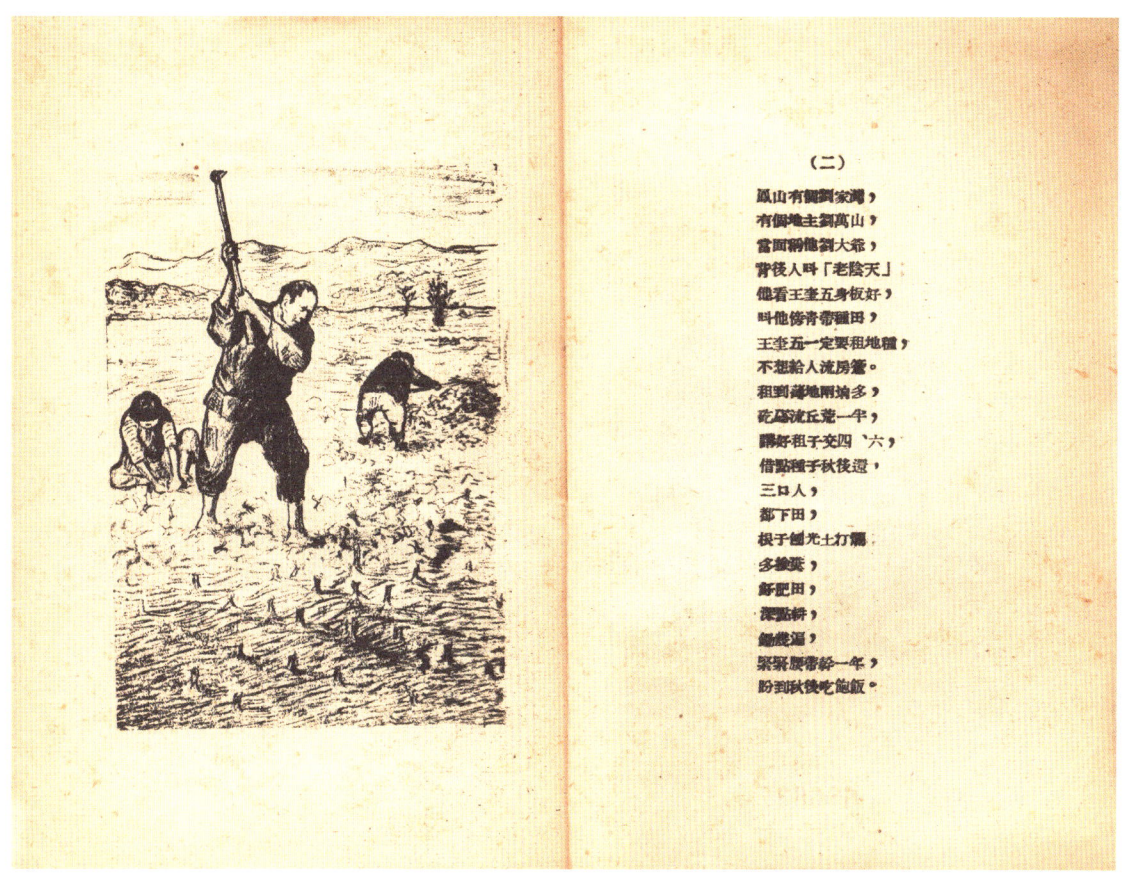

（二）
鳳山有個趙家灣，
有個地主趙萬山，
當面稱他趙大爺，
背後人叫「老陰天」
他看王奎五身板好，
叫他傍青帶種田，
王奎五一定要租地種，
不想給人流房簷。
租到薄地雨溝多，
砣碇沈丘荒一半，
講好租子交四六，
借點種子秋後還，
三口人，
都下田，
根子刨光土打碾，
多耥葉，
餇肥田，
深點耕，
細底遍，
緊緊腰帶給一年，
盼到秋後吃飽飯。

（六七）
勞工放了小二回來，
瘦的不像人，手也砸壞，
總算留下個活骨頭架，
一步一步往家邁。

黄河西岸的鹰形地带

侯唯动著　东北书店牡丹江分店　1948年7月

　　侯唯动，生于1917年，陕西扶风人。代表作有《美丽的杜甫川淌过的山谷》、《黄河西岸的鹰形地带》、《将军的马》等。该书描写了1939年冬至1940年春，关中分区的军民反击国民党反动派第一次反共高潮取得的战斗胜利，塑造了青年农民李逢春、窦世英的形象。

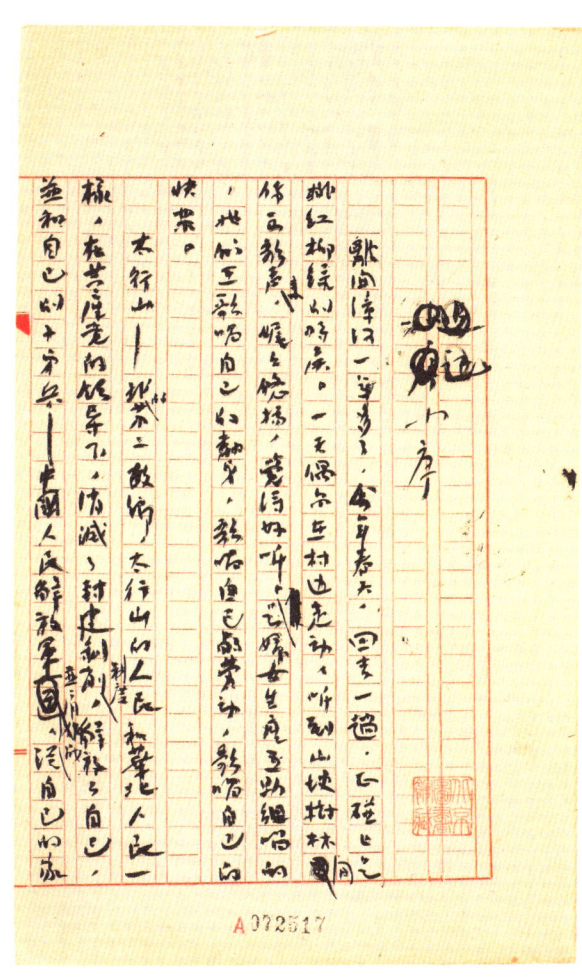

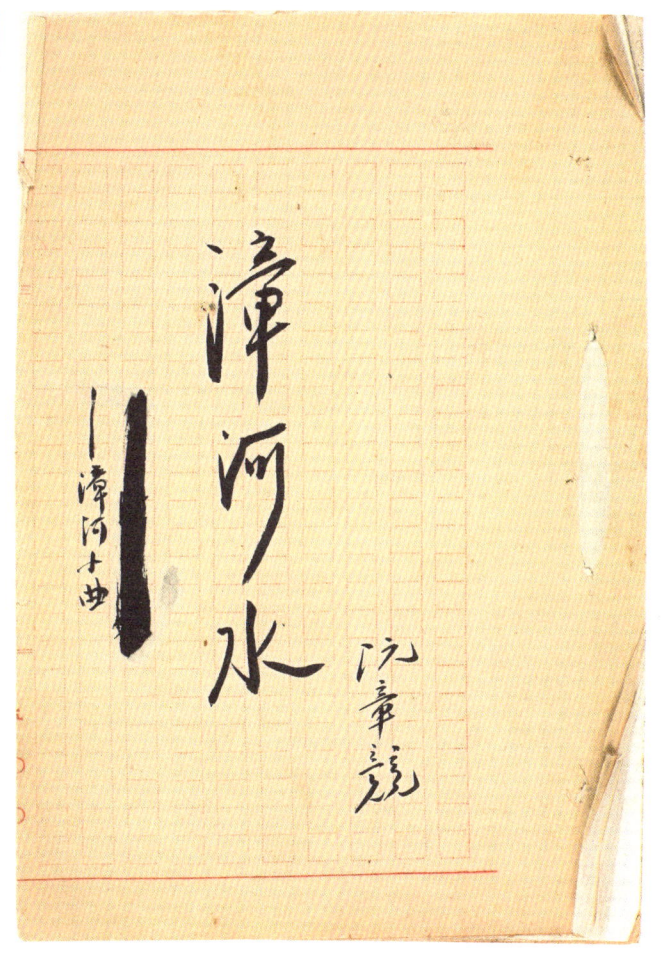

漳河水

阮章竞著　毛笔手书原稿

　　长篇叙事诗，发表于1950年。作品运用民歌形式成功地塑造了荷荷、苓苓、紫金英三个性格鲜明的妇女形象，描绘了她们不同的悲苦遭遇、翻身斗争的经历和新中国建立后的幸福生活。

报告文学

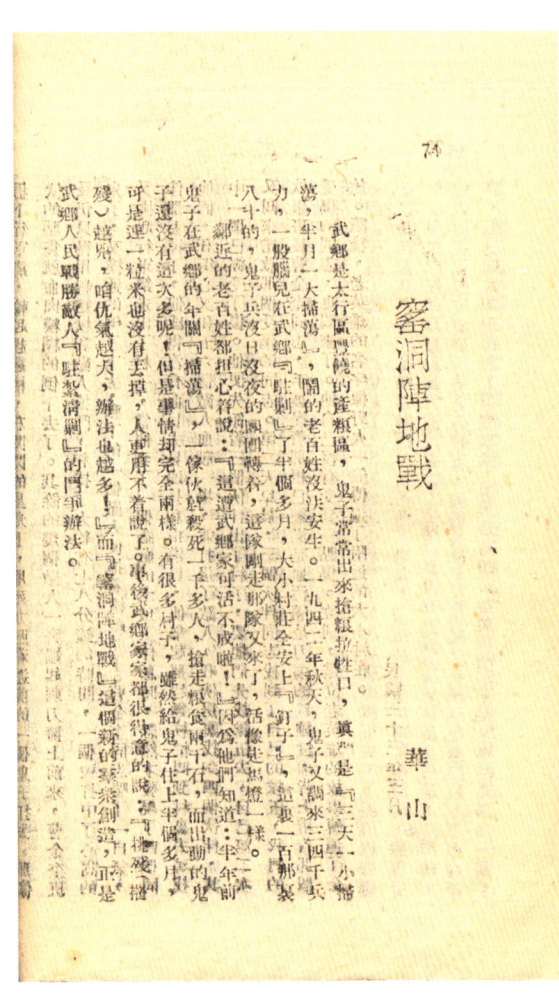

战斗在太行山上

联防军政治部宣传部编　联防军政治部　1944年8月

　　收录《围困敌人的故事》、《几个战例》、《战斗英雄和模范连队》、《战斗在太行山上》、《窑洞阵地战》、《晋东南民兵的故事》等6篇战斗故事。

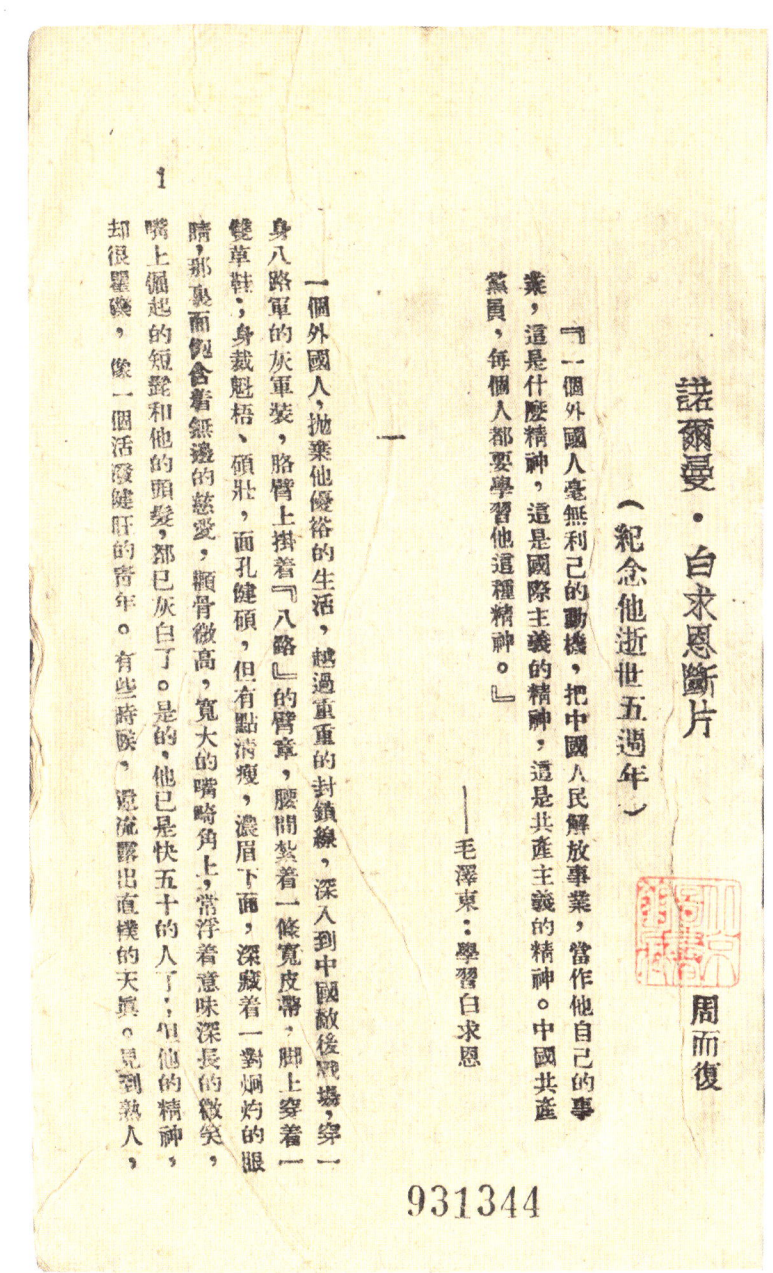

诺尔曼·白求恩断片

周而复著　八路军联防政治部　1945年3月

　　周而复（1914—2004），是较早反映晋察冀边区军民抗日斗争的作家。该书以大量典型的事迹、生动的细节刻画了白求恩大夫的感人形象。

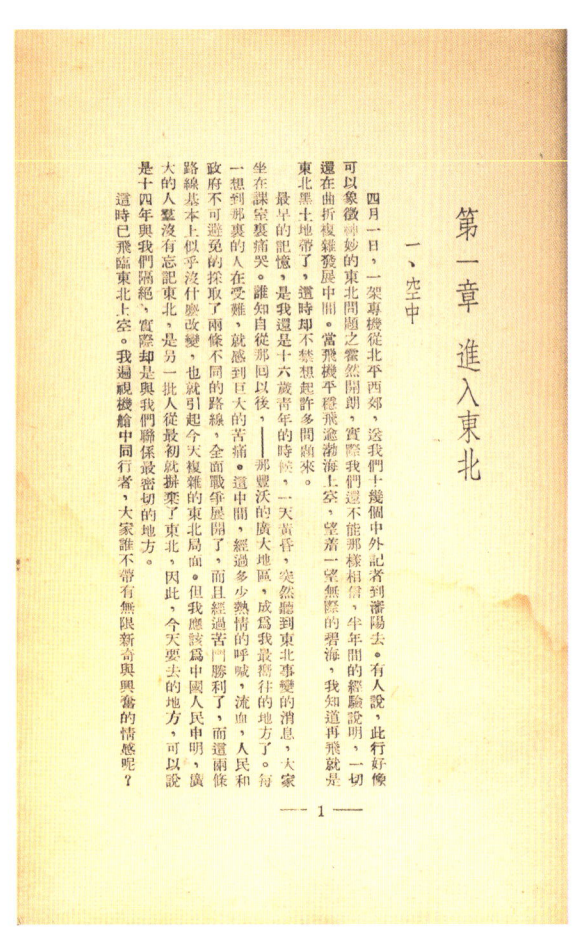

环行东北

刘白羽著　上海新华日报社　1946年9月

　　本书系作者作为"军调部东北执行小组"的记者进入东北，前后共用半年时间，在广泛采访的基础上撰写而成。

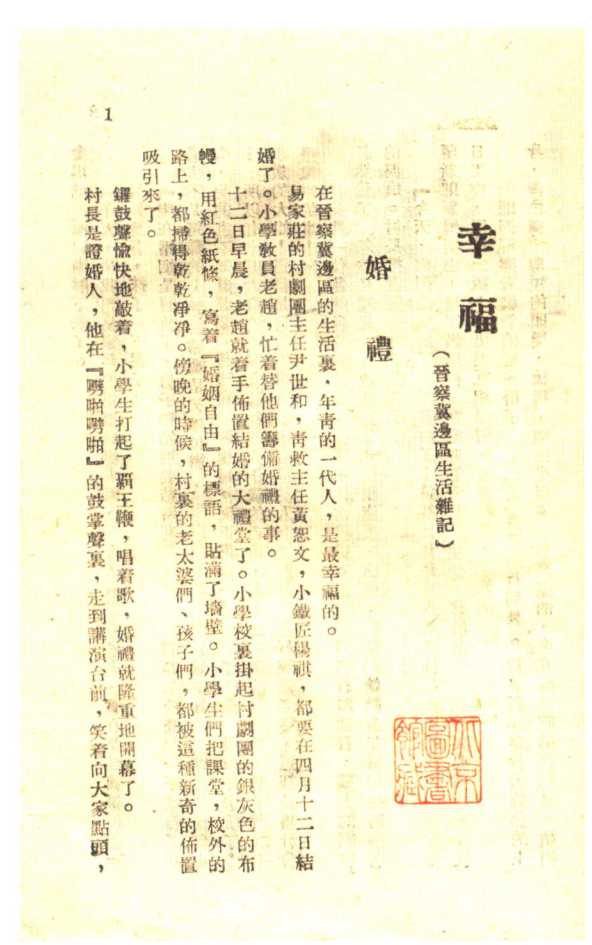

幸福

仓夷著　晋察冀新华书店　1947年8月

　　仓夷（1921—1946），原名郑贻进，生于新加坡，1937年春回国参加敌后抗战。在边区工作的7年里，他经常在枪林弹雨中采访，撰写了大量有血有肉、动人心魄的通讯和报道，极大地鼓舞了边区军民的抗战斗志。

南下记

周立波著　哈尔滨　光华书店　1948年2月

　　周立波（1908—1979），湖南益阳人。1934年10月参加左翼作家联盟，1939年到鲁艺工作，1944年秋，随南下支队到湘粤赣边区建立抗日根据地。《南下记》汇编了作者的十多篇报告文学作品，生动记述了南下支队的斗争历程。

散文

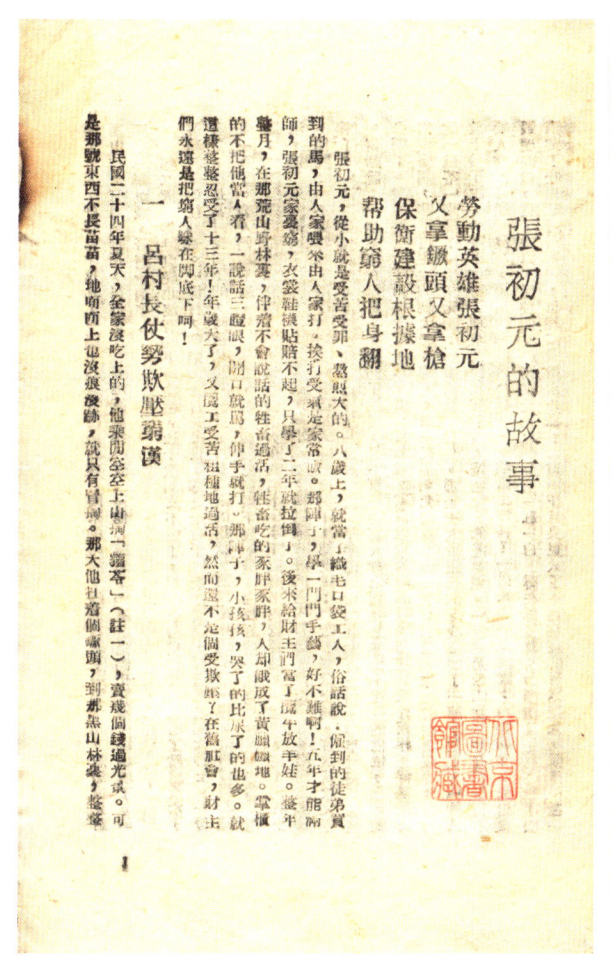

张初元的故事（通俗故事）

马烽著　晋绥边区吕梁文化教育出版社　1944年10月

　　详尽讲述了晋绥边区特等英雄、劳武结合的模范张初元的事迹。"七七七"文艺奖金获奖作品。

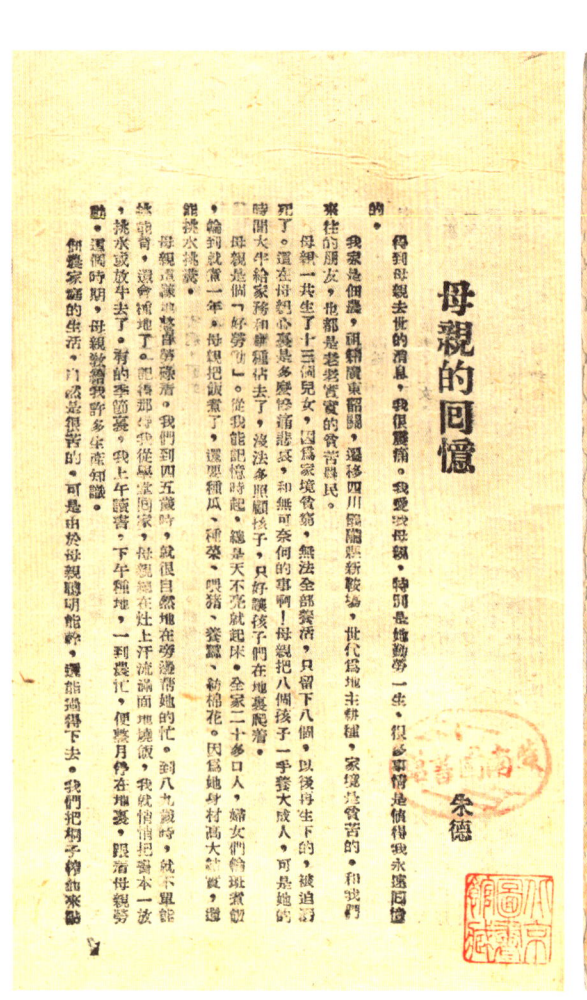
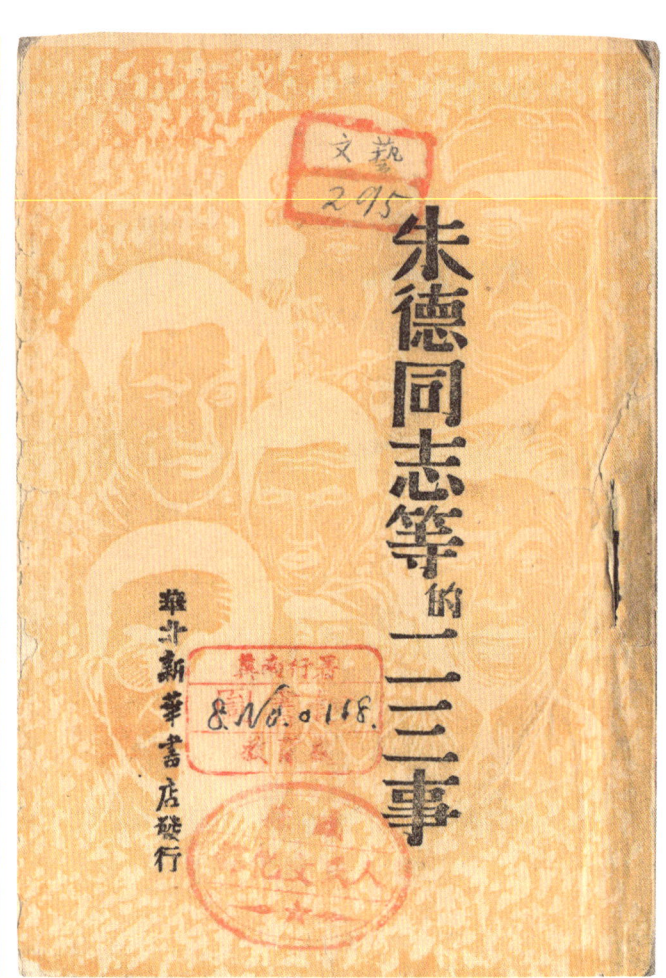

朱德同志等的二三事

华北新华书店　1946年

收录朱德的《母亲的回忆》等文章。

英雄传（第一集）

陈学昭等著　大连　大众书店　1947年2月再版

　　收录丁玲的《田保霖》、萧三的《警卫英雄李树槐》等。

警衞英雄李樹槐　　蕭三

25

延安的觀衆看過「列寧在十月」和「列寧在一九一八年」兩部電影片的，大概都很喜歡那個保衞列寧的瓦西里同志。李樹槐同志三八、三九年在前方時，當然沒有看過這兩個電影，可是他對警衞革命領袖之負責，是可以與瓦西里比美的，是可以寫入藝術作品的。追於時間，現在只能略述他的警衞工作的幾個片段。

晉東南是一個敵後根據地，日寇在這塊地方製造了許多暗殺案，爆炸事件……總司令部週圍有漢奸特務的活動，通訊員在夜間，不能單人來去送信。李樹槐同志看這情形，除嚴密佈置警衞外，推動老百姓，吸收他們中間的進步份子，參加警衞工作。

在敵後，總司令每到一地，樹槐同志必親自偵查地形、敵情，了解當地情況，週密計劃，佈置內外警戒，並親自參加警衞，巡查崗哨，從各方面封鎖軍情，嚴防意外。無論開軍事和作戰計劃等秘密會議或打電話，沒有使洩露過一點。

總司令住在一家老百姓家裏，樹槐同志率同警衞班戰士們和那家老百姓搞好關係，融洽如一家人。同時教自己的伙馬俠鄁守秘密。老百姓問：「你們的官長是誰？」答道：「是我們的閣長、營

田保霖　　丁玲

——靖邊縣新城區五鄉民辦合作社主任——

44

黃昏的時候，把兩手抱在胸前，顯出一副迷惑的笑容，田保霖送走了區長之後，便在窗前的空地上踱了起來，他把頭高高的抬起來竪着遠處，卻看不見那抹在天際的紅霞；他也曾注視過客裏，連他姿勢在同他講些什麽他也沒有聽見，他心裏充滿了一個新奇的感覺，只在整算一個問題：「怎搞的丫一千多張票……咱是不能幹的人嚜，咱又不是他們自己人，沒有偪鏡，也沒有偪勢，頂個逑事，要咱幹嗎呢？……」

他被選爲縣參議員了，這完全是他意外的事。

他是一個愛盤算的人，但也容易下决心，這被選爲參議員的事，木沒有什麽困難一類的問題，也不需要下什麽决心，像他曾有過的遭遇那樣，不過他却被捲入一種奇怪所糾纏，簡直解不開這個道理。當許多年前他全家經年流浪在鹹盤渠、下王渠、沙口一帶替人安莊稼而不得一飽的時候，小心謹愼，慢慢的做到了一個小掌櫃，管了上王渠一村四十四家口，曾經在敎堂裏工作，學會唸經，後來神父換了，他成天挨罵受氣，於是他走了。他走到保定四十四家人，總算他爲人公正，農民對他很好。後來神父換了，

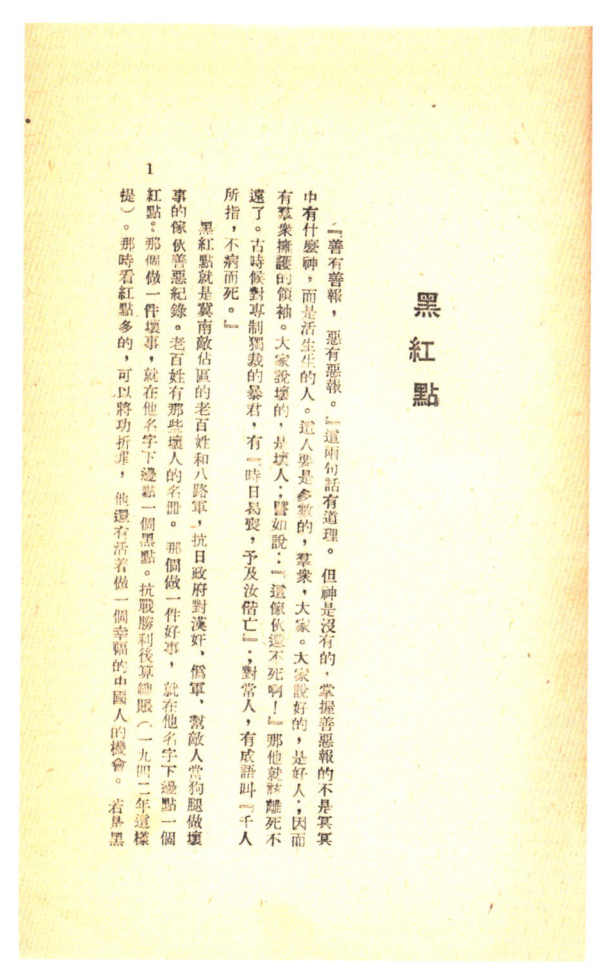

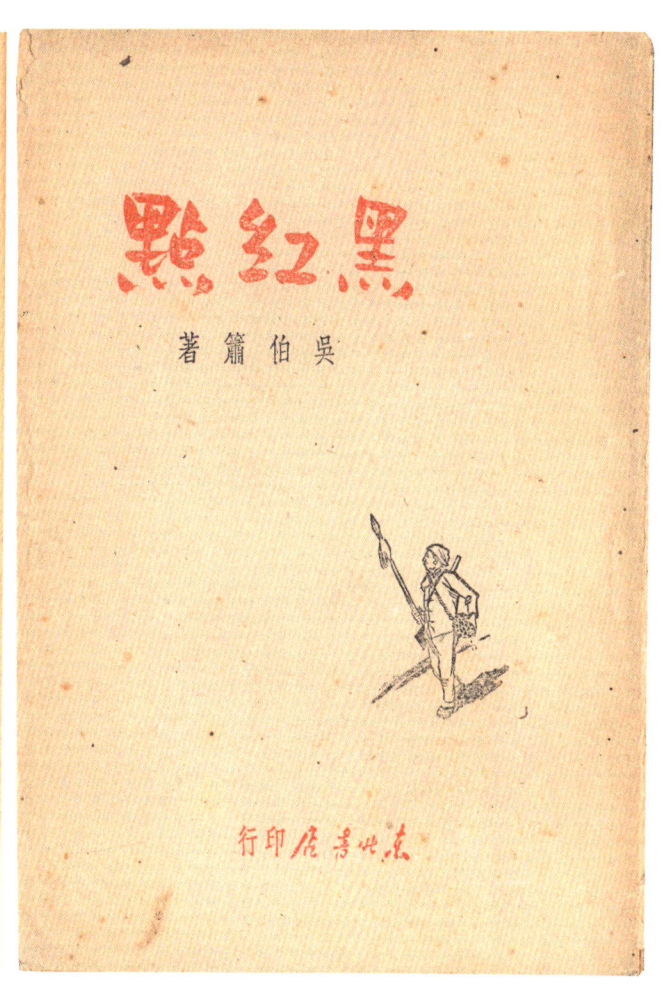

黑红点

吴伯箫著　佳木斯　东北书店　1947年4月

　　散文集。收录了《一坛血》、《黑红点》、《化装》等散文，最初大多发表在延安《解放日报》上，内容以反映抗战军民英勇斗争、可歌可泣的英雄事迹为主。

民间文艺

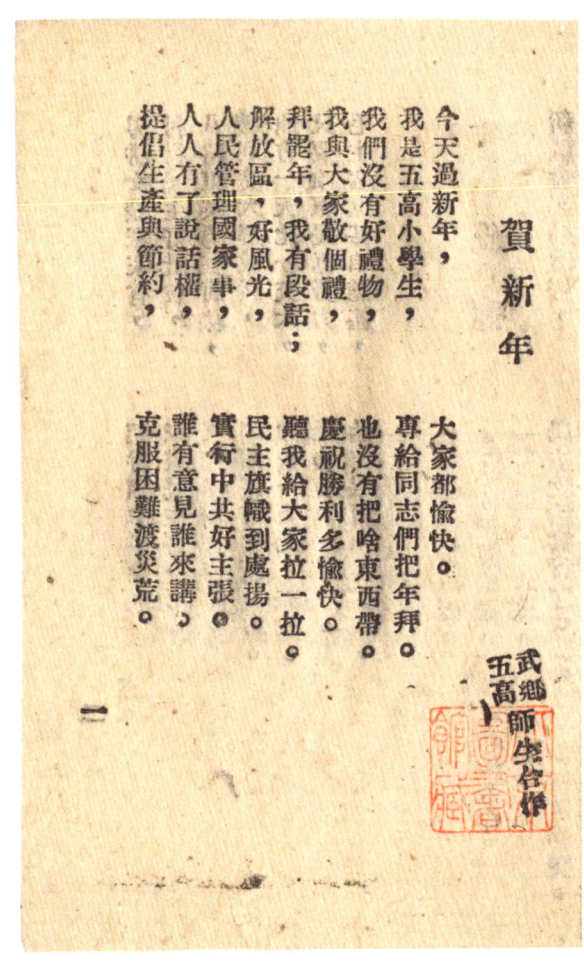

新编快板集

韬奋书店　1945年10月

收录《贺新年》、《冬学》、《选举》、《讲卫生》、《放小脚》等快板书19首，主要由山西长治的武乡、黎城、襄县，以及河北涉县等地学校师生、群众创作。

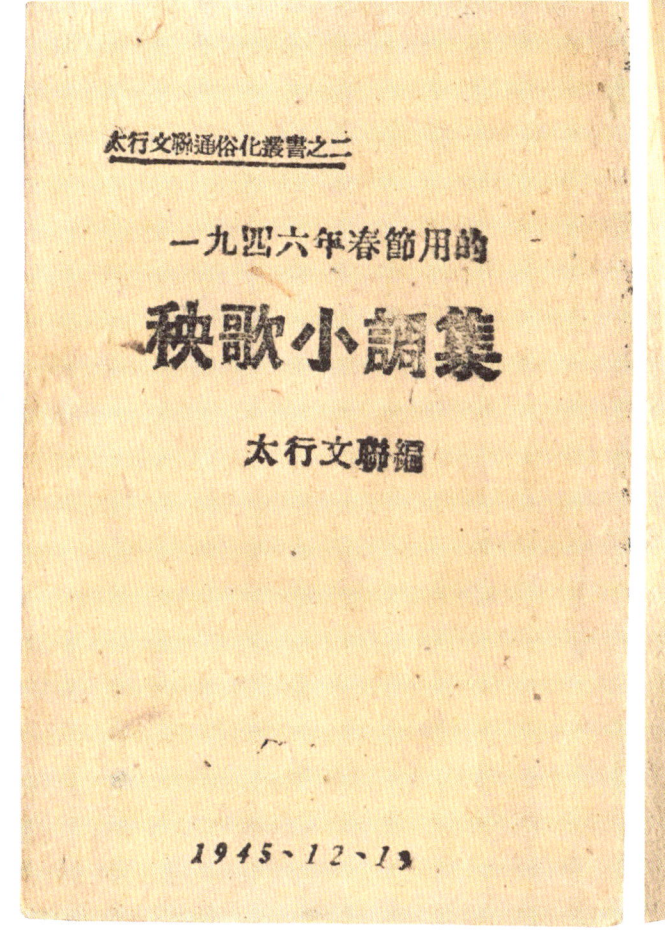

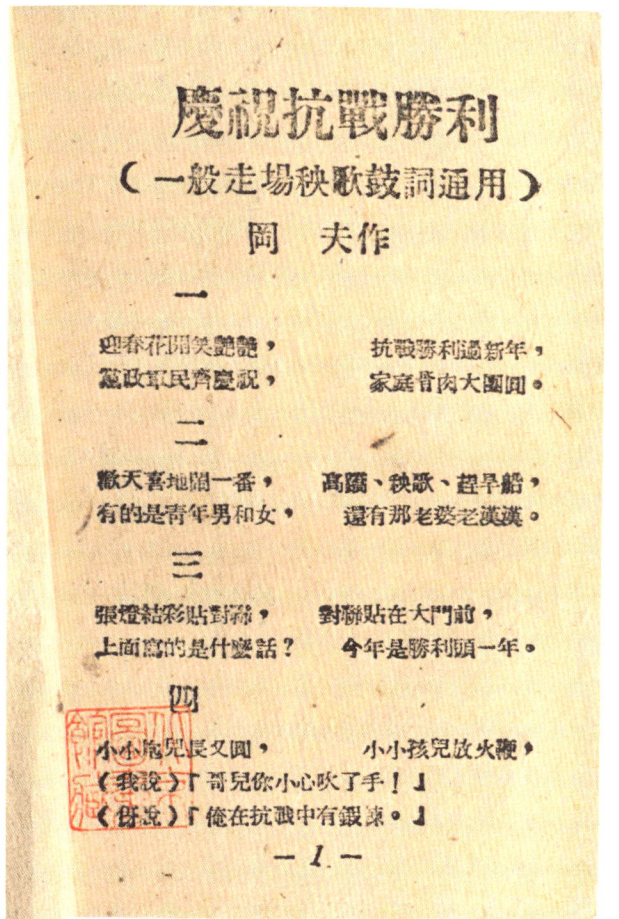

一九四六年春节用的秧歌小调集

太行文联编　1945年12月

　　收录冈夫《庆祝抗战胜利》、《保卫胜利果实》，马印秋《庆祝自卫大捷》，李光《生产小调》，高沐鸿《减租秧歌》、《诉苦小调》，共计6首秧歌小调。

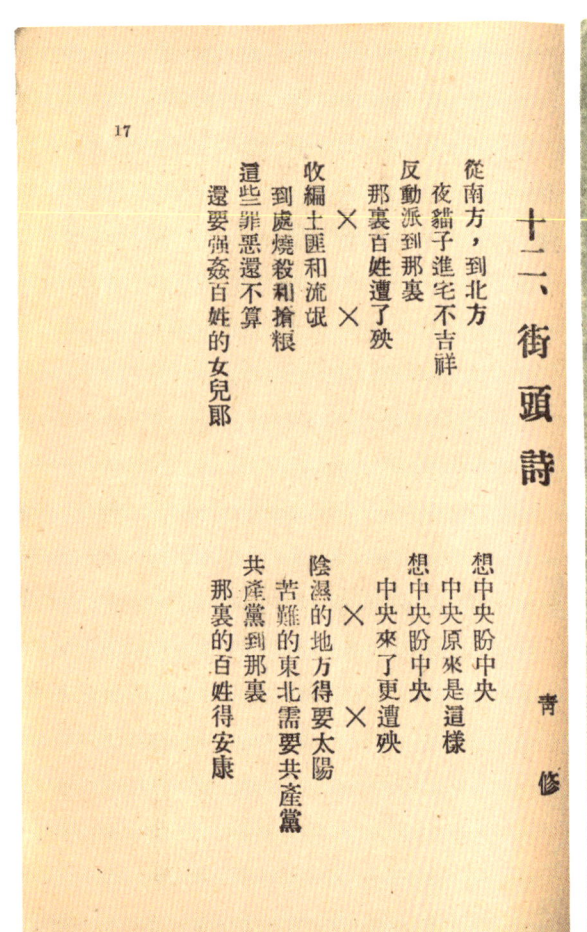

工农翻身

合江日报社编　合江日报社　1946年8月

　　内容以通俗活泼、适合工农大众口味的民谣、民歌、鼓词、木刻、漫画、街头诗等为主，旨在为正在进行翻身运动的工农群众提供精神食粮。

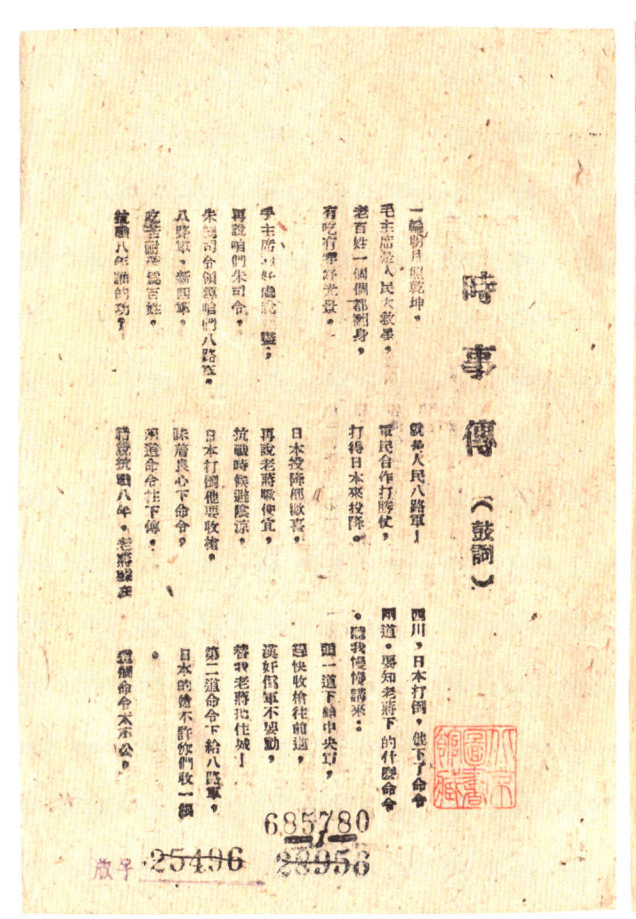

时事传（鼓词）

韩起祥　王宗元合编　太岳新华书店　1946年11月

　　讲述了毛泽东到重庆与蒋介石谈判的事情。韩起祥（1915—1989），陕西横山人。
3岁失明，13岁学艺，30岁能说唱几十部书。延安文艺座谈会以后，在王宗元、柯蓝、
林山等同志帮助下，创作和演唱了新书《刘巧团圆》、《王丕勤走南路》、《时事传》
等。王宗元（1919—1971），河北保定人。1937年奔赴延安，后毕业于延安抗日军政大
学。

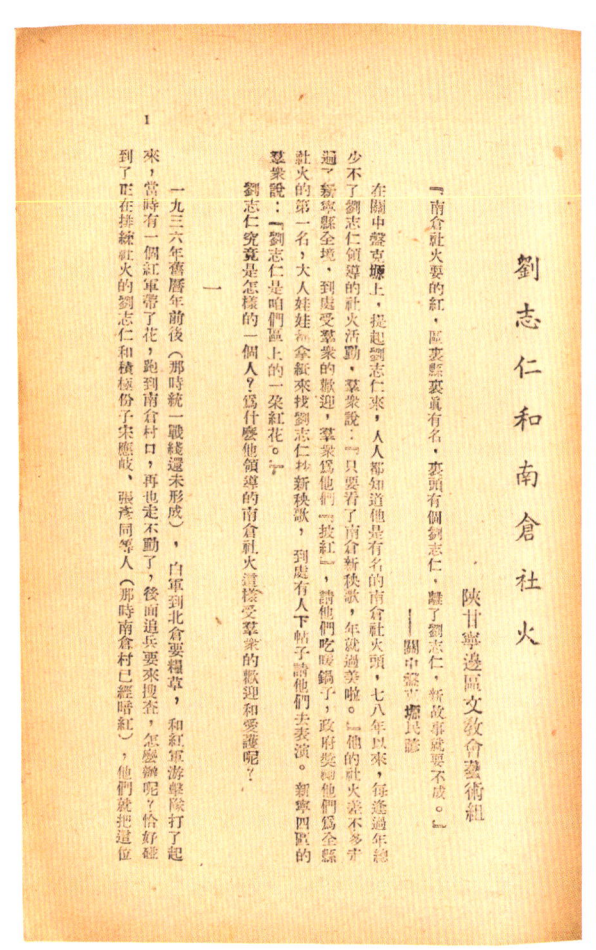
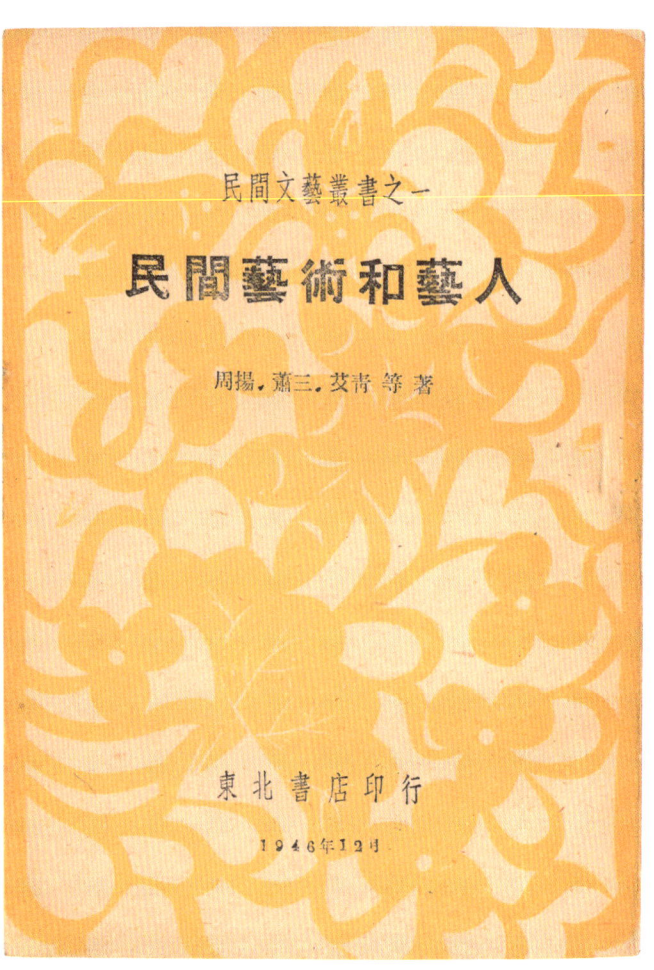

民间艺术和艺人

周扬等著 佳木斯 东北书店 1946年12月

　　收录丁玲《民间艺人李卜》、周扬《一个不识字的劳动诗人——孙万福》、艾青《汪庭有和他的歌》、林山《改造说书》等10篇文章，体现了新的民间文学理论初步建设的成果。书后附鲁艺美术系收藏剪纸图片12幅。

兔子吃麥穗 （三邊張家畔）

魯藝美術系收藏

金　魚 （隴東）

魯藝美術系收藏

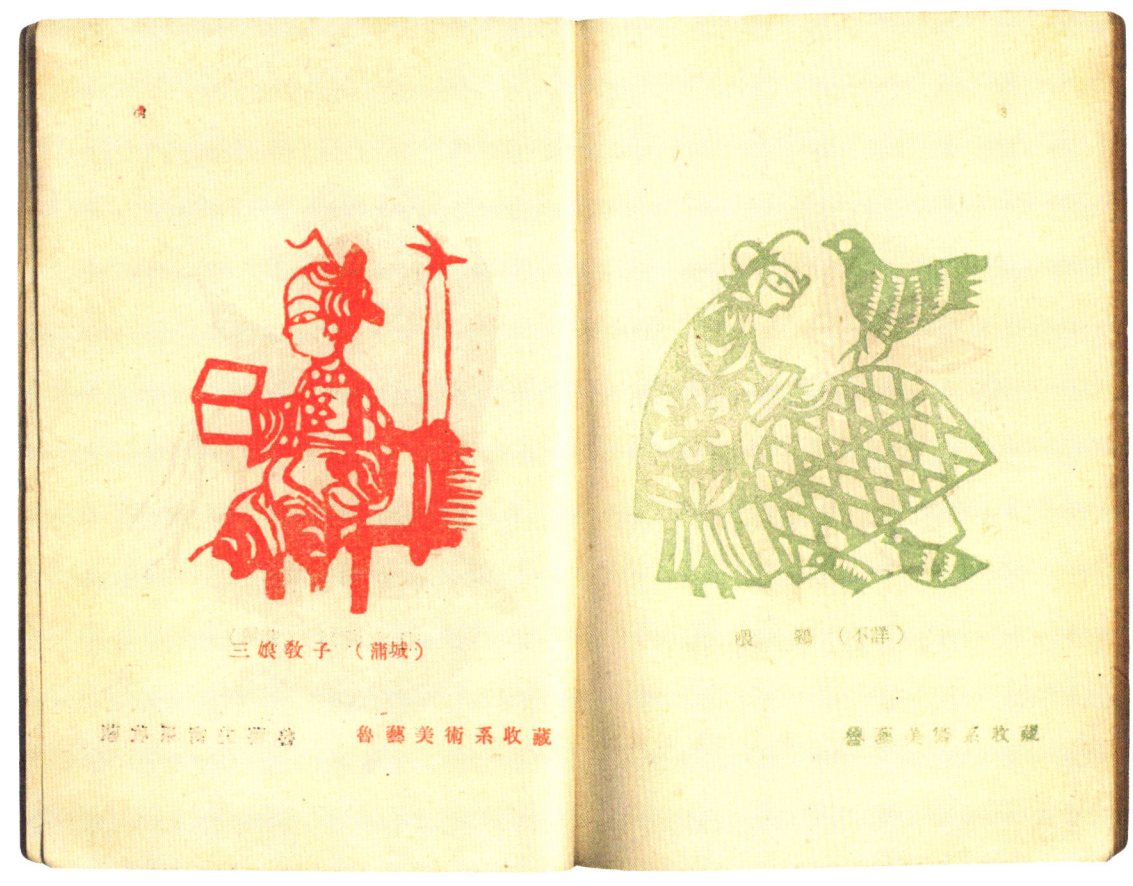

三娘教子 （蒲城）

魯藝美術系收藏

餵　鵝 （不詳）

魯藝美術系收藏

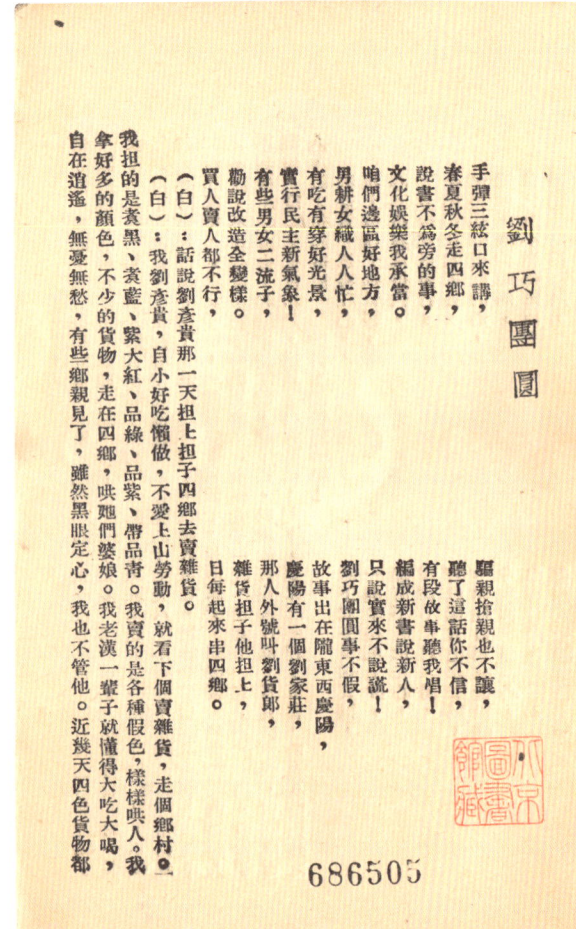

刘巧团圆（说书鼓词）

韩起祥口编　高敏夫记录　陕甘宁边区文协说书组编　华北新华书店　1946年

　　1944年3月，农村姑娘封芝琴为了争取自由婚姻，到专员马锡五处告状。1945年夏，袁静据此创作的秦腔剧本《刘巧儿告状》在延安上演。盲艺人韩起祥得知故事情节后，在几天内改编为说书本《刘巧团圆》。此书是韩起祥最经典的说书曲目之一。

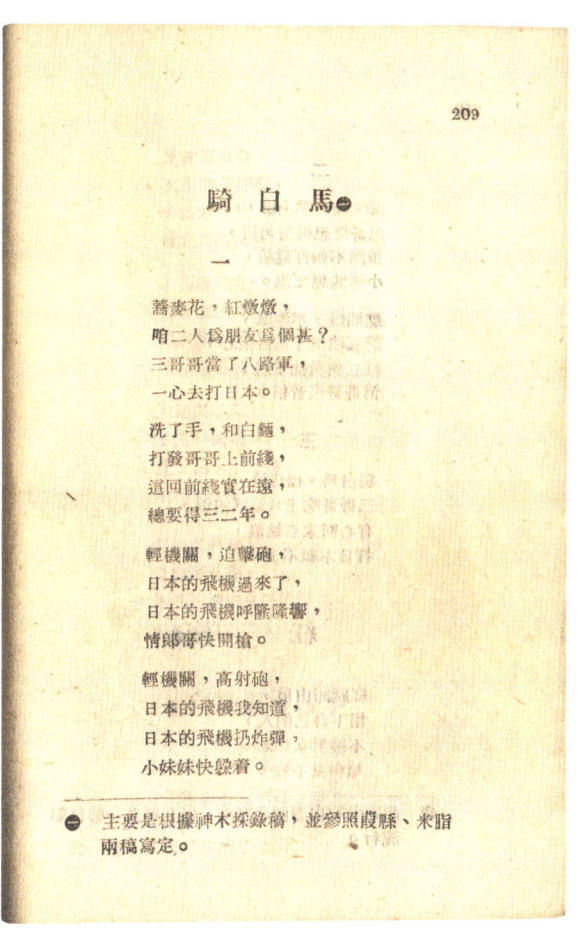

陕北民歌选

鲁迅文艺学院编　晋察冀新华书店　1947年8月

延安文艺座谈会后编选的第一部民歌选集，收录民歌406首，附曲调97首，材料主要来源于中国民间音乐研究会几年来采集的歌词，由何其芳、张松如、毛星、程钧昌等人编选整理。

民间音乐论文集（第二辑）

中国民间音乐研究会编　佳木斯　东北书店　1947年9月

　　收录冼星海《民歌与中国新兴音乐》、吕骥《民歌中的节拍形式》、马可《陕北土地革命时期的农民歌咏》、安波《秦腔音乐概述》等十几篇文章，反映了对中国民间音乐的研究成果。

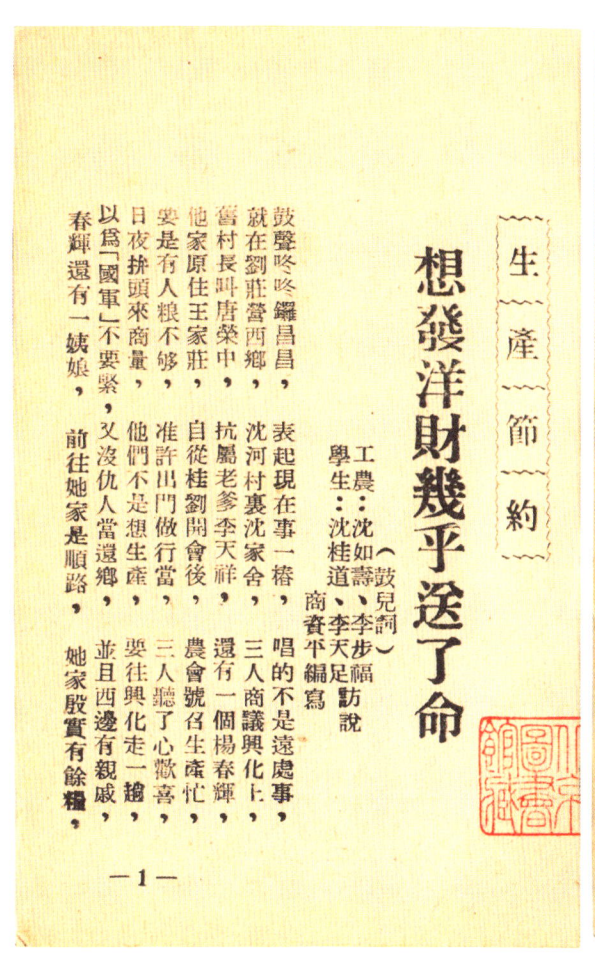

大家唱（第六集）

华中二分区人民画报社编　华中二分区新华书店　1948年5月

收录作品91种，每种唱词均标有所采用的曲调。按内容分为五类：一"生产救灾"，二"反蒋"，三"墙头诗"，四"什锦"，五"小谜语"。

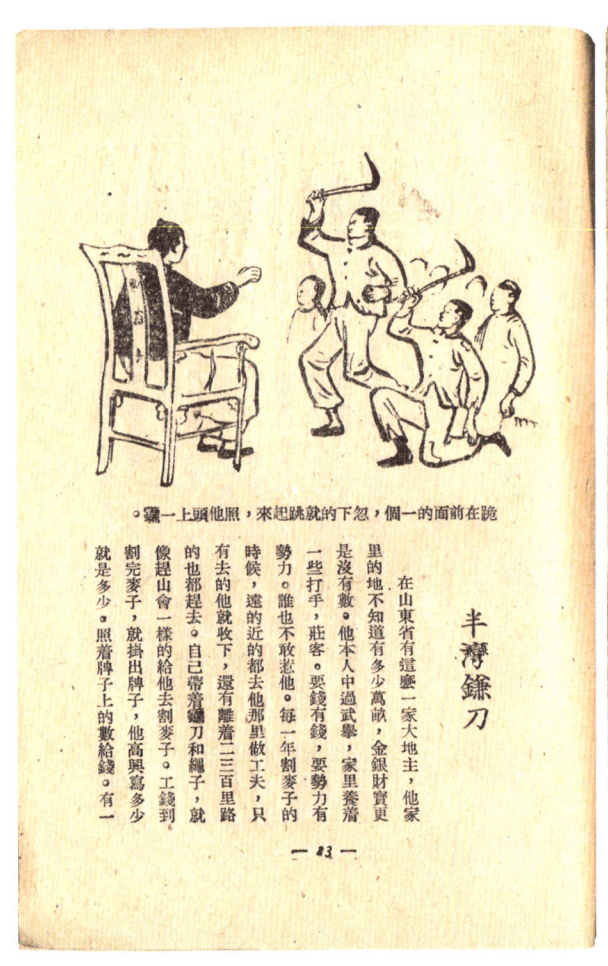

半湾镰刀

董均伦作　夏风画　大连大众书店　1948年7月

　　收录《狼》、《元宝》、《觅汉和少掌柜》、《半湾镰刀》等短篇故事11篇，主要为董均伦在山东平度县搜集的民间故事，多反映贫雇农的生活、思想和文化。董均伦（1917—2004），山东威海人。1938年毕业于延安抗日军政大学。

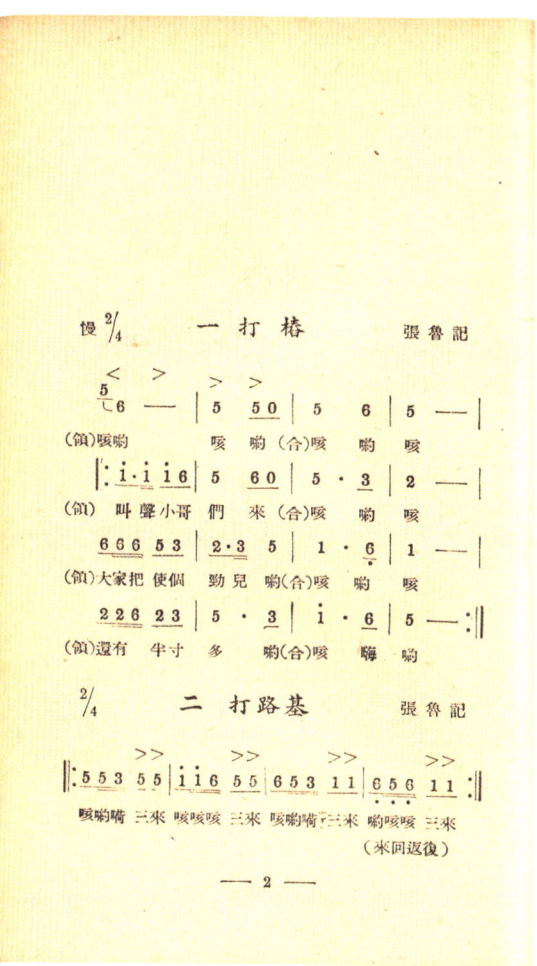

东北民歌选

中国音乐研究会编　东北书店　1948年10月

　　收录了两百多首民歌，分为五类：生活类（107首）、爱情类（93首）、传说故事类（62首）、杂类（14首）、革命类（16首）。

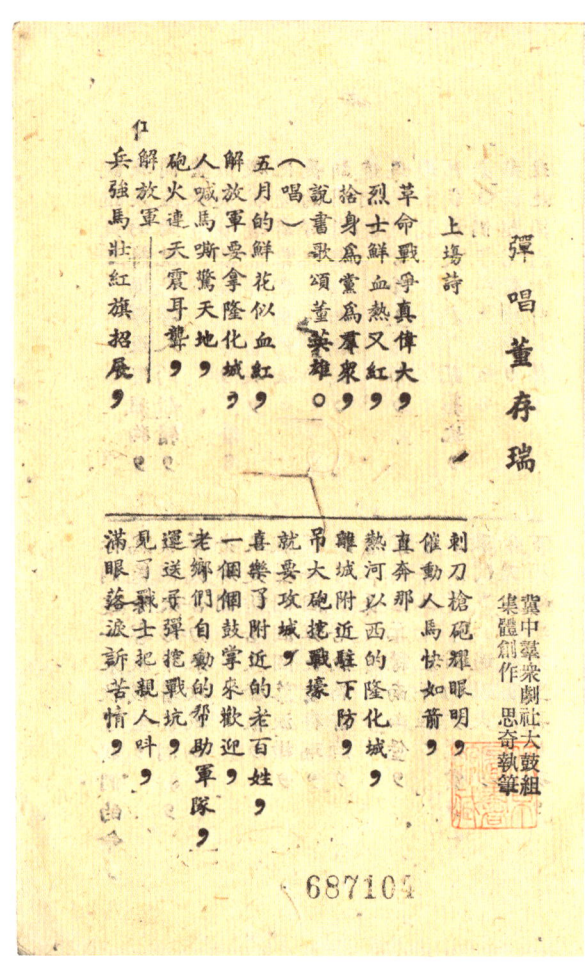

弹唱董存瑞

冀中群众剧社大鼓组集体创作　艾思奇执笔　冀中群众剧社　1948年11月

　　董存瑞牺牲于1948年5月25日，11月此书便出版，可见当时文艺工作者的创作与战斗生活结合得相当紧密。

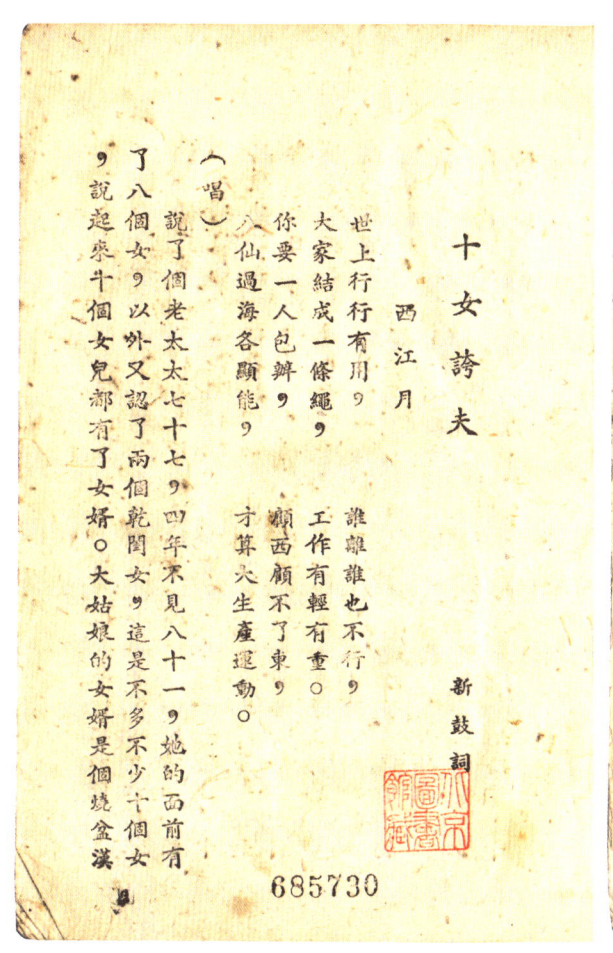

十女夸夫（鼓词）

王尊三著　冀中文协编　华北新华书店　1948年12月

收录《十女夸夫》、《三女婿拜寿》、《大生产》等三部鼓词。王尊三（1892—1968），西河大鼓名家，人称"陕北有个韩起祥，晋察冀有个王尊三"。《十女夸夫》、《三女婿拜寿》都是传统曲目，经王尊三改造后，赋予了大生产运动、减租减息、土改等新内容。

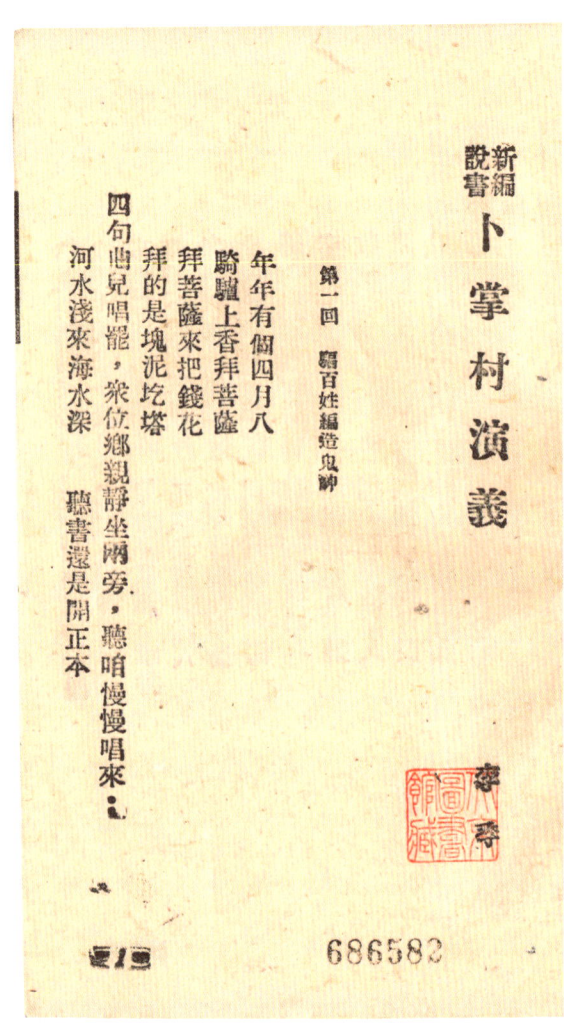

卜掌村演义（鼓词）

李季著　华北新华书店

　　1942年李季在陕北三边（靖边、定边和安边）工作时，曾深入群众生活，熟悉当地方言，并采用鼓词、评书等方式进行文学创作。1943年2月完成了《卜掌村演义》，以说书的形式叙述了陕甘宁边区文教模范崔岳瑞的故事。

儿童文艺

侯圪坦和他们的少年队

胡海著　晋绥边区吕梁文化教育出版社　1944年10月

　　"七七七"文艺奖金获奖作品。讲述了抗日战争期间，侯圪坦和他们的少年队员英勇斗争的故事。

儿童歌谣

孟溪 刘御编 新华书店 1945年

　　此册歌谣包括上下两编，上编由孟溪收集和改写，内容多反映前方情况，收有《红公鸡》、《日本鬼》、《特务分子》等歌谣；下编由刘御编写，多描写自然，有的还包含有生活的哲理等，收有《小青蛙》、《蜗牛》、《小螳螂》等歌谣。

— 7 —

紅公雞

紅公雞，
綠尾巴，
鬼子是個小王八；
小王八，
烏龜羔，
看見八路軍，
就往碉堡裏頭縮。

— 6 —

— 25 —

優抗

太陽出來圓又圓，
到抗屬家裏看一看；
抗屬沒水吃，
我給抗屬挑兩担；
抗屬沒柴燒，
我給抗屬上山砍；
抗屬沒米了，
我幫抗屬去推碾。
抗屬說我「太好了」。
我說「應該這麼辦」。

— 24 —

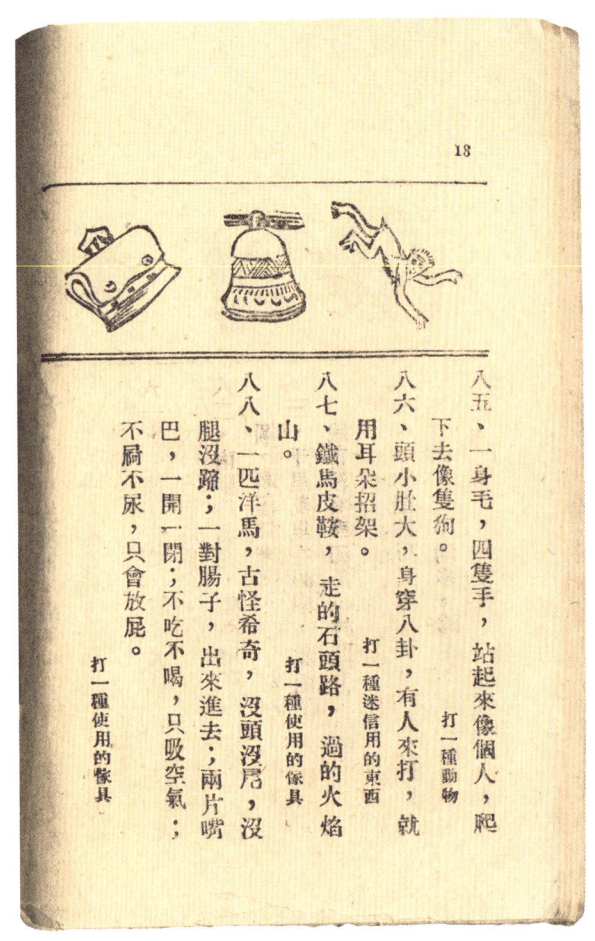

儿童谜语

辛安亭编　新华书店　1946年1月

　　收录80个谜语，内容涉及食品、植物、动物、自然现象等，其中一半主要从边区农村选来，另一半为改编和作者新编。辛安亭（1904—1988），字适然，山西离石人。1938年奔赴延安，1939年至1949年主要在陕甘宁边区编写教材。

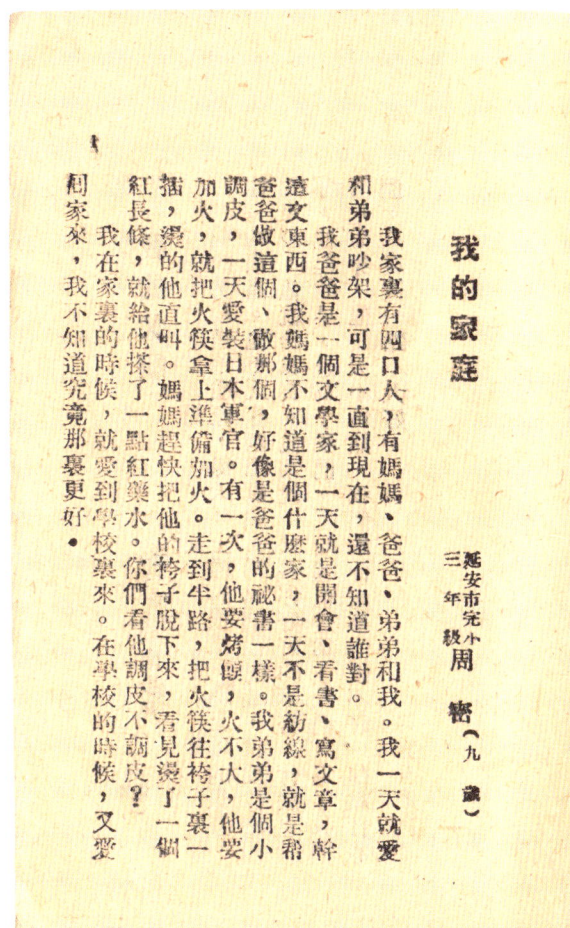

我的家庭

延安市完小周密（九岁）
三年级

我家裏有四口人，有媽媽、爸爸、弟弟和我。我一天就愛和弟弟吵架，可是一直到現在，還不知道誰對。

我爸爸是一個文學家，一天就是開會、看書、寫文章，幹遠文東西。我媽媽不知道是個什麼家，一天不是紡線，就是縫爸爸做道個、敬那個，好像是爸爸的祕書一樣。

我弟弟是個小調皮，一天愛裝日本軍官。有一次，他要烤饃，火不大，他要加火，就把火筷拿上準備加火。走到半路，把火筷往袴子裏一插，燙的他直叫。媽媽趕快把他的袴子脫下來，看見燙了一個紅長條，就給他搽了一點紅藥水。你們看他調皮不調皮？

我在家裏的時候，就愛到學校裏來。在學校的時候，又愛回家來，我不知道究竟那裏更好。

儿童作文

辛安亭编　新华书店　1946年1月

　　针对很多儿童一写作文就发愁的现象，此书编选了30篇内容充实、表达准确、感情动人的初小学生作文，这些范文可以给小朋友很多启发。

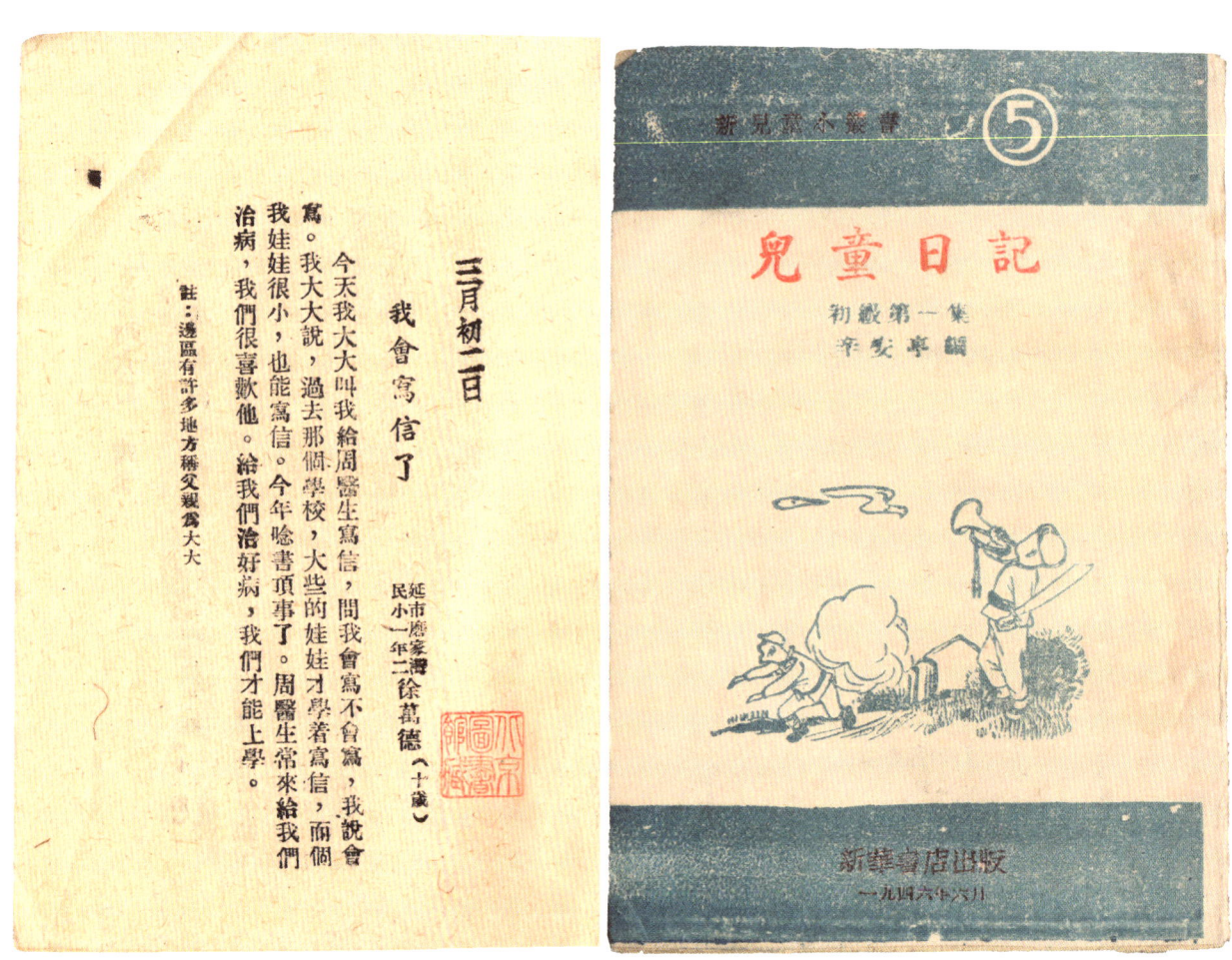

儿童日记

辛安亭编　新华书店　1946年6月

为了培养儿童写日记的习惯，使儿童学会写日记的方法，此书编选了29个小朋友的36篇日记，以作示范。

少先队（晋绥边区儿童活动画册）

牛文 侯恺 亚林编绘 1946年3月晋绥行政公署民教处青年救国联合会石印本

　　晋绥边区是由晋西北抗日根据地和原绥远省境内的大青山抗日根据地联合而成。1946年，晋绥边区建立了少先队组织。此书为全彩图画，分学文化、站岗放哨、生产卫生三部分，展现了晋绥边区的儿童们在战争中得到成长，在战争中得到锻炼。

儿童歌声

新儿童丛书出版社编辑　新儿童丛书出版社　1946年3月

　　此书收录《晋察冀儿童进行曲》、《儿童拥军歌》、《自己的事情自己管》、《歌唱二小放牛郎》等歌曲18首。

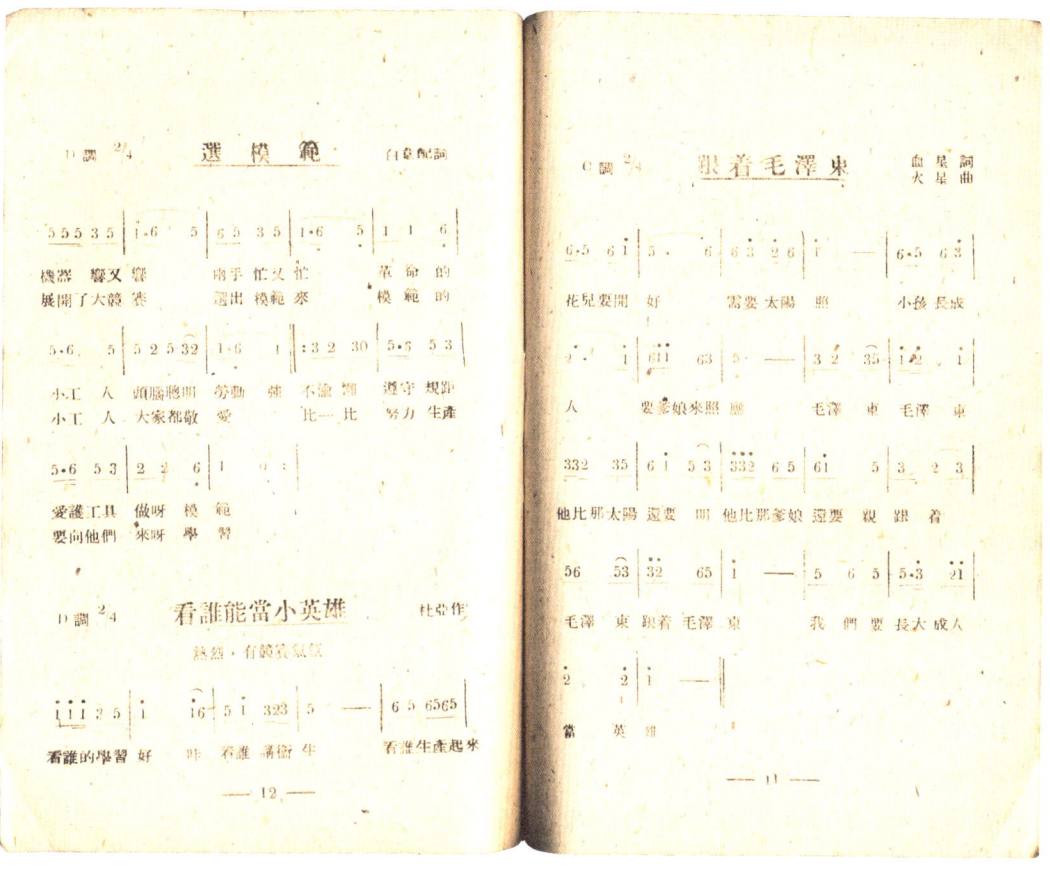

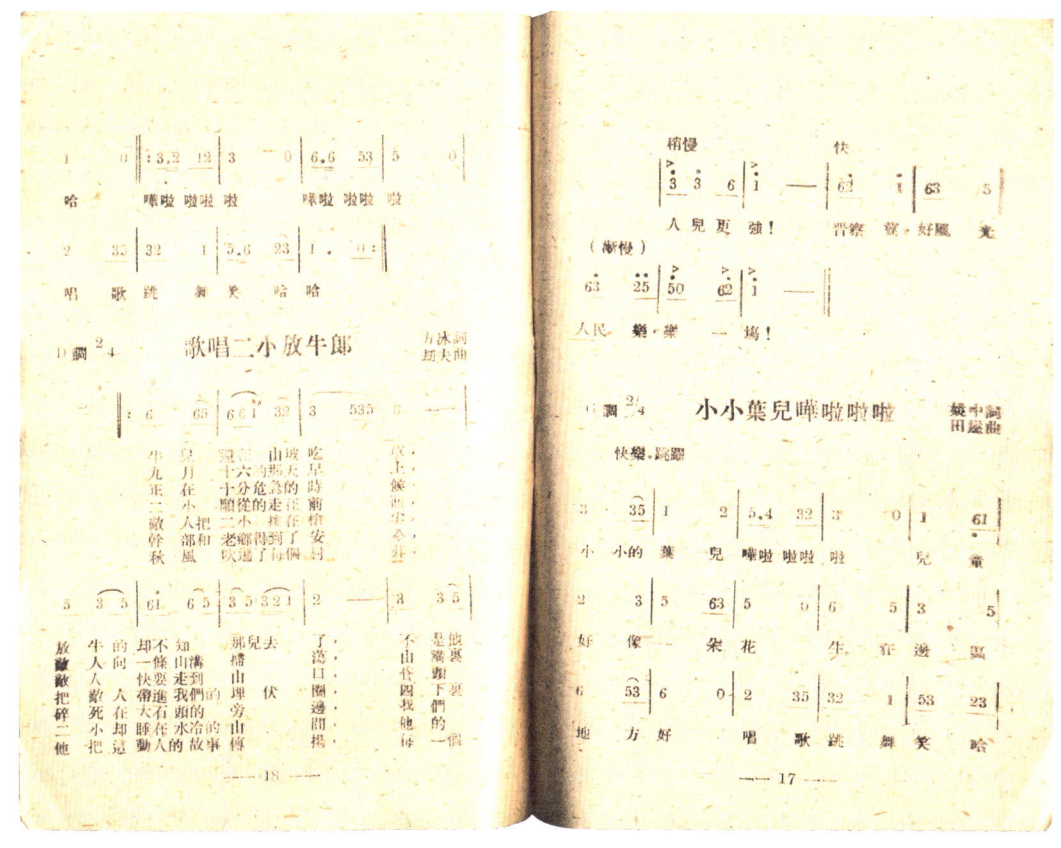

小歌集

白石真等编辑　吕梁文化教育出版社　1946年4月

　　此书编选了比较适合儿童的歌曲13首，包括《儿童队歌》、《庆祝和平小调》、《我是边区小英豪》、《少先队歌》等。

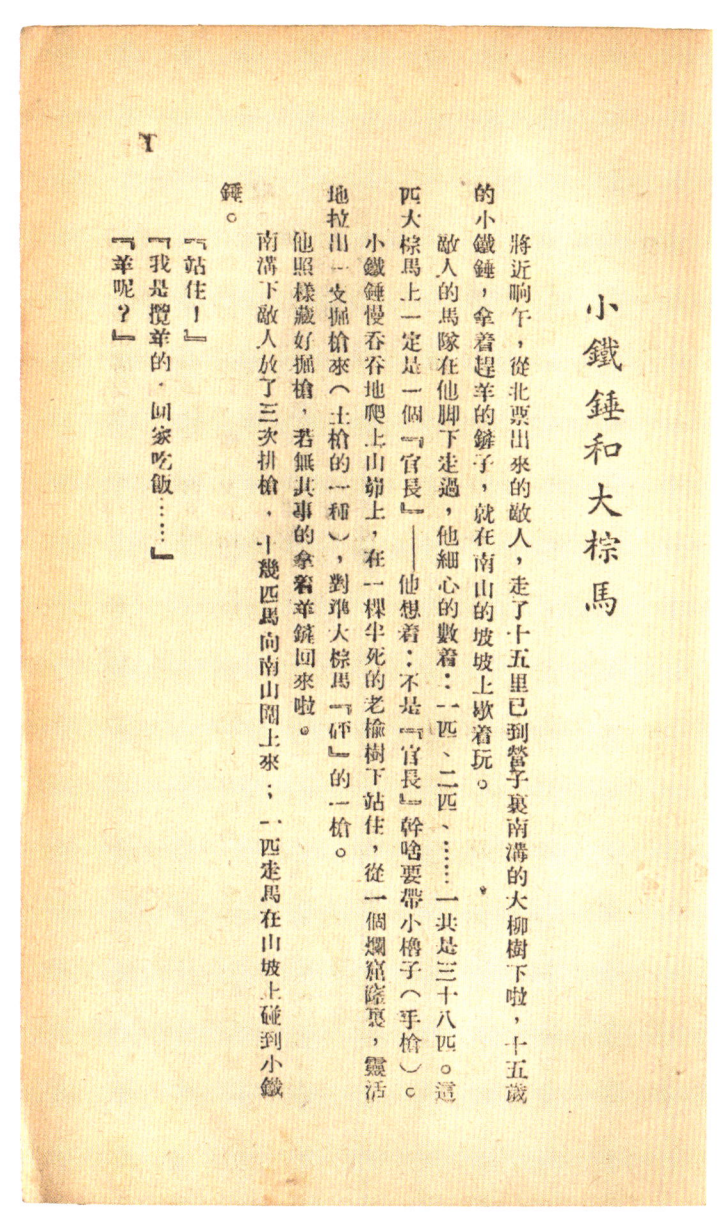

人民的好儿子

吴荫等著　东北书店　1948年

　　收录《小铁锤和大棕马》、《小劳动英雄孙吉祥》、《小孩捉汉奸》、《儿童查路条》等11篇发生在东北解放区的小故事。故事中的主人公有战斗英雄、劳动英雄、土地改革中的小英雄等。

初小国语（第二册）

刘御编　陕甘宁边区教育厅审定　陕甘宁边区新华书店　1949年2月再版

　　刘御（1912—1988），云南缅宁人，被誉为"解放区儿童文学的拓荒者"。延安时期，创作的诗集主要有《新歌谣》、《儿童歌谣》、《延安短歌》，故事集有《边区儿童故事》。他在编写教科书的过程中，力求多一些儿童文学成分，以使儿童们读起来有趣，教育效果更好。

英雄小八路

王玉胡著　季舒插画　长春　东北新华书店　1949年8月

　　该书描写了英雄小八路许逢家的真实故事。许逢家（1930—1946），出生于贫困家庭，自小给"义和栈"当小伙计，15岁加入了八路军，多次参战受奖。在横山攻坚战斗中英勇牺牲，年仅16岁。

英雄小八路

—— 小同志許逢家 ——

許逢家犧牲了，全團的幹部戰士那一個不在惋惜的說着：「好小鬼，真不該死！」他才十六歲，入伍還不到一年；他的入伍是一段很動人的故事。

一九四五年的冬天，部隊在延安待命，一個班住在南門外一家客棧裏，許逢家就在這個店裏當店員，自部隊來了他非常高興，時常抽空子到班上去玩，部隊借用什麼東西，他總是殷勤的照應，一兩天，就和戰士們搞得很熟了，他很羨慕軍隊的生活；

1

英雄　小　八　路
著　者　　　　胡舒
者　　　　王季
插畫者　　　王
出版發行者　東北新華書店
印刷者　　　東北新華書店印刷廠
總店　　瀋陽市馬路灣
分店　　瀋陽、哈爾濱、長春、大連、齊齊哈爾、吉林、牡丹江、佳木斯、安東、四平、錦州、承德、北安、營口、內蒙。
1949. 8. 初版　長. 1—5,000.

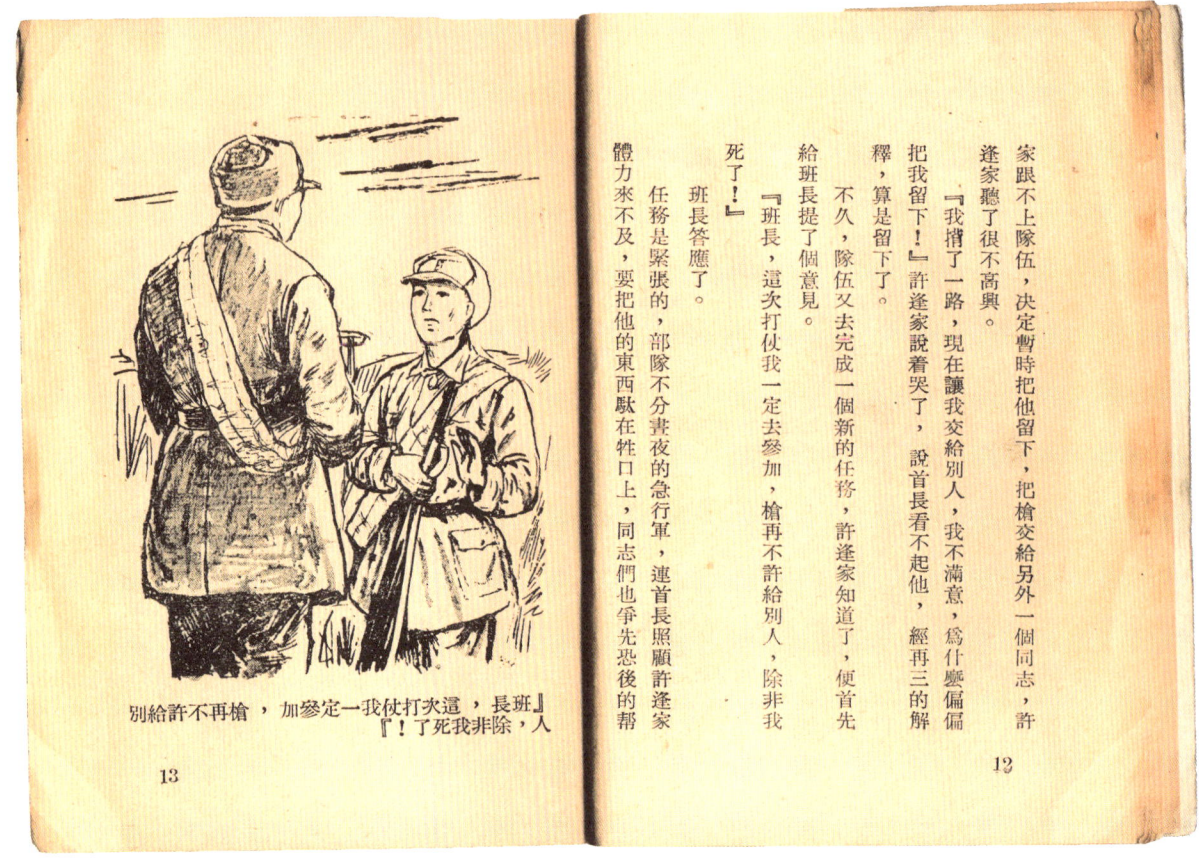

「班長，這次打仗我一定要參加，槍再不給許別了！除非我死了！」

13

家跟不上隊伍，決定暫時把他留下，把槍交給另外一個同志，許逢家聽了很不高興。

「我擋了一路，現在讓我交給別人，我不滿意，爲什麼偏偏把我留下！」許逢家說着哭了，說首長看不起他，經再三的解釋，算是留下了。

不久，隊伍又去完成一個新的任務，許逢家知道了，便首先給班長提了個意見。

「班長，這次打伙我一定去參加，槍再不許給別人，除非我死了！」

班長答應了。

任務是緊張的，部隊不分晝夜的急行軍，連首長照顧許逢家體力來不及，要把他的東西馱在牲口上，同志們也爭先恐後的幫

12

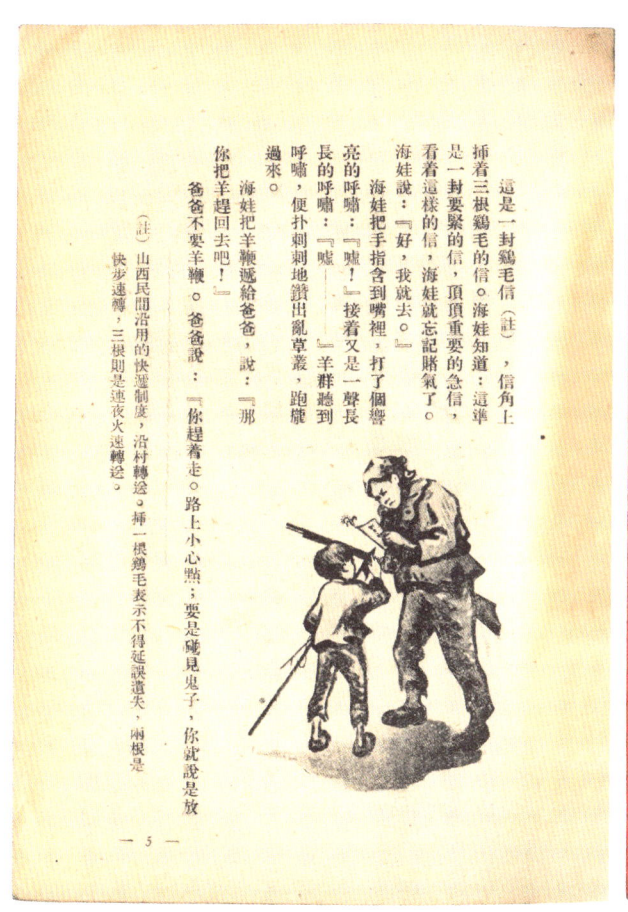

鸡毛信（抗日童话）

华山撰　大连新华书店　1949年

　　华山（1920—1985），广西龙州镇人。1939年毕业于鲁艺美术系，曾任中共中央机关报《新华日报》记者。《鸡毛信》描写了12岁儿童团团长海娃智送鸡毛信的故事，塑造了机智勇敢的抗日小英雄形象。

音乐

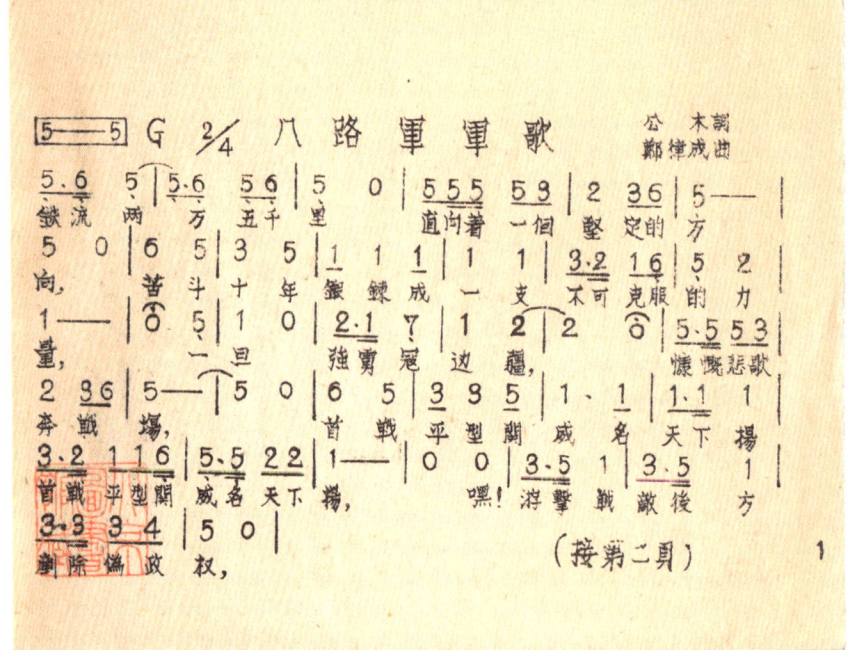

抗日先锋歌集（第二十期）

1942年8月一二九师政治部石印本

　　收录《八路军军歌》、《青年反法西斯进行曲》、《青年共产党员进行曲》、《希特拉必失败》4首歌曲，书前有《歌曲说明》，说明每首歌曲的演唱方法和注意事项。

"七七七"文艺奖金获奖作品歌曲集

晋绥边区吕梁文化教育出版社石印本

　　收录《党在敌后方》、《七月的太阳》、《四季变工》、《变工好》、《妇女要生产》、《儿童团歌》等6首歌曲。歌曲中的"变工"指的是解放区曾经施行过的农业劳动互助的简单形式,是农民相互调剂劳动力的方法,有人工换人工、牛工换牛工、人工换牛工等。

农村小曲

胡季委 柯兰著　笑俗 刘迅画　新华书店　1945年

　　收录胡季委、柯蓝、戈西等人编写的《农户计划歌》、《组织起来》、《开荒歌》、《劝二流子》等，每首唱词都配有一幅插图。书后有每个小曲的调子。

貧農戶計劃

組織起來
（打賣羊調）

毛主席的號召大家聽，
組織起來一條心，
互相幫助人手多，
衆人合作成聖人；
變呀變工隊，寶呀寶工隊，
合作生產好得很！

工變工來掙斷筋，
一塊兒做活有競爭，
一人一天開二分，
變工一天開二分半；

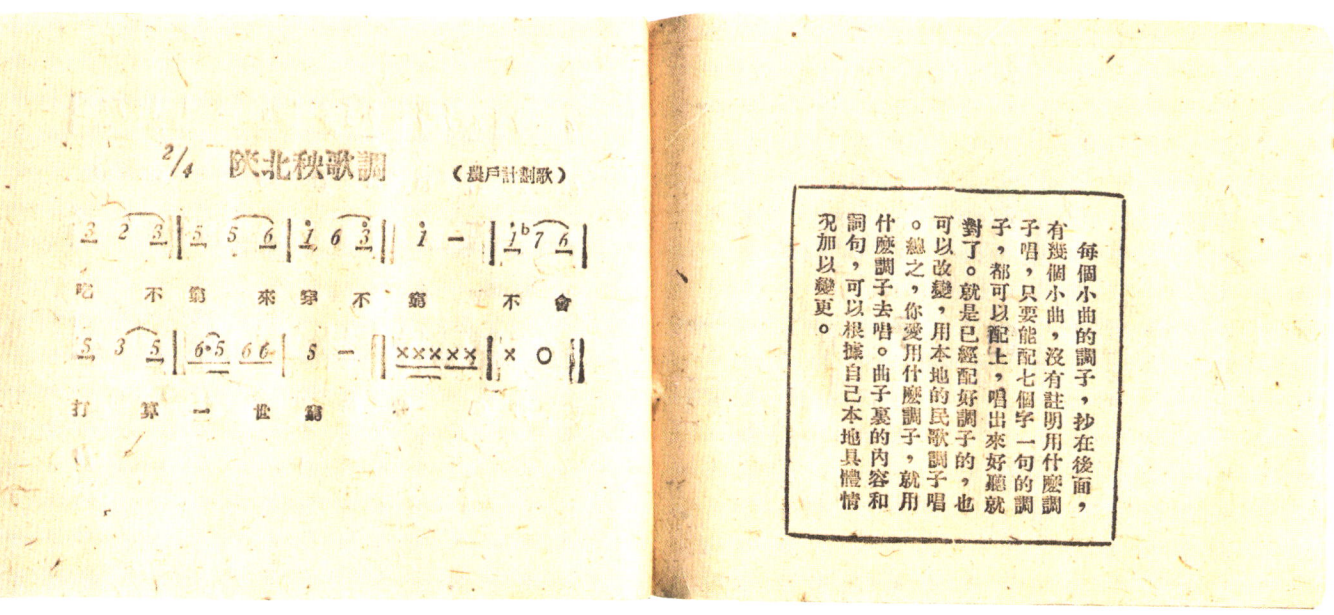

每個小曲的調子，抄在後面，有幾個小曲，沒有註明用什麼調子唱，只要能配七個字一句的調子，都可以配上，唱出來好聽就對了。就是已經配好調子的，也可以改變，用本地的民歌調子唱。總之，你愛用什麼調子，就用什麼調子去唱。曲子裏的內容和調句，可以根據自己本地具體情況加以變更。

 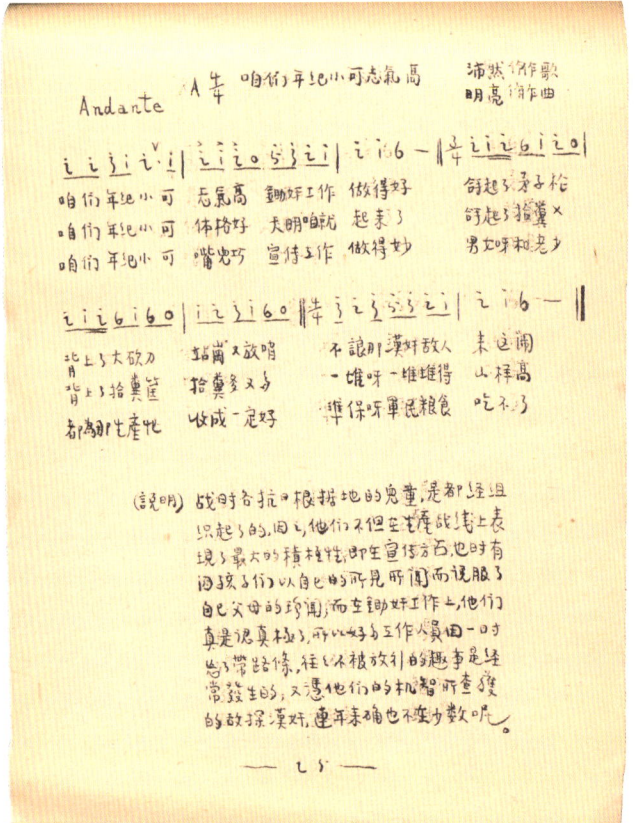

解放歌选

劳舟编选　　1946年1月中华全国音乐界救国协会太行区分会石印本

　　共选歌曲46首，民间小调曲16首，是抗战期间音乐工作者的心血结晶。其中民间小调曲都是太行山区最流行的曲子，编选的目的是为了发掘民间音乐的宝库，让大家领略不同地区独特的节奏、音阶、旋律及其表现手法。

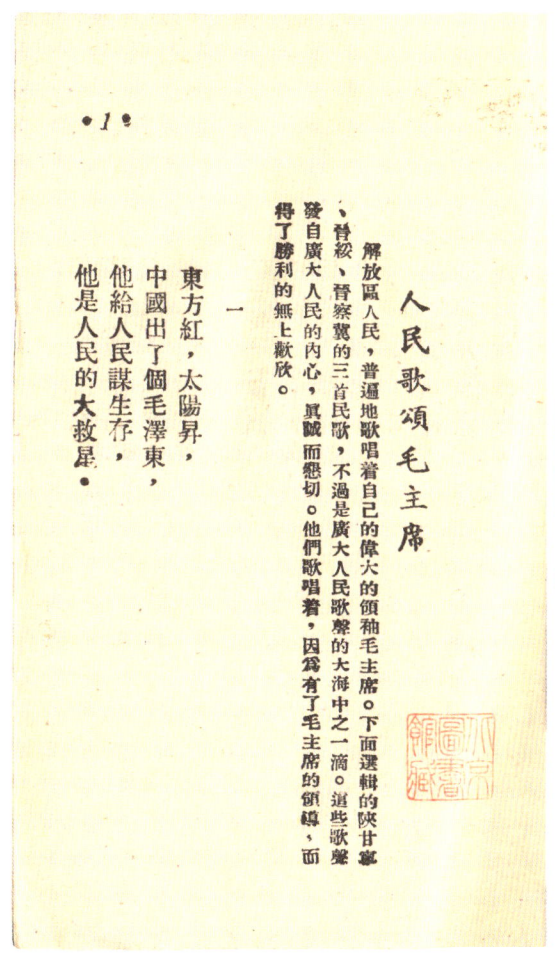

歌谣丛集

苗培时辑　韬奋书店　1947年6月

　　收录解放区歌谣，并附有蒋管区民间呼声。其中"人民歌颂毛主席"部分收有陕甘宁、晋绥、晋察冀的三首民歌。苗培时（1918—2005），北京人。1938年赴陕北公学、鲁迅艺术学院学习，专门从事口头文学、大众文学的研究工作。

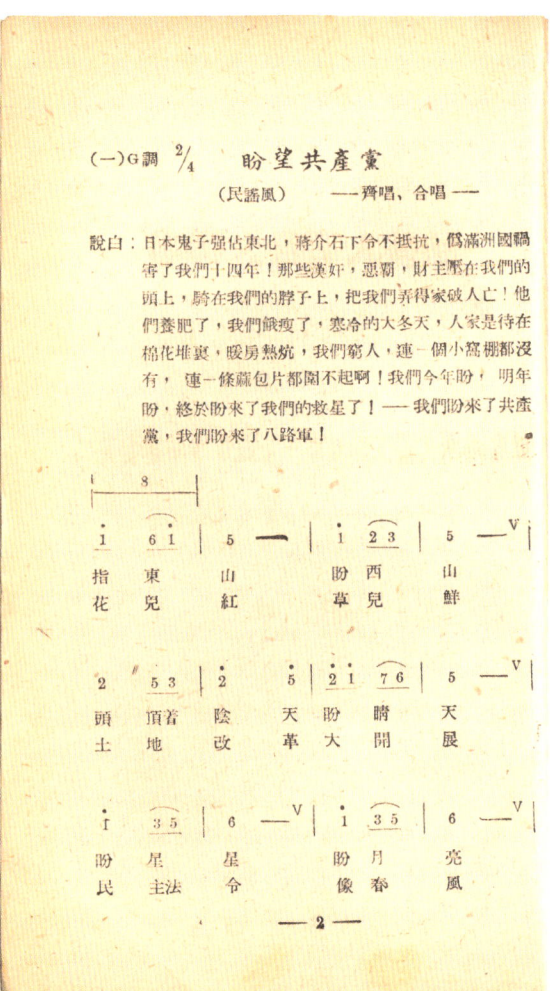

受苦人翻身大联唱

骆文词　程云曲　冀察热辽文艺工作团第一团编　东北书店　1947年8月

　　内容为：《盼望共产党》、《穷根在哪里》、《告状的人》、《清算大斗争》、《不让地主发疯》、《量斗歌》、《强盛的自卫队》。骆文（1915—2003），1941年到达延安，在鲁迅艺术学院学习和工作。程云（1920—2011），曾任冀察热辽联合大学、鲁迅艺术学院音乐系主任。

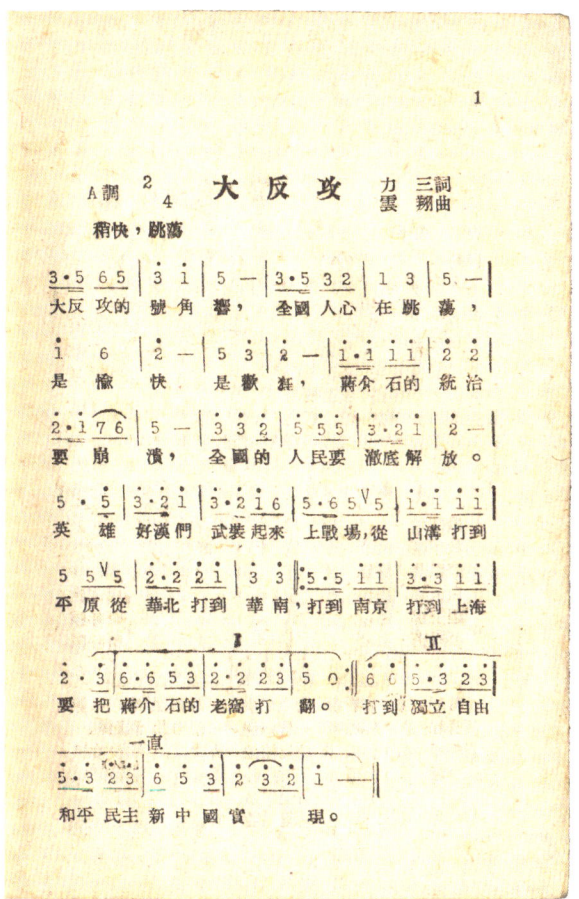

群众歌声

边区群众剧社编　晋察冀新华书店　1947年12月

　　分为《大反攻》和《土改》两部分，共选20余首歌，是群众剧社成员在涞水、逐鹿、宛平参加土地复查工作的产物。编者在《写在前面》提到："这些歌是一反我们过去的旧习，在工作过程中写的，不是在房子里想的了。"

参军支前歌集

冀南书店编辑部编　冀南书店　1947年

  收录《咱们是为谁当兵的》、《青年参战歌》、《参军小调》、《把蒋介石进犯军消灭光》、《中国人民一定要解放》等14首歌曲。这些歌曲极大地鼓舞和振奋了人民群众的士气。

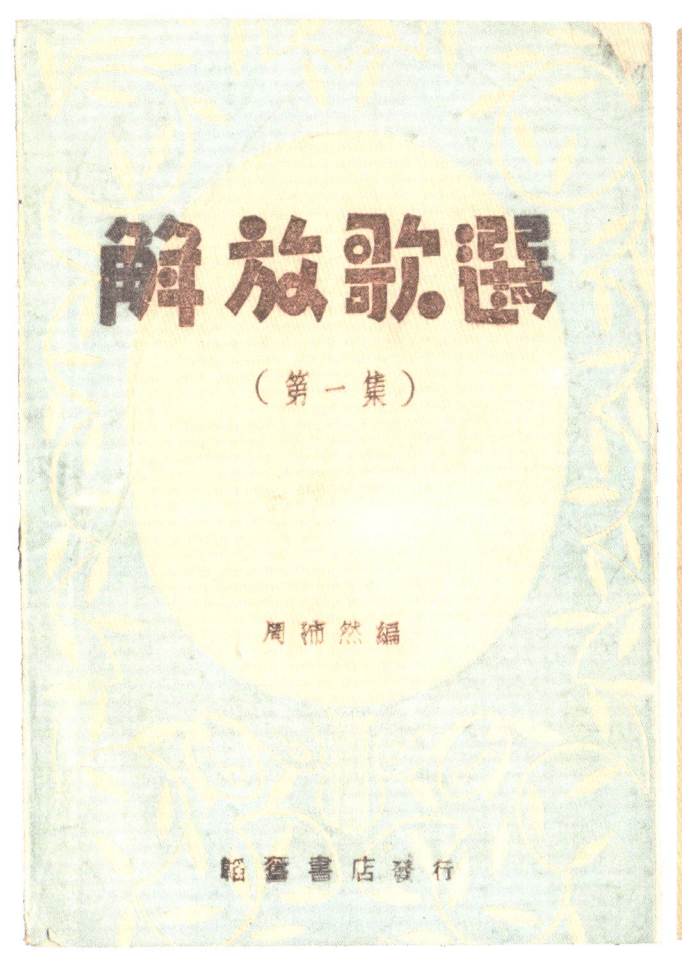
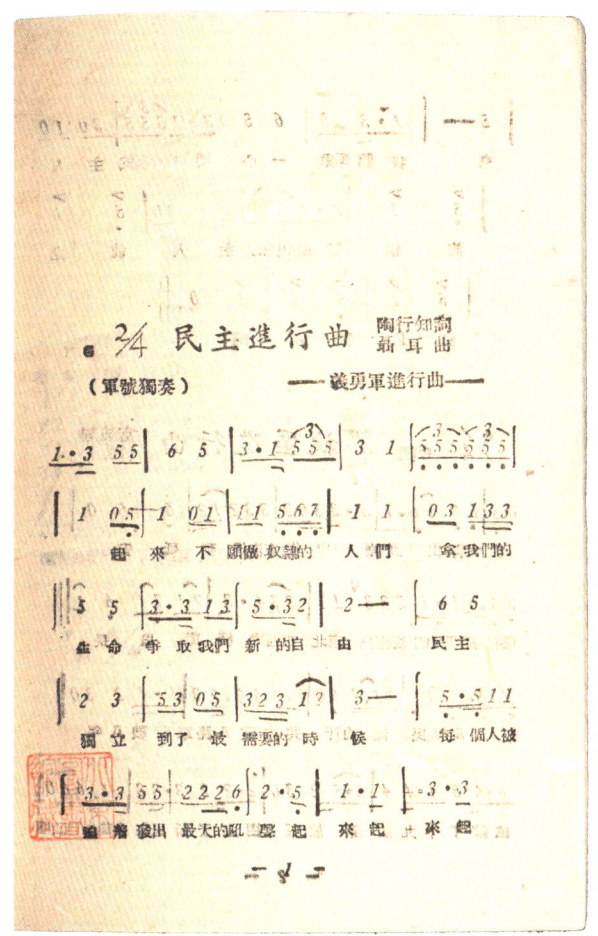

解放歌选（第一集）

周沛然编　韬奋书店

　　收录《民主进行曲》、《拥护八路军》等50余首歌曲。

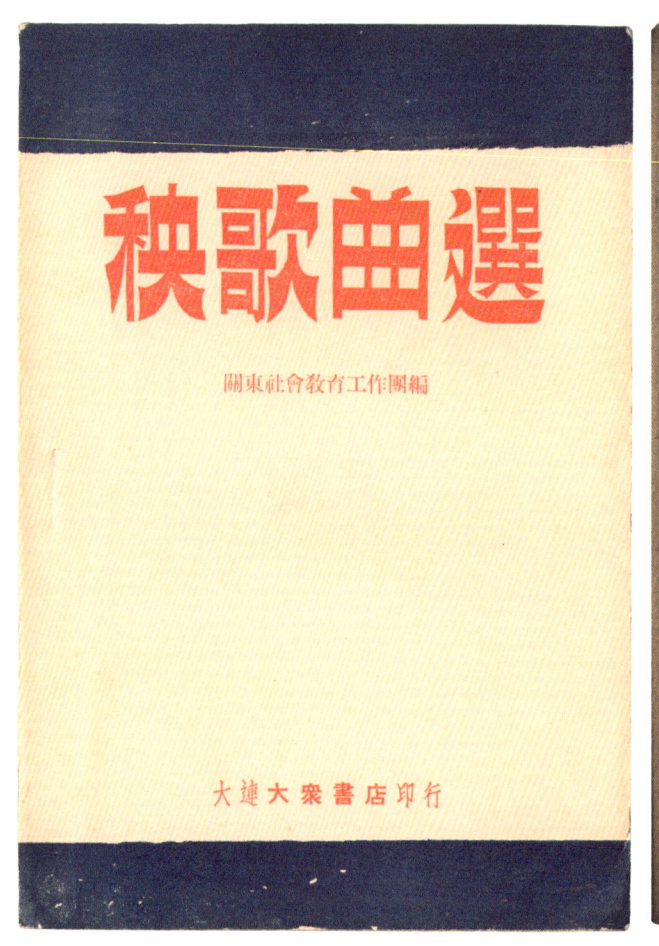

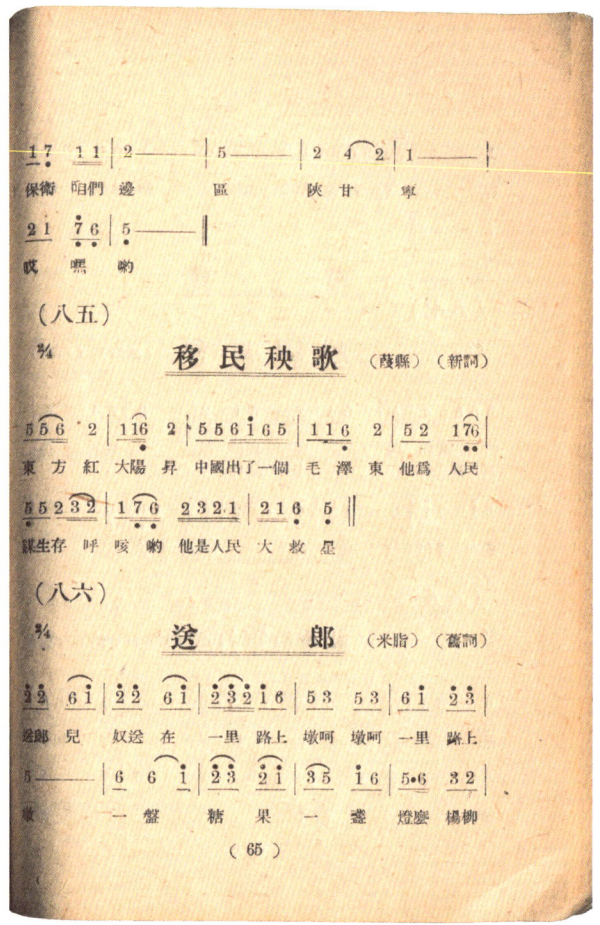

秧歌曲选

关东社会教育工作团编　大连大众书店　1948年2月

　　本书从2000多首民歌中选编秧歌曲调170首，按地域分为：东北秧歌、河北秧歌、山西秧歌、陕西秧歌、华中及他地秧歌。整理编选本书的目的是为了进一步开展关东地区的新秧歌新音乐运动，更广泛地向民间学习，更深入地研究民间各种艺术。

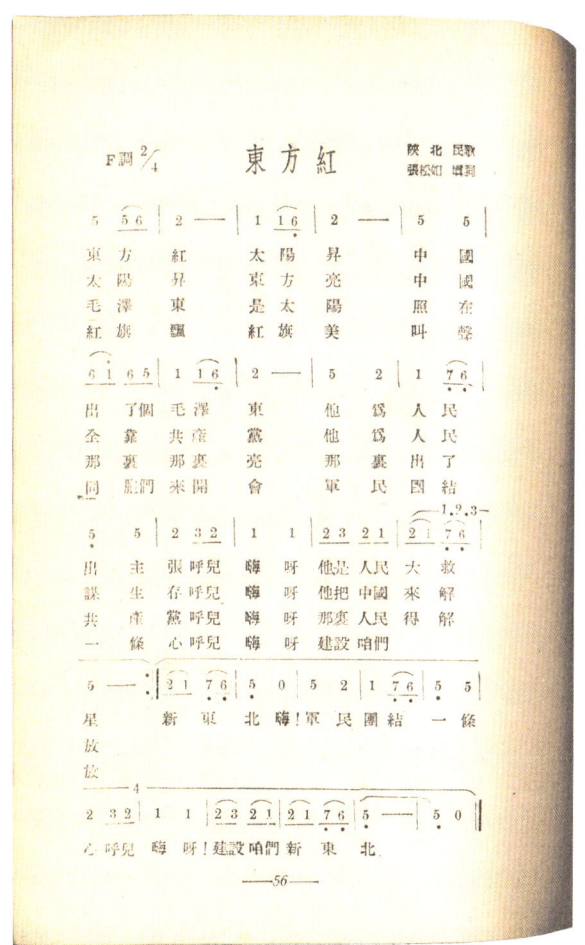

青年文娱手册

东大学生会编　东北书店　1948年9月再版

　　按纪念歌曲、青年歌曲、群众歌曲、军歌进行编选。所收《东方红》题为"陕北民歌　张松如填词"，新增了第四段"红旗飘，红旗美，叫声同胞们来开会，军民团结一条心，呼儿嗨呀，建设咱们新东北"。

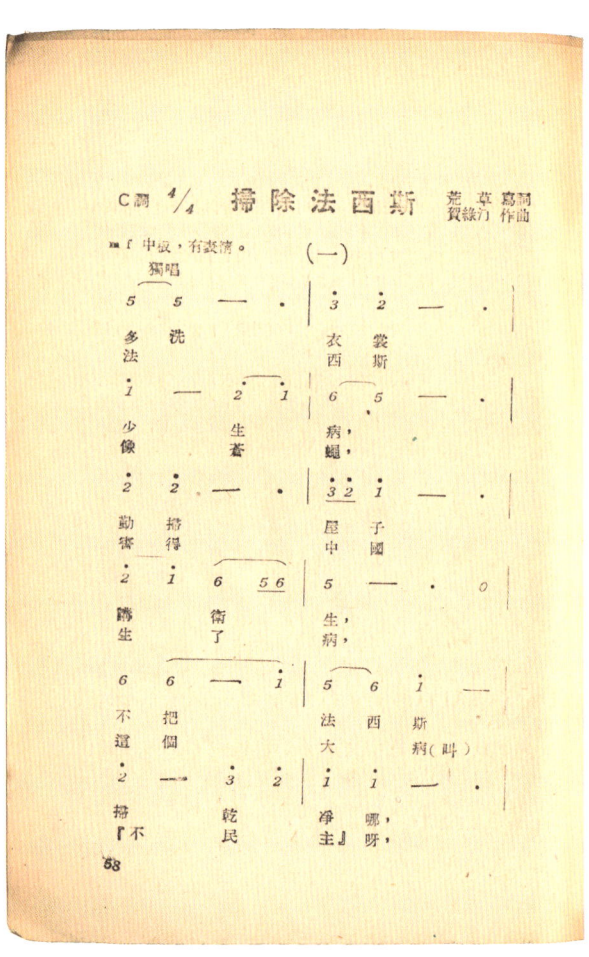

为民主自由而战

荒草作词　贺绿汀作曲　哈尔滨　光华书店　1948年11月

　　所收歌曲写于抗日战争和解放战争期间，主要选自《解放日报》、《东北日报》等报刊。词作者郭永江（1916—1993），笔名荒草。1940年到达延安，创作了第一部反映军队大生产运动的歌剧《张治国》，其填词的《扫除法西斯》曾在中国共产党第七次全国代表大会上演唱。

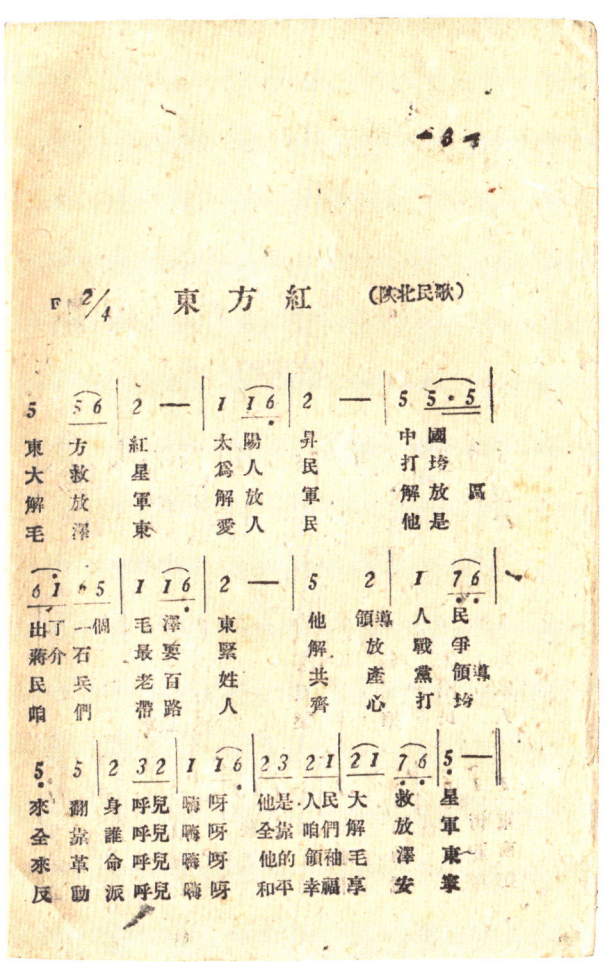

胜利歌集（第一集）

冀南文艺工作团编　冀南新华书店　1948年

　　收录《歌唱毛泽东》、《东方红》、《庆祝胜利》、《新民主主义青年团进行曲》等15首。其中《东方红》未标明词作者，仅题为"陕北民歌"。

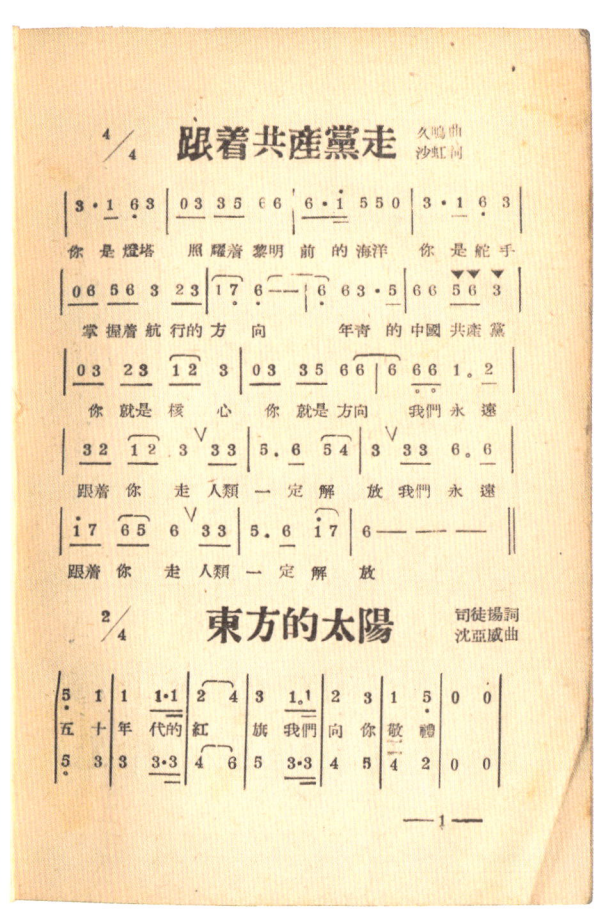

东方红

华中大学文艺研究会编选　淮安　华中新华书店五分店　1949年4月

　　1949年4月，华中大学文艺研究会根据解放区的歌曲编选了此书，分为歌颂、战斗、生产、学习等四类。此时解放战争即将在全国范围内取得胜利，此书的编选适应了新的形势的需要。

美术

翻身（连环画）

任迁乔画　滨海农村社编　1944年10月山东新华书店石印本　再版

　　任迁乔（1919—1999），1943年任《滨海农村》美术编辑，曾参加山东莒南县大店镇"减租、减息工作团"，在广泛搜集素材的基础上，编绘了本书。该书以大店镇平鹰坟的故事为主线，反映了中国共产党建立抗日民主根据地后，实行减租减息政策，长期受压迫的群众终于翻身做主的历史。

民兵的故事（木刻连环画）

彦涵刻　东北画报社编辑　1946年10月东北画报社石印本

　　该书描写了抗战期间华北平原上民兵对敌斗争的小故事。彦涵（1916—2011），江苏连云港人。1938年毕业于延安鲁艺美术系，是解放区著名的木刻家。其版画以西方黑白木刻为基础，吸收中国民间艺术的表现手法，富于时代气息与民族特色。

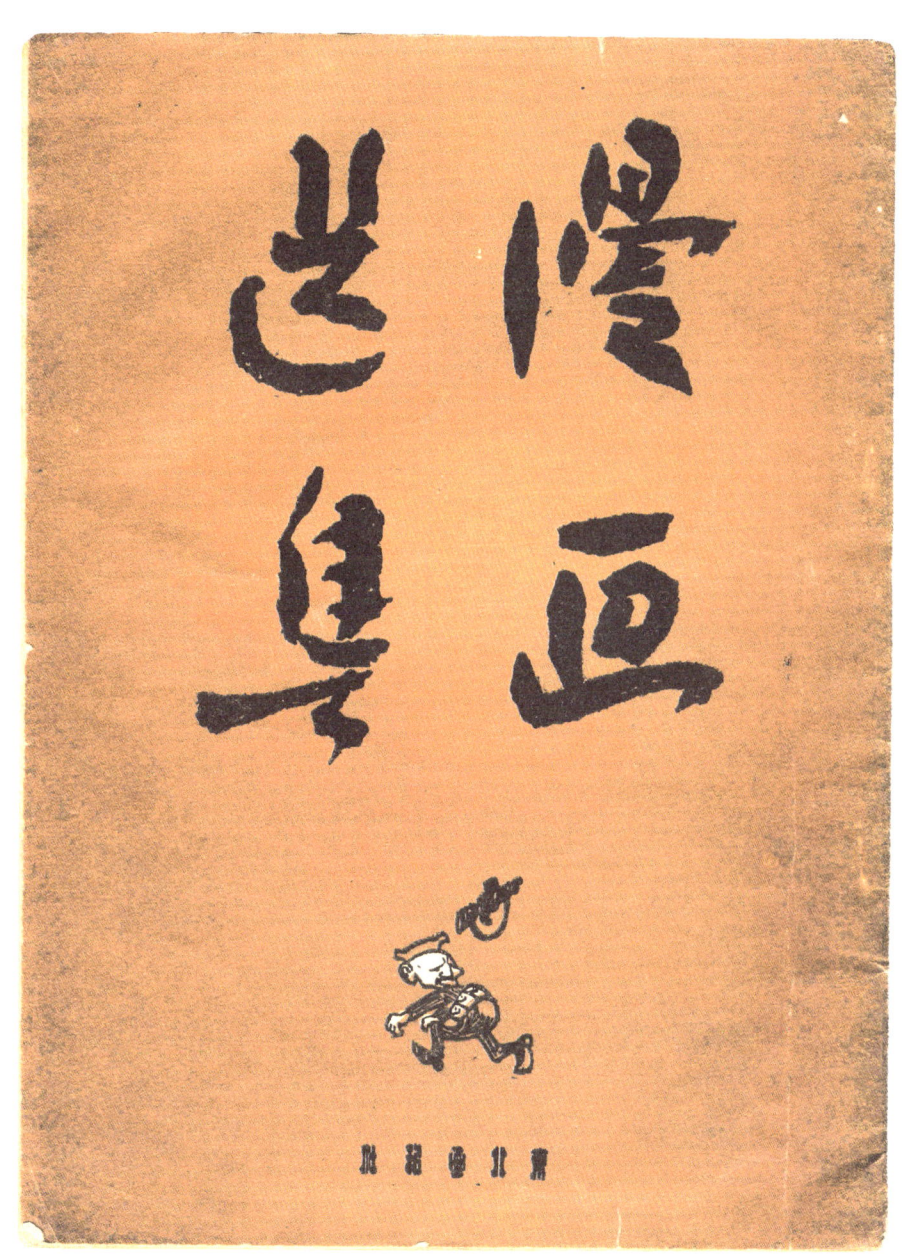

漫画选集

东北画报社编辑　1946年12月东北画报社石印本

　　刊载了张仃、华君武、朱丹、安林、丁达民、刘迅等16位作家的54幅作品，均选自《东北漫画》和《东北日报》。反映了东北解放区新漫画运动的初步成果。

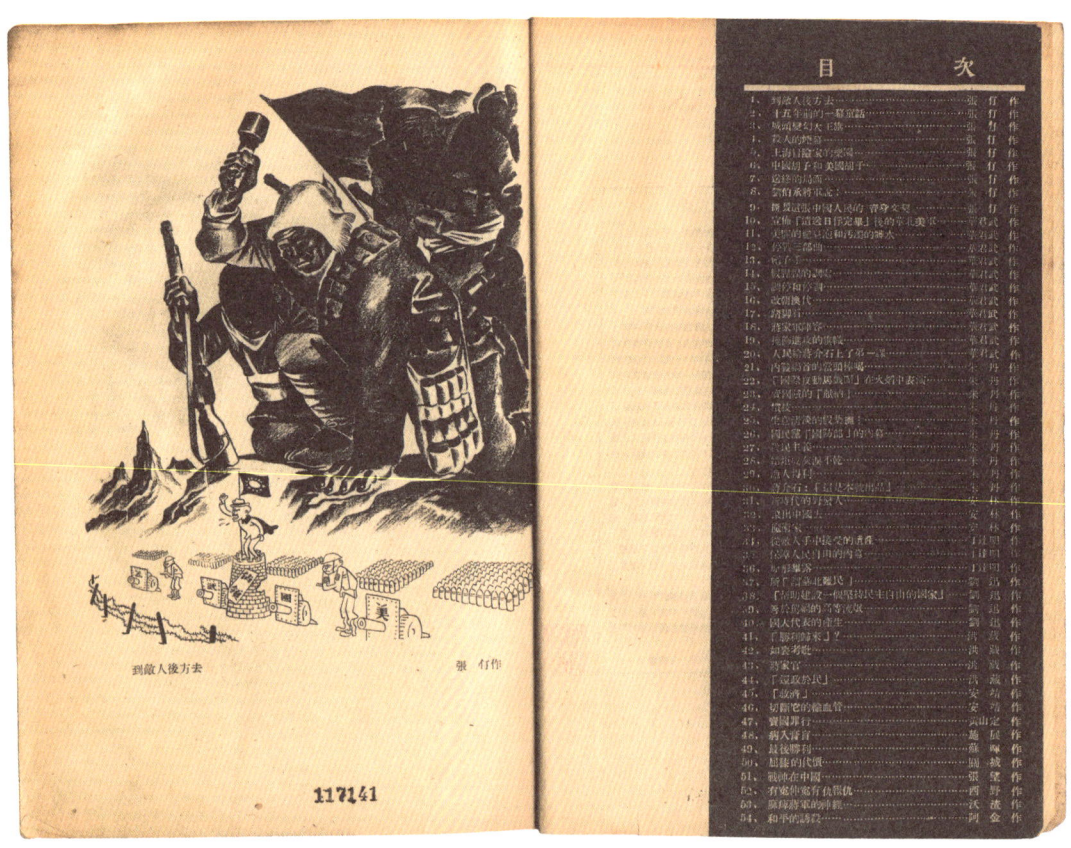

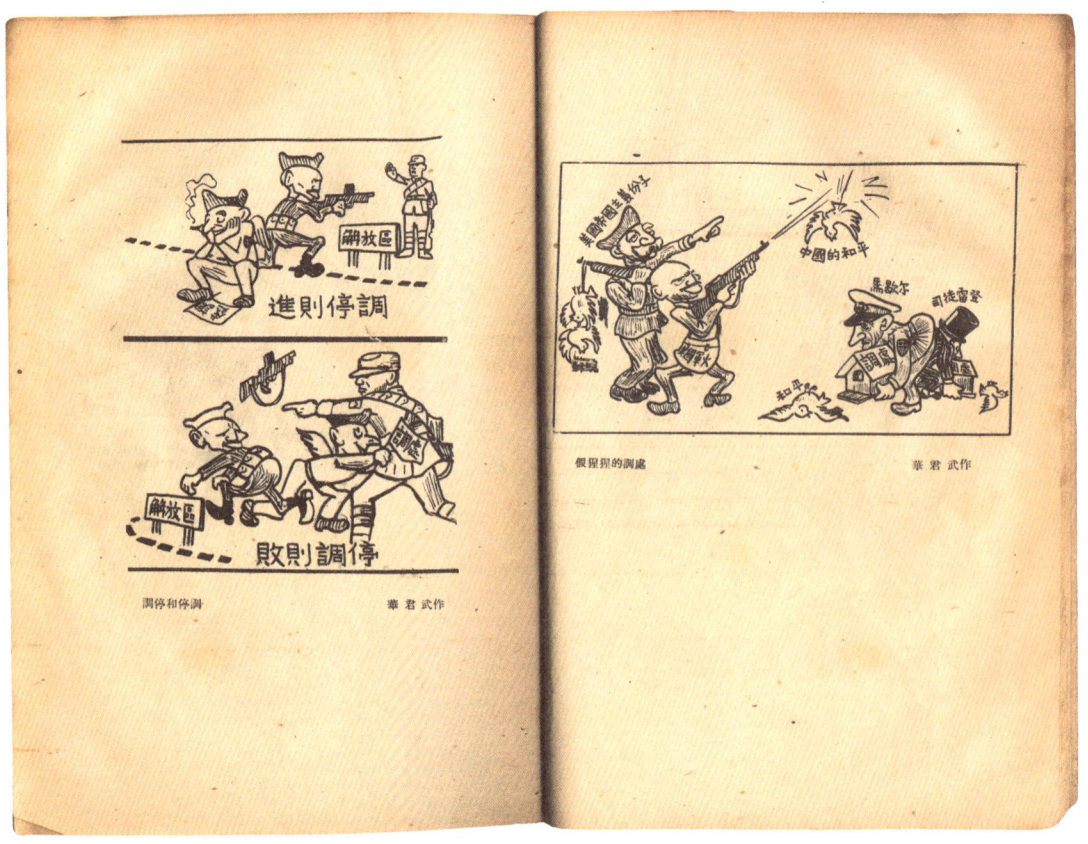

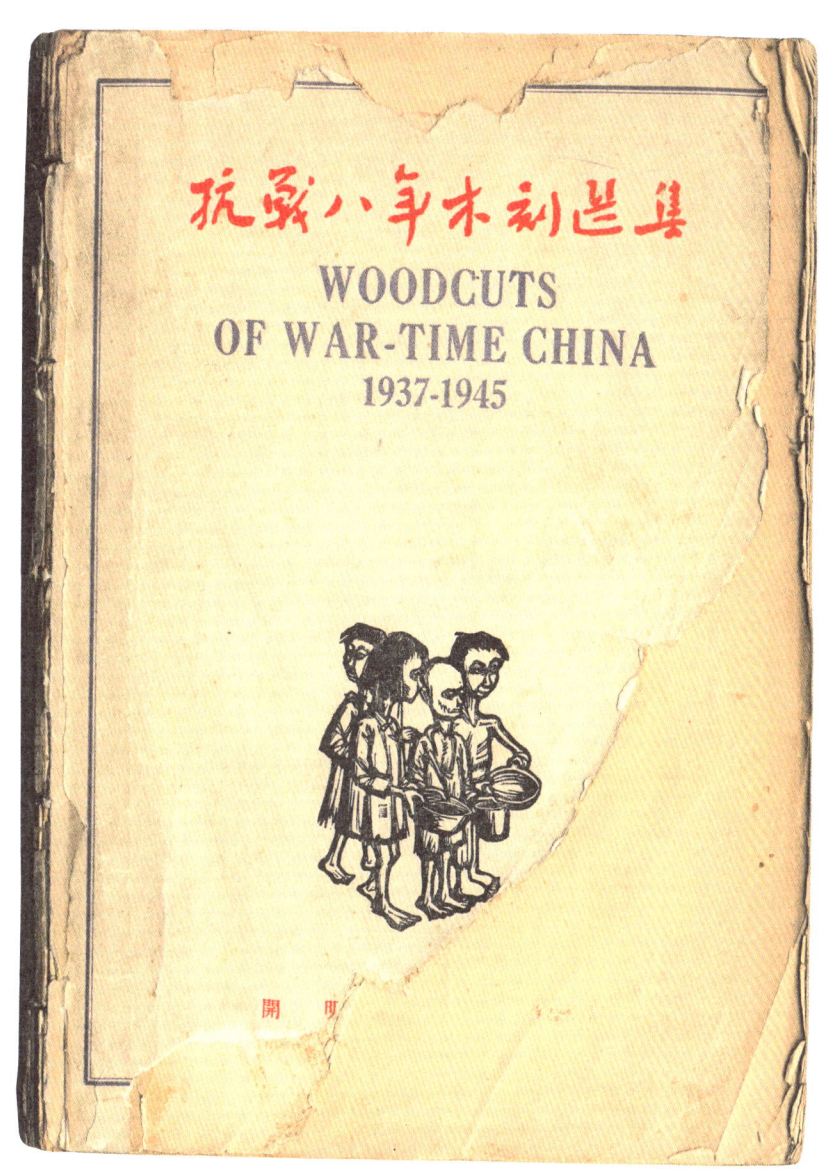

抗战八年木刻选集（1937—1945）

开明书店编　上海　开明书店　1946年12月

　　1946年8月，中华全国木刻协会为了检阅抗战以来的木刻创作成果，在上海举办了大型木刻展览，并从数千件展品中精选出75位木刻家的100幅作品，辑为此书。1946年10月19日是鲁迅先生逝世十周年，此书的出版寄予了对鲁迅先生深切的缅怀之情。

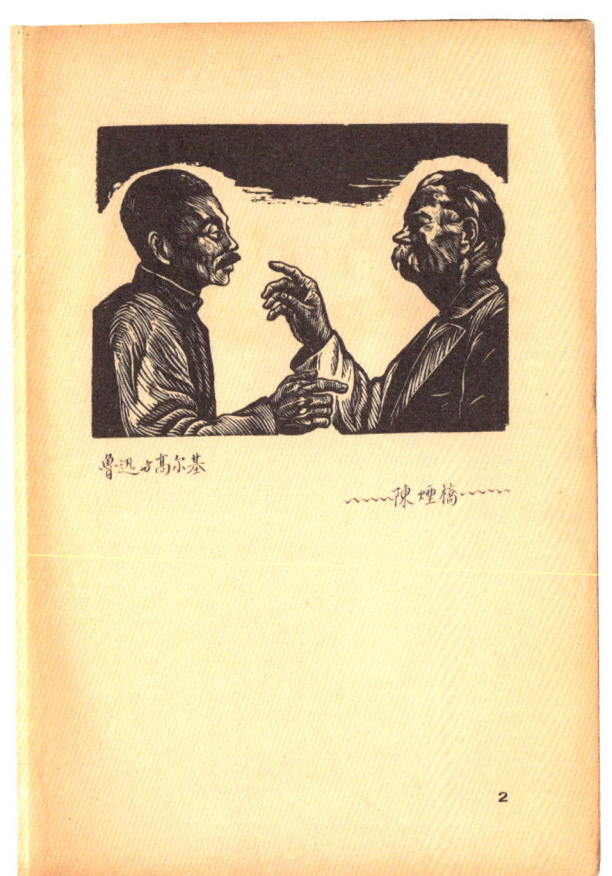

鲁迅与高尔基

————陈烟桥————

2

离婚诉

————古元————

7

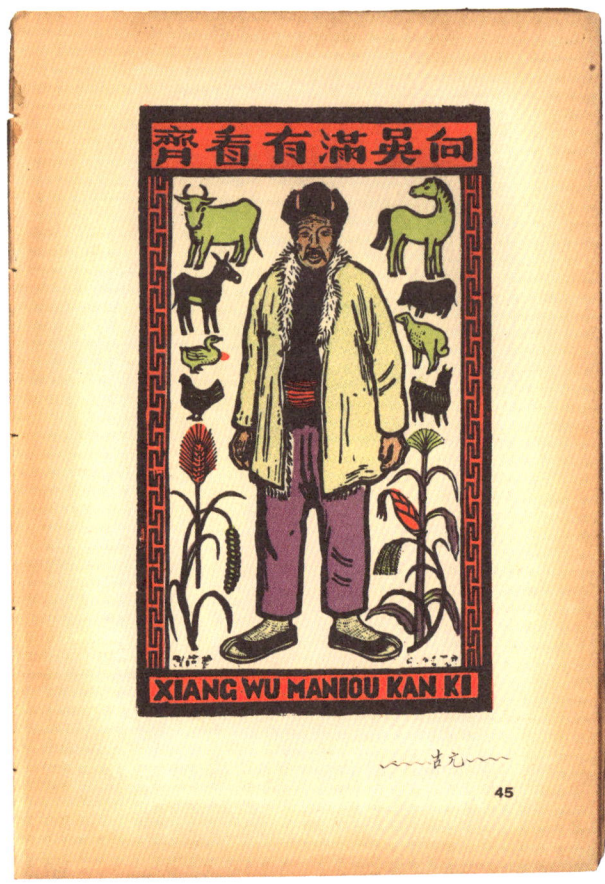

————古元————

45

神兵的故事

————彦涵————

57

人民女英雄刘湖兰（说唱连环图画）

张望作画　庄严作词　陈紫　念云配曲　东北书店　1947年8月

　　1947年3月，张望从报纸上得知刘胡兰英勇就义的消息后，绘制了连环画，并做成幻灯片放映，还曾利用扩音器，讲解画中故事。为了起到更好的宣传效果，张望又请庄严作词，陈紫、念云配曲，完成了这本说唱连环画，可以称之为美术与群众说唱艺术相结合的新尝试。

狼牙山五壮士

华山文 彦涵木刻　东北画报社　1947年12月再版

　　1944年，华山在采访狼牙山五壮士中两名幸存者后，完成了文学脚本。彦涵据文制成了木刻画。该书初版为延安印刷厂用土产的"马兰纸"上机印刷，印数很少。1945年，美国《生活》杂志出版过一个精装袖珍本。第三版为东北画报社临摹石印。

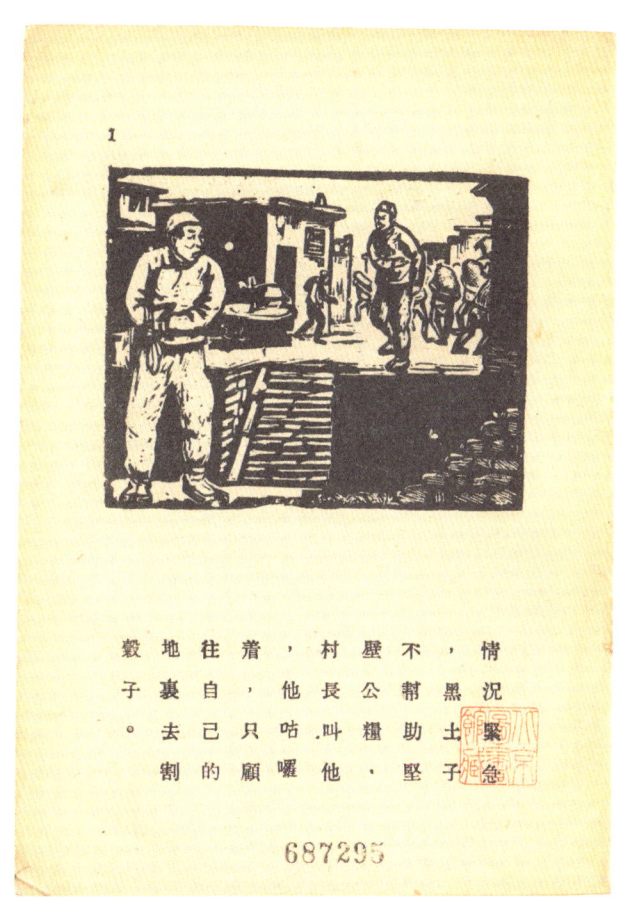

黑土子的故事

华山著　沃渣木刻　东北画报社　1947年12月

　　沃渣（1905—1973），浙江衢县人。曾任延安鲁艺美术系主任。本书始刻于1944年10月中旬，1945年初完成。描写了解放区晋察冀北岳小村庄村民黑土子最初打鬼子不积极，后经多方面的教育和帮助，转变为积极的游击队员，最后参加八路军，成为革命战士的故事。

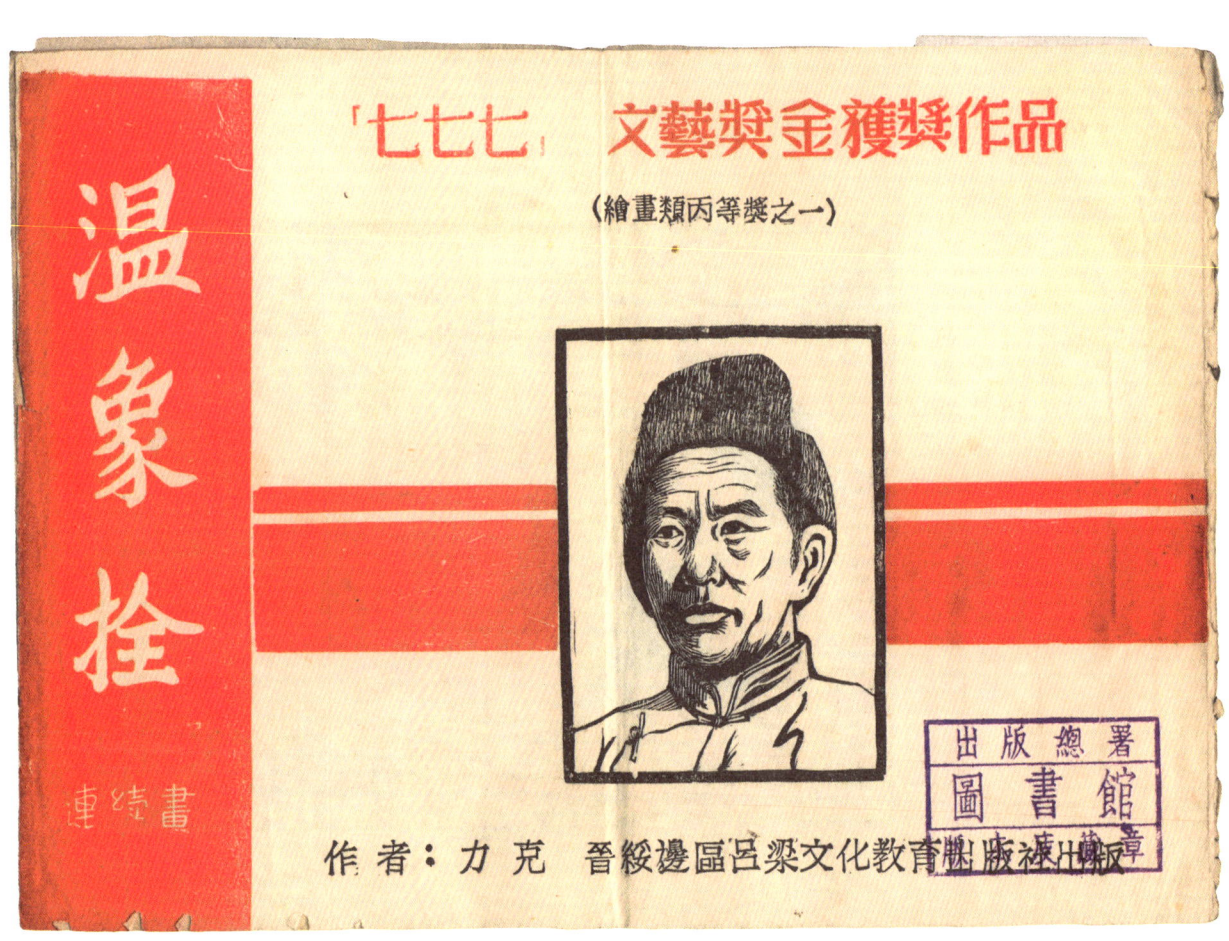

温象拴（连环画）

力克著　1947年晋绥边区吕梁文化教育出版社木刻彩印本

　　"七七七"文艺奖金获奖作品。描绘了晋绥边区农民特等劳动英雄温象拴的故事。作者赵力克在抗日战争和解放战争期间，曾任《晋绥日报》、《晋绥大众报》美术工作，专门从事木刻版画艺术创作和宣传活动。

（一）

温象拴的一家都是勤劳的农民，整年在地裏刨闹。

（十六）

晋绥边区第三次劳动英雄大会上，温象拴被选为农民特等劳动英雄，政府奖给他的枪，牵着大黄牛，在台上褶着他呢，谁不钦服。

窗花（民间剪纸艺术）

陈叔亮编　高原书店　1947年

　　陈叔亮（1901—1991），浙江黄岩人。曾任教于延安鲁艺，擅长版画。此书为陈叔亮收集的陕甘宁边区窗花，分为人物、走兽、翎毛、虫鱼花卉四部，凡98幅。

担架队员老杨

洪藏等作　东北画报社　1948年3月

　　讲述了解放战争中，五十多岁的村民老杨担当了担架队员，积极运送并悉心照顾解放军伤员的故事。洪藏，1913年生于广东普宁，曾任东北画报社副总编辑、西满画报社社长。该书还收有丁达明《赵德才明白》、施展《全家光荣》两个故事。

纪利子（连环木刻）

吕琳著　晋绥军区政治部　1948年4月

　　吕琳，1920年生于山西吉县，早年在中共地下组织领导下开始作木刻画，宣传抗日。1940年到达延安，从鲁艺美术系毕业后，曾在晋绥军区政治部从事美术工作。该书以30幅图画叙述了贫民纪利子饱受剥削压迫的辛酸故事，以及加入八路军后自身不断觉醒改造的过程。

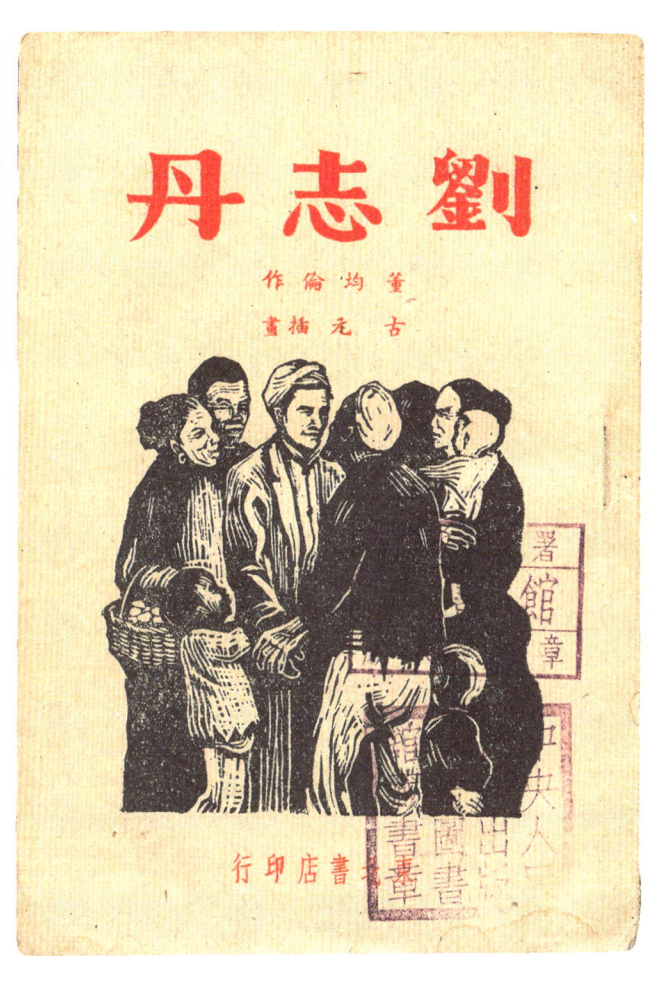

刘志丹

董均伦著　古元插画　东北书店　1948年9月

　　此书为董均伦从民间搜集的革命英雄刘志丹的传说故事，曾连载于《解放日报》。古元（1919—1996），广东珠海人。1938年赴延安，先后在陕北公学、鲁迅艺术学院学习。1942年参加在重庆举办的全国木刻展览会，被徐悲鸿称赞为"中国艺术界一卓绝之天才"。

附：《讲话》在国统区的影响

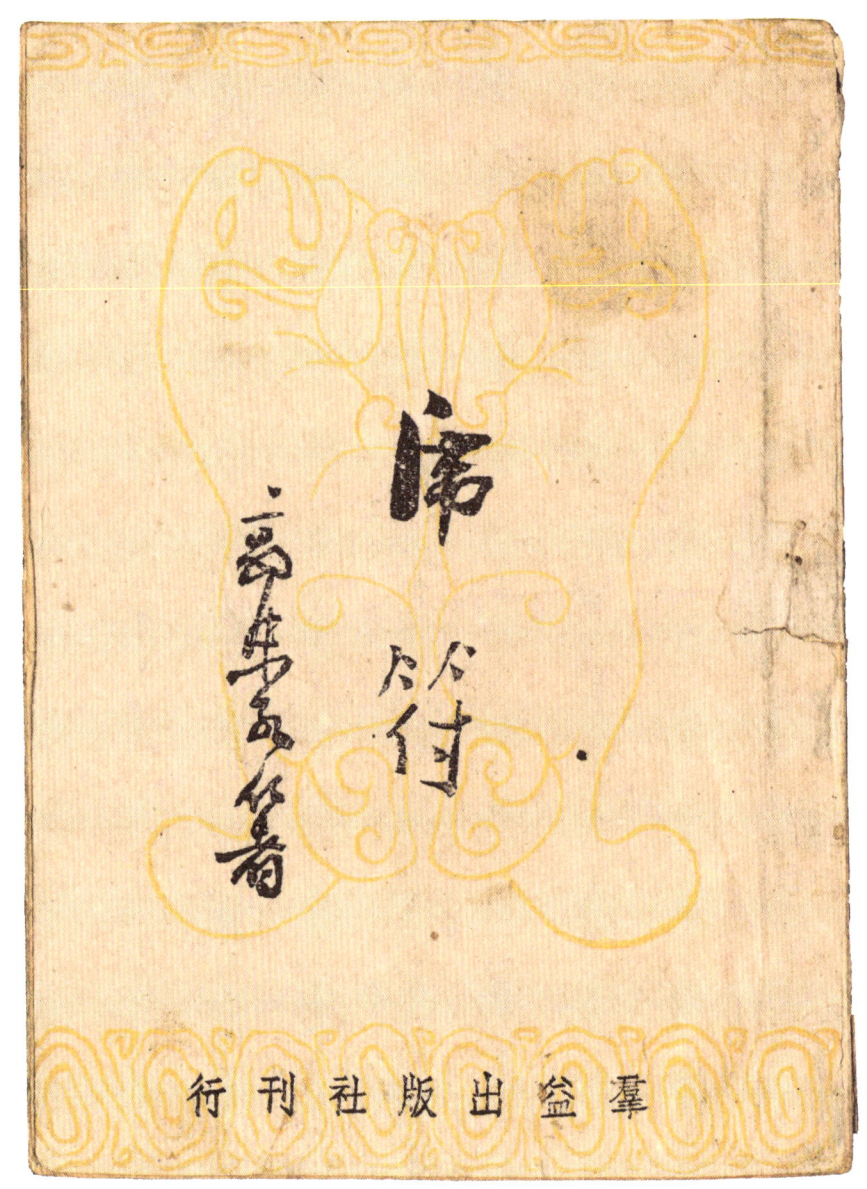

虎符：信陵君与如姬

郭沫若著　　重庆　群益出版社　1942年10月

　　五幕话剧。取材于《史记·魏公子列传》，写于1942年，1943年首演。该剧描写了战国"四君子"之一魏信陵君窃符救赵的故事。

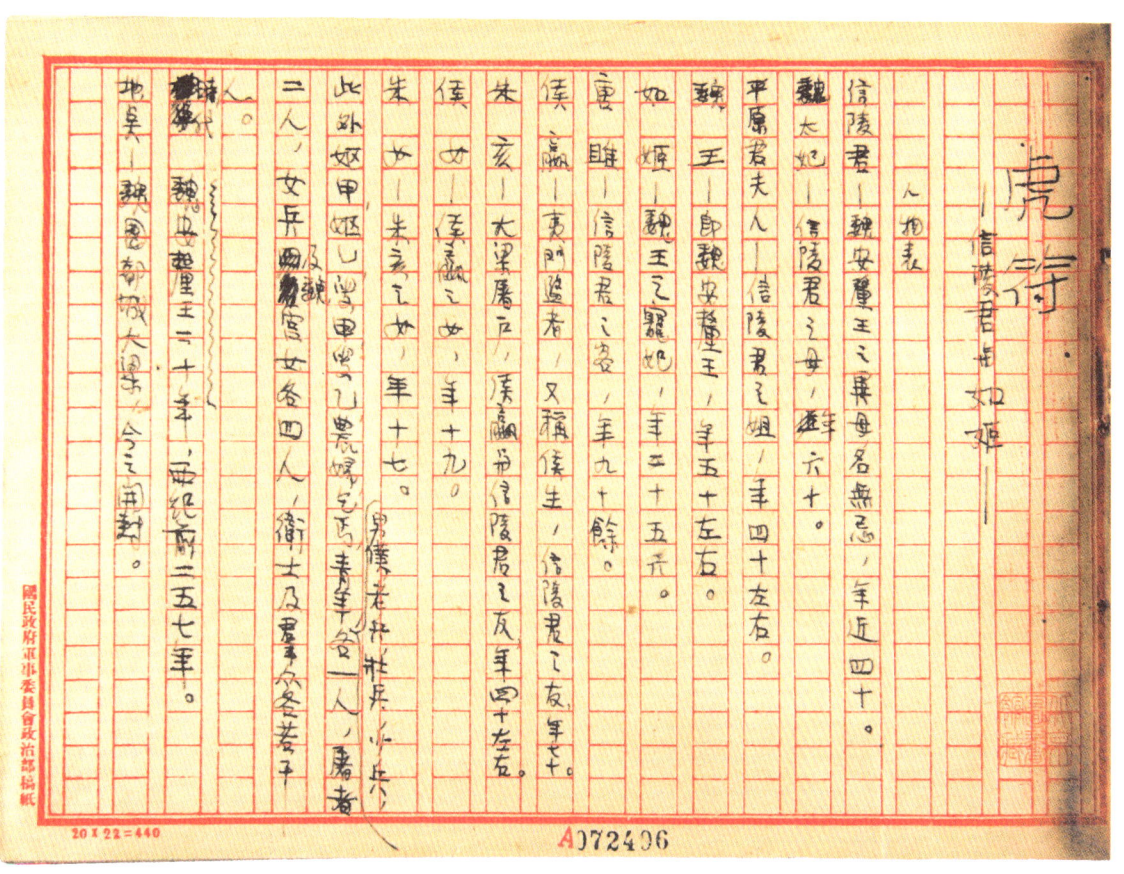

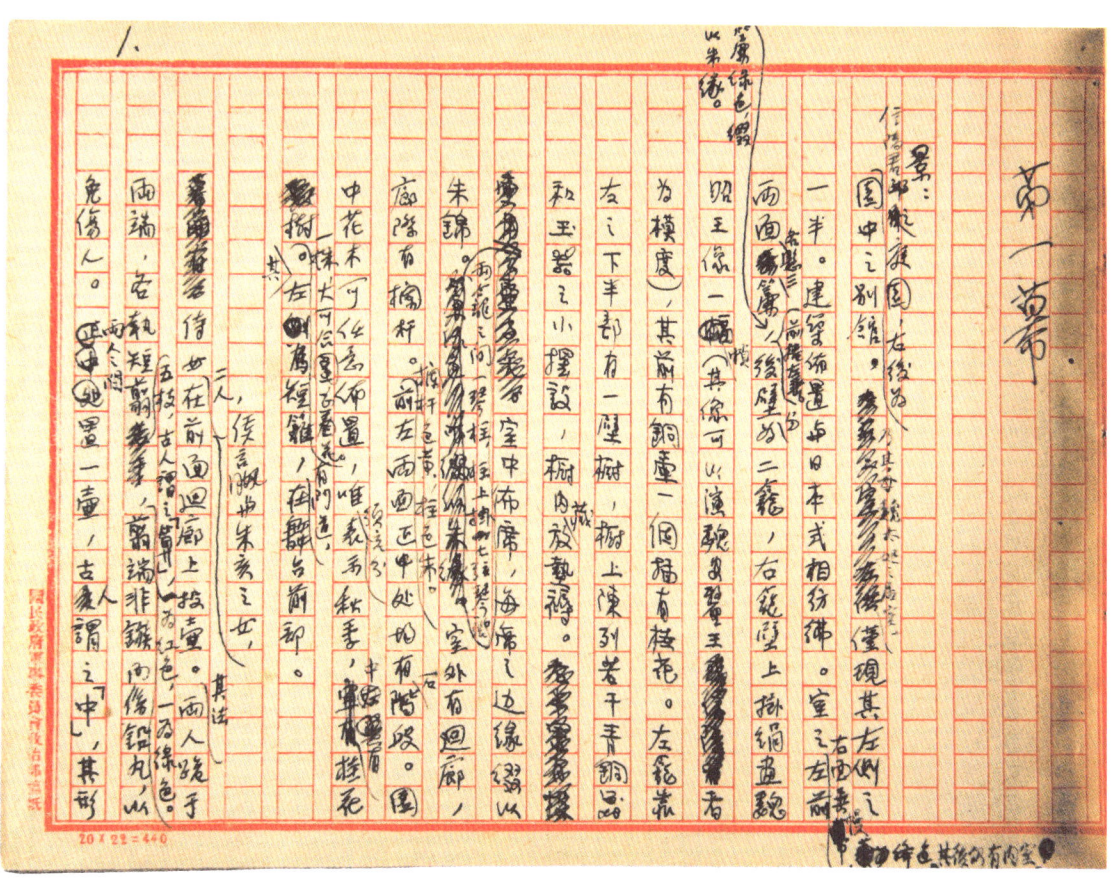

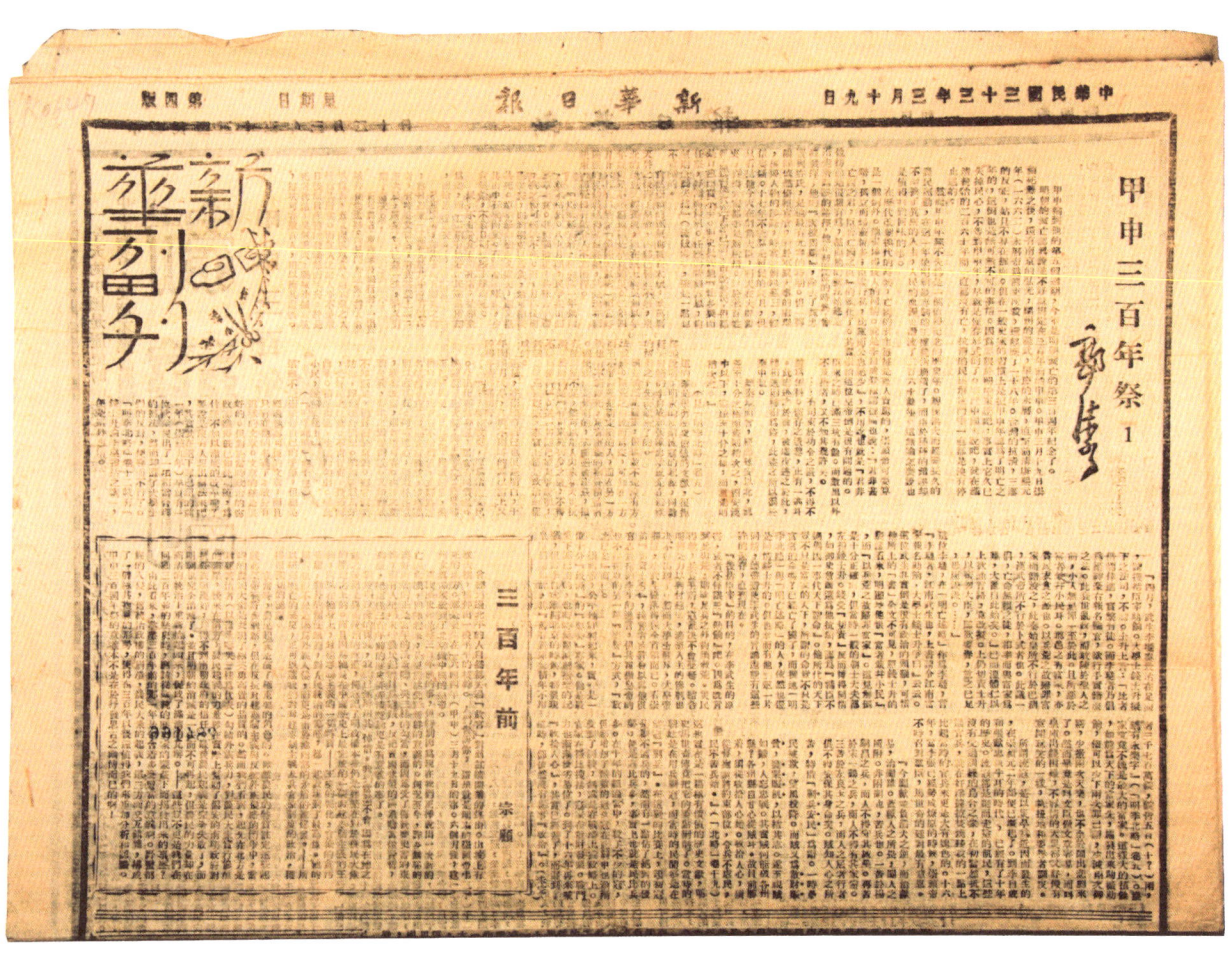

甲申三百年祭

郭沫若著　　《新华日报》1944年3月19日副刊

　　该文以马克思主义的观点对李自成领导的农民起义的原因、经验和教训作了总结。文章发表后，立即得到了中共中央的重视，毛泽东多次指出要从李自成起义的历史中吸取经验教训，并批示将《甲申三百年祭》作为中共整风的文件之一。

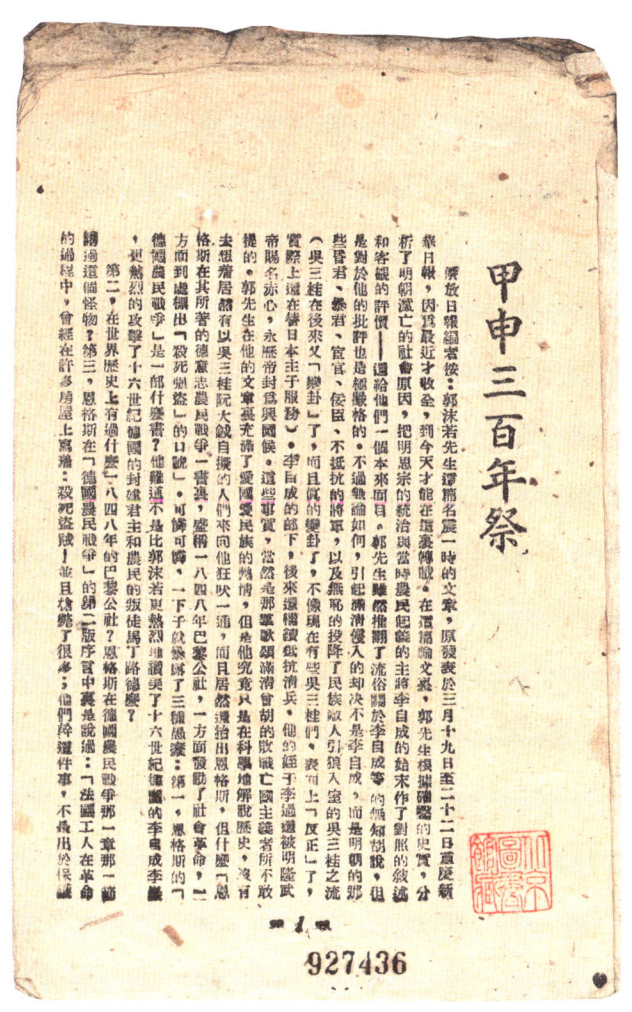

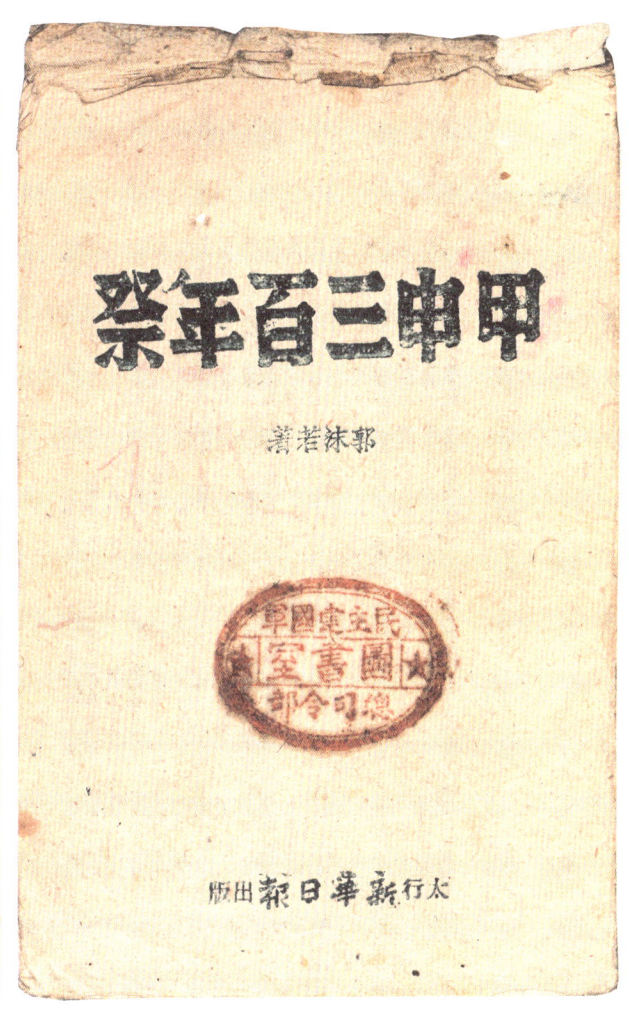

甲申三百年祭

郭沫若著　太行新华日报　1944年

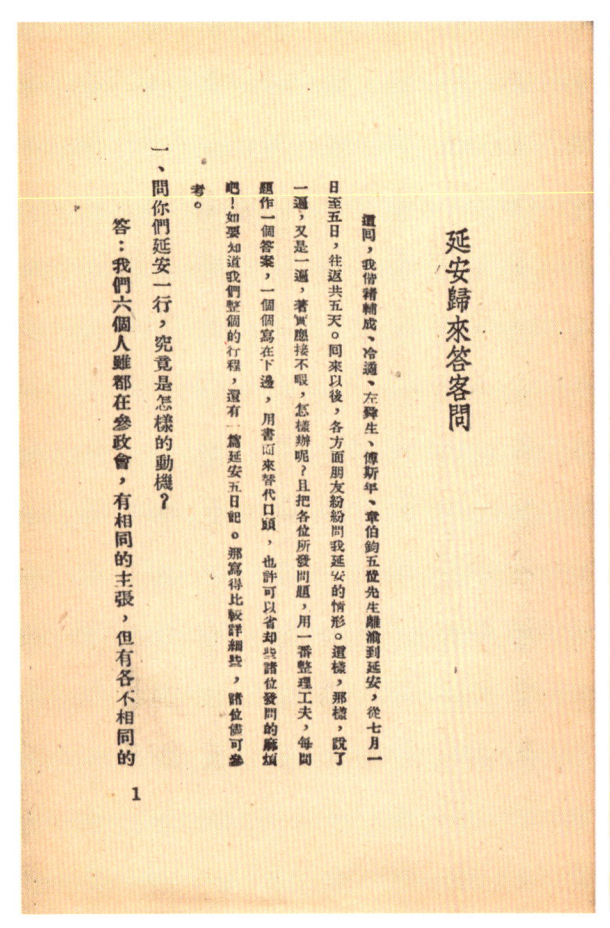
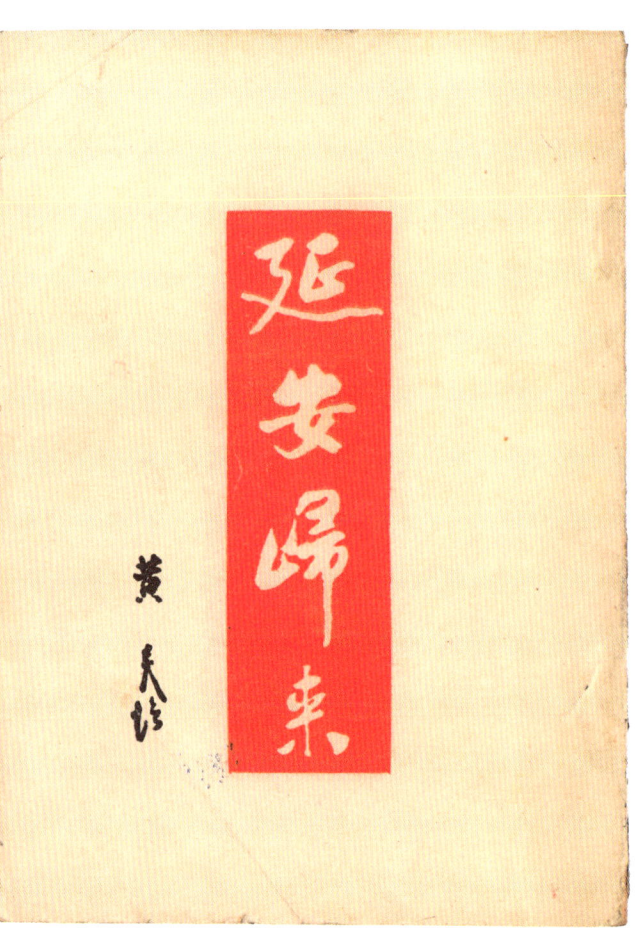

延安归来

黄炎培著　重庆国讯书店　1945年10月

　　黄炎培（1878—1965），号楚南，江苏川沙（今属上海市）人。1945年7月1日，为促成国共双方恢复商谈，黄炎培等六人从重庆飞赴延安。毛泽东等领导人予以热烈欢迎和接见。返渝后，由黄炎培口述、其夫人姚维钧执笔写成此书，主要向国统区的人民介绍了当时延安的情况。

患难余生记

邹韬奋著　韬奋书店　1946年8月

　　邹韬奋（1895—1944），原名恩润，祖籍江西余江，生于福建永安。现代著名新闻记者、政论家、出版家。《患难余生记》为1944年邹韬奋在病榻上写的回忆录未完稿。全书分三章：流亡、离渝前的政治形势和进步文化的遭难。

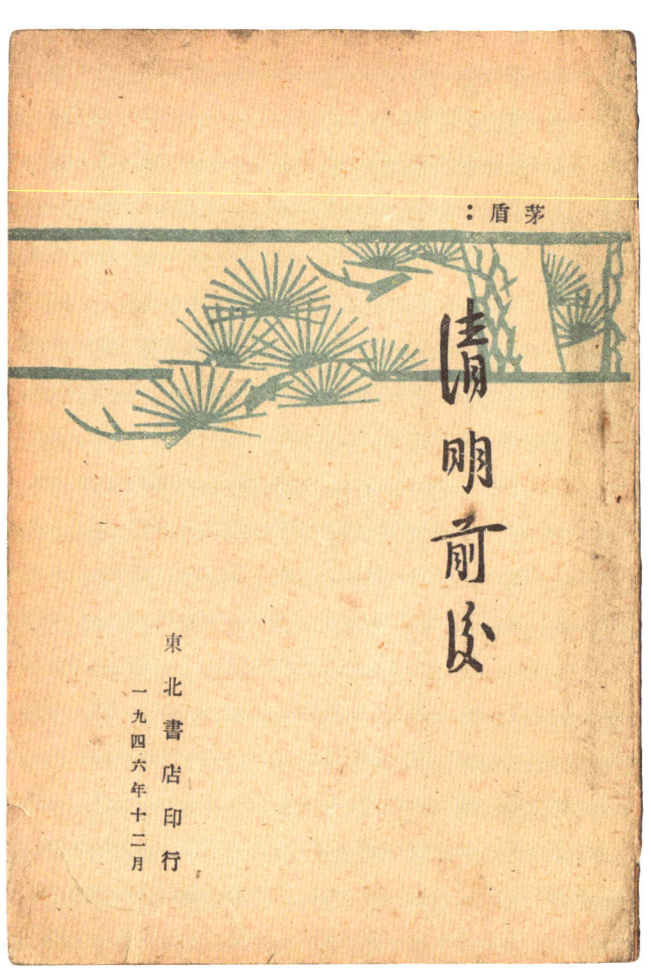

清明前后（五幕剧）

茅盾著　东北书店　1946年12月

　　该剧以1944年国统区的"黄金加价舞弊案"为背景，描写了"更新机器厂"总经理林永清、小职员李勤被"乘抗战风而腾达"的金澹庵、严干臣之流诱入"黄金案"的故事。

升官图（话剧）

陈白尘著　佳木斯　东北书店　1947年9月

　　陈白尘（1908—1994），江苏淮阴人。《升官图》为三幕政治讽刺喜剧，通过两个强盗的"升官梦"，揭露和讽刺了一个小县城肮脏的官场交易。

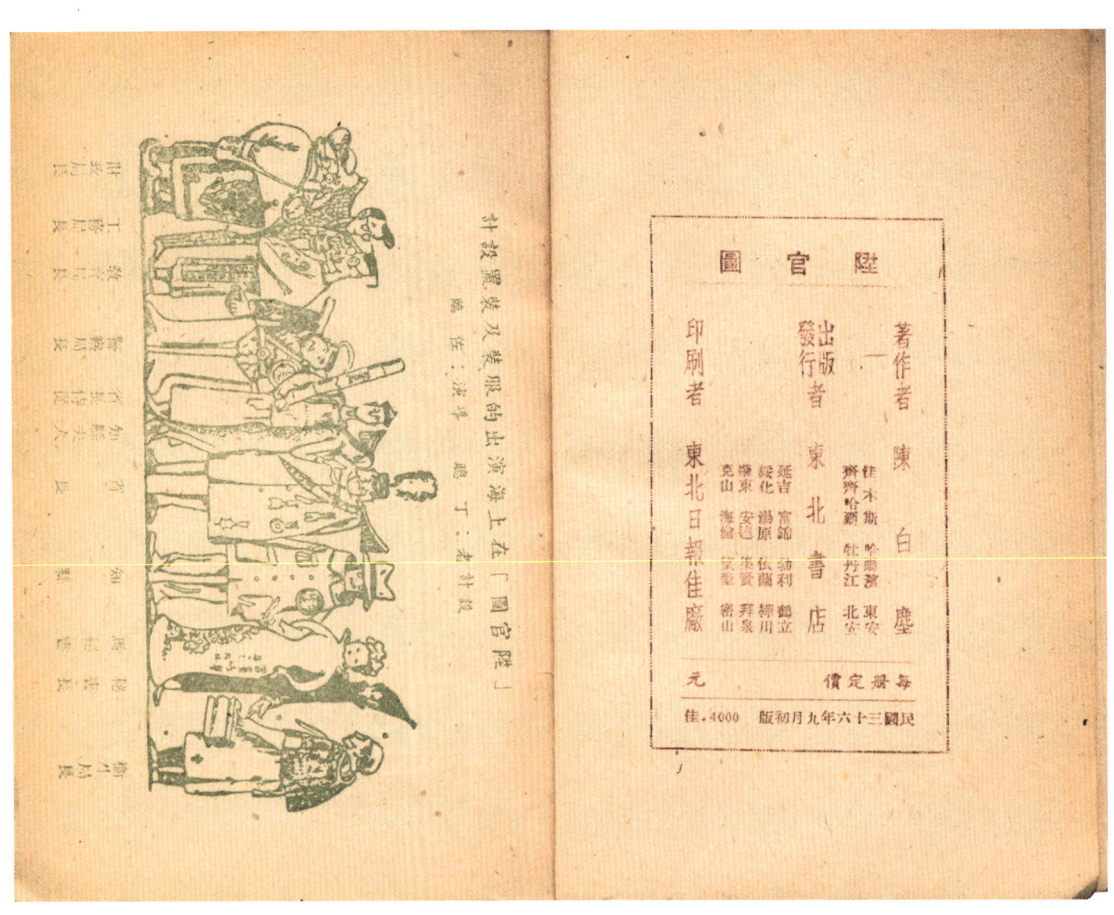

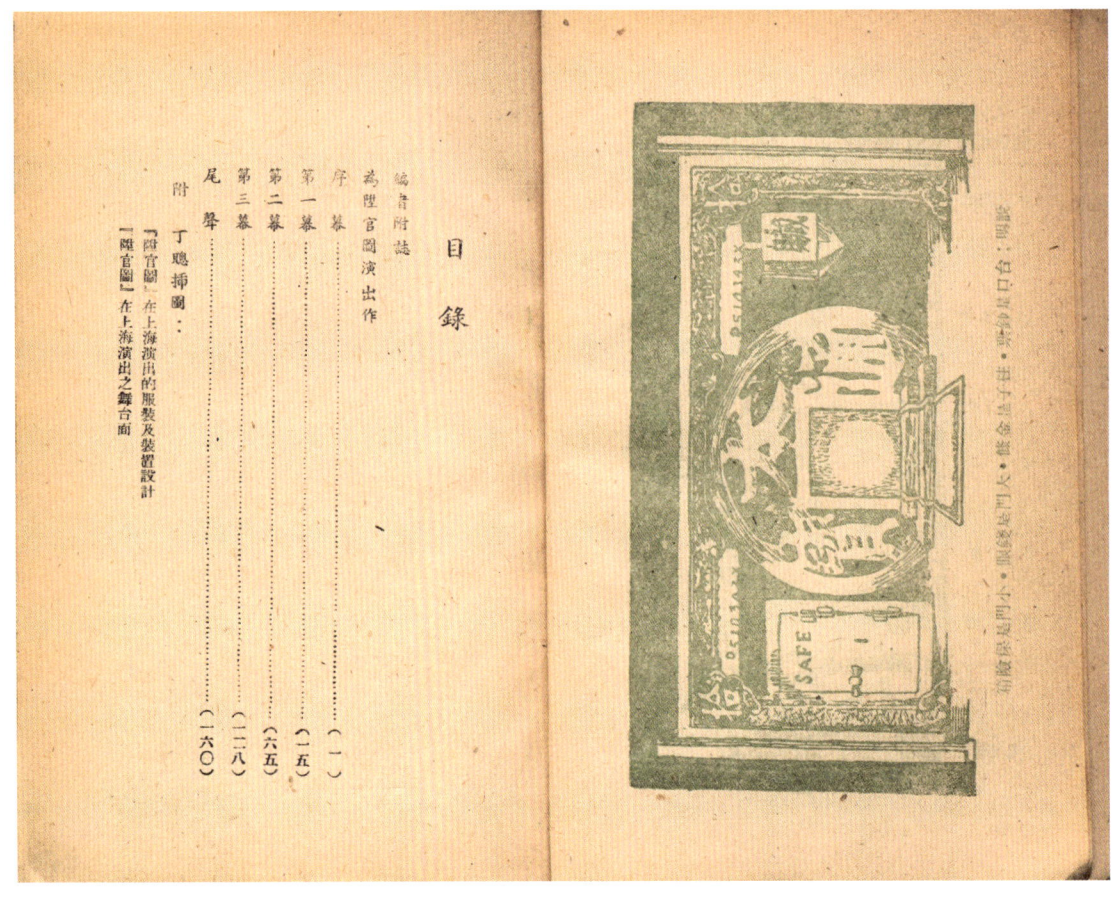

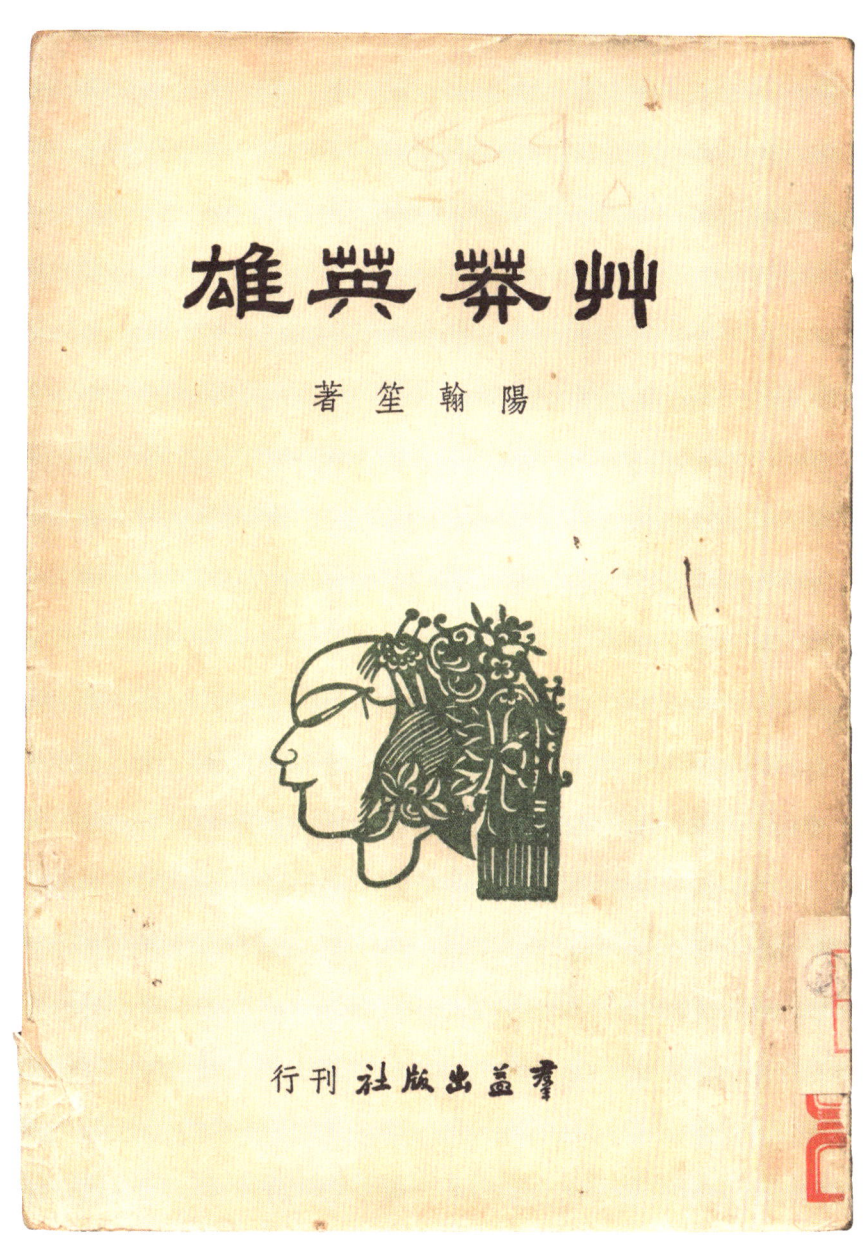

草莽英雄

阳翰笙著　上海　群益出版社　1949年三版

　　阳翰笙（1902—1993），原名欧阳本义，字继修，四川高县人。本剧以清末四川"保路运动"中的罗鲜清起义为原型，集中突出罗选青（剧中主角）领导的保路斗争一开始就面临来自营垒内部和外部阴谋诡计的破坏，影射、抨击了混在抗日阵营中的国民党顽固派。